간절히 원하면 이루어진다

간절히 원하면 이루어진다

초판 1쇄 | 2013년 4월 20일

엮은이 | 진웅월성
펴낸이 | 김성희
펴낸곳 | 아침단청

출판등록 | 2011년 3월 28일(제2011-15호)
주소 | 서울시 서초구 서초중앙로29길 26 (반포동) 낙강빌딩 2층
전화번호 | 02-466-1278
팩스번호 | 02-466-1301
전자우편 | thedancheong@gmail.com

ISBN : 978-89-966220-9-3 03220

잘못 만들어진 책은 구입처나 본사에서 교환해 드립니다.

간절히 원하면
이루어진다

진옹월성 엮음

아침단청

목수가 나무를 다룰 때는 먹줄을 필요로 하듯이 인간은 선사들의 올곧은 행이 후임들의 향방을 말해주고 있다. 선각자들의 말씀과 행동들은 후학들의 거울이 되며 망망대해를 향하는 배의 나침반과 같은 역할을 한다.

　이번 책은 소납이 선사들의 말씀들을 곳곳에서 부분적으로 발취하여 신도들에게 법문해 주었던 것들 중, 원고로 골라 정리한 것으로 두서없던 것을 정성욱 거사님이 수고를 하였으며 신도들은 부지런히 이 책을 읽고 새롭게 발심을 하여 성불의 인(因)을 심기를 바랍니다.

복천암 진웅월성

3장 기적은 가까운 곳에 있다

4장 꺼지지 않는 지혜의 등불

1장

맑은 샘물 같은 깨달음

영산스님과 허주스님

옛날 전라도 지방에는 두 큰스님이 주석하고 계셨다. 한 분은 전라 남도 선운사(禪雲寺)의 영산(影山)스님이고 또 한 분은 전라북도 송광 사(松廣寺)의 허주(虛舟)스님이었다. 생전, 영산스님은 선(禪)을 즐겼으며 허주스님은 강(講)을 좋아하셨는데 두 큰스님은 한 고을에서 수많은 제자들을 거느리며 설죽(說竹)으로 그 명성이 더 높았다. 옛날 공자와 온백설(溫白雪)이 같은 고을에서 많은 제자를 가르치면서도 서로가 만나보지 못해 그토록 애타게 기다렸듯이 두 분은 언젠가 한번 만나서 마음의 회포를 풀고자 하였지만 좀 채 만나지 못했다.

어느 날 영산스님이 노래를 부르면서 선운사를 떠났다. 천하태평 춘(天下太平春)사방무일사(四方無一事)비아이수(非我而誰)산하조작반(山 霞朝作飯)나월야위등(羅月夜爲燈)지아이언(指我而言) 천하가 태평한 봄 이라 사방에 할 일이 없네. 이것이 누구인가? 바로 나로다. 산안개로 아침을 지어먹고 넝쿨 속 달로 등불을 삼으니 이것이 나를 가리키는 말이로다. 허주스님도 송광사를 떠나 어디론가 정처 없이 길을 걸으며 시를 떠올렸다. 사고무여친(四顧無與親)육방무여소(六方無與疏)보보무유영(步步無遺彩)행행진허주(行行眞虛舟) 사방을 돌아보아도 친한 이가 없고 육방을 살펴보아도 아무도 없네. 걸음걸이마다 그림자 남기지 않아 가는 곳마다 빈 배로다. 작대기 끝에다가 바랑 하나 걸머지고 산 고개와 물 구비를 떠돌며 가는 스님의 모습은 마치 김삿갓처럼 보였다. 참으로 가슴을 울리는 시였다. 그런데 두 스님이 가다가 발길이 닿은 곳은 전주에 있는 한 사찰이었다. 그곳에서는 마침 49재가 들어서 큰 재를 올리고 있었는데 한 날 한 시에 평소에 모시고 싶어도 모실 수 없었던 큰스님 두 분이 오셨으니 참으로 경사가 났다.

재주(齋主)가 두 스님께 법문을 청하였다. "우리 어머니를 위하며 법문을 해주십시오." 영산스님이 묵묵히 영단으로 올라가 한참동안 묵념을 하고 있다가 법문을 하였다.

고인여시거(古人如是去)
금인여시거(今人如是去)
옛 사람도 이렇게 갔고
오늘 사람도 이렇게 갔도다.

하지만 허주스님은 영단으로 올라가서는 말 한마디 없이 고개만 끄덕이다가 내려왔다.

재주(齋主)가 다시 법문을 청하였다.

"스님, 법을 한마디 해 주시라니까요?" 허주스님은 돌아서서 선 채로 할을 하였다.

'미인여시거(未人如是去)' 미래 사람도 이렇게 갈 것이로다.

너무도 싱거운 법문이었다. 사람이 죽지 않고 평생을 사는 법이 어디 있겠는가. 재주는 밤새도록 잠을 자지 못하고 이리저리 곰곰이 생각하다가 마침내 기쁨에 겨웠다.

"아. 진정 이 두 스님들이야말로 큰스님들이다."

재주는 있는 돈을 다 털어서 작은 소반 위에 백지로 싸서 문앞에다가 갖다 놓았다. 그런데 영산스님은 그냥 가고 허주스님은 그 돈을 가지고 가셨다. 그 순간 재주는 이렇게 생각했다.

"영산스님이야말로 물욕이 없으니 대도인(大道人)이다."

그날 오후 재를 다 지내고 집으로 돌아가다가 보니 허주스님이 덕산교 다리 밑에서 호박, 감자를 사다가 푸짐한 찌개를 하고 하얀 팥밥을 큰 쟁반 위에 가득 놓고 거지들과 생일파티를 하고 있었다. 참으로 보기 힘든 모습이었다.

"허주스님이야말로 진짜 도인이구나."

재주는 허주스님께 선 채로 묵례를 하고 집으로 돌아갔다.

한편, 영산스님이 간 곳은 동래온천의 범어사였다. 스님은 그곳에서 가난한 식객 노릇을 하고 있었는데 마침 그 고을에는 조엄이라는 사람이 초임(初臨) 순찰사로 와 있었는데 그는 영산스님이 범어사에 계시다고 하니 한번 뵙고 싶어 관내 기생들을 모아 큰잔치를 벌이고 스님을 초청하였다.

순찰사는 높은 자리에 앉아 아녀자들을 양쪽에 끼고 거드름을 피우고 있다가 영산스님이 오신다는 전갈을 받고 자세를 얼른 바르게 고쳐 앉았다. 영산스님이 들어오면서 한마디를 던졌다.

"영시영산영(影是影山影: 그림자는 영산의 그림자)이로다."

조엄은 이 한마디를 듣고 이렇게 화답했다.

"산시영산산(山是影山山: 산 또한 영산의 산)이로다."

조엄은 영산스님에게 되물었다.

"산영무이처 도로시영산(山影無二處 都盧是影山)"

이것은 '산 그림자 둘 아닌 곳엔 그것이 바로 영산이다'라는 뜻이다. 조엄의 말이 끝나기가 무섭게 영산스님이 큰 부채를 들어 일원상(一圓相)을 그렸다. 이 모습을 보자 조엄이 그 자리에서 버선발로 내려와 오체투지를 하였다.

"우리스님, 참으로 반갑습니다."

영산스님은 조엄에게 이렇게 말하였다.

"내가 관해보니 원래 당신은 전생에 범어사에서 낭백(朗伯)이란 이름으로 중노릇을 하던 사람이었다. 그런데 동래관청에서 배불숭유정책에 부응하여 270여 종의 부역을 스님들에게 부과하여 그 일을 하고 나니 스님노릇을 제대로 할 수가 없었다. 스님들은 이렇게 고된 노동을 할 바에야 차라리 마을로 내려가 잡역을 하고 남은 시간에는 공부를 하는 것이 좋겠다고 생각하는 바람에 절들이 텅텅 비게 되었다.

그때, 당시는 산을 내려와 비산비야에서 초막을 치고 참외를 심어 지나가는 배고픈 사람들에겐 참외를 나누어 주기도 하고 또 짚신을 삼아 짚신 없는 사람에게 주었다. 그때 당신이 생각하기를 비록, 내가 박복하여 스님이 되었으나 스님 노릇을 제대로 하지도 못하고 고생만 하고 있으니 금생에 복을 지어 내생에는 이 고을 감사나 순찰사가 되어 이 억울한 일을 벗겨주고 불법을 잘 닦게 만들어야 되겠다는 위대한 원력을 세웠다.

그렇게 30여 년을 지내다가 죽으면서 당신은 서원을 세웠는데 꿈속에서 불보살님이 나타나 이르기를, "20년 후에 혹 벼슬하는 사람이 절에 와서 고된 잡역을 없애 줄 것이다. 그가 바로 오늘의 너라고 하였다. 그가 바로 오늘의 당신이다. 그러므로 당신은 순찰사로 부임해왔으니 범어사의 절 사정을 잘 듣고 잡역을 없애주고 스님들을 보호하여야만 한다. 오늘 내가 여기에 온 연유도 바로 이 때문이다."

영산스님은 조엄의 전생이야기를 조목조목 들려주었다. 조엄은 바로 전생의 낭백스님이었던 것이다. 영산스님은 그런 조엄을 단한 번에 알아보았던 것이다.

그때부터 마을사람들은 영산스님에게 공양의 법도를 다하였다. 이로 인하여 범어사는 노역을 면하고 동래 일대가 불지촌(佛地村)이 되었다. 영산스님은 이처럼 무영(無影)의 법을 설하여 만인(萬人)을 제도하였다고 한다.

호은스님의 깨달음

지금부터 팔십여 년 전 겨울, 지리산 천은사 삼일암(三日庵)선원에서 통도사의 오성월(吳性月)스님을 모셔놓고 전국에서 선객 오십여 명이 모여 한철 정진을 하고 있었다. 당시 천은사에는 칠십여 세 먹은 호은(湖隱)이라는 스님이 있었다. 일찍이 출가하였으나 염불당이나 기도처만 돌아다니며 사판승으로만 있었기 때문에 그 방면에는 아는 것이 많았으나, 선에 관해서는 문외한이었으며 대처승이었다.

호은스님은 결제 전날, 입승스님에게 와서 입방을 부탁하였다.

"소승도 큰절에서 오르내리면서 다른 스님네와 같이 공부할 수 있겠습니까?"

입승스님이 호통을 치며 거절하였다.

"한 철 양식을 미리 내어도 방을 받을 수 없는데 어림도 없소. 그

따위 말은 하지도 마시오." 호은스님은 뜻을 굽히지 않고 끈질기게 달라붙으면서 사정사정하였다. 그러자 그 사실을 아신 성월 조실 스님이 허락하였다.

"우리 대중이 공부하는데 방해만 되지 않는다면 받아주어야 한다. 그 노장님의 뜻은 아무도 막을 수 없느니라."

입승스님이 조실스님의 뜻을 알고 호은스님에게 말했다.

"이왕이면 아주 올라와서 공부하시는 것이 좋지 않겠소."

그런데 호은스님의 대답은 가관이었다.

"돈 빌려준 문서와 쌀 빌려준 문서를 지켜야 하고, 더구나 우리 마누라 궁둥이는 떠날 수 없어서…"

그 당시 최혜암스님 및 대중 모두는 조실스님을 모시고 한철 공부를 잘 성취하려고 하였는데, 이 말을 듣고 나니 모두 신심이 뚝 떨어지고 말았다. 그러나 조실스님의 명령이라 대중의 불평도 어쩔 수 없었다. 결제가 시작되고 호은스님은 큰절에서 오르내리면서 참선을 하였는데 본인은 시간을 잘 지키려고 애를 쓰는 것 같았으나 가끔 시간이 일정하지 않은 적도 있었다. 어떤 날은 한낮에 오기도 하였고, 어떤 때에는 추운 새벽에 수염에다 고드름을 주렁주렁 매달고 오기도 하였다. 그는 대중들이 모여 앉아 공부이야기를 할 때에도 깜깜절벽이어서 이래저래 수군거렸다.

"원숭이가 참선하는 흉내만 내고도 천상락(天上樂)을 받았다고 하는데 저런 자도 무슨 인연이 있을까?"

반 살림이 끝난 어느 날, 조실스님이 법문을 마치고 법상에 내려오셔서 차를 마시고 계셨다. 그때 최혜암스님이 육년 전 혜월(慧月)스님 회상에서 들은 법문이 생각나 성월(性月) 조실스님께 여쭈어 보았다.

그 내용은 이랬다.

"어떤 수좌가 혜월스님에게 묻기를 소를 타고 소를 찾는다(騎牛覓牛)는 말이 있는데 그 도리는 어떤 도리입니까?" 했더니 혜월스님은 그 수좌를 보고 "왜 그런 소리를 하고 다니느냐"고 말했는데 혜암스님이 성월스님에게 물은 것은 "혜월스님이 그 젊은 수좌에게 대답하신 말씀이 잘한 것입니까"라는 물음이었다.

듣고 있던 성월스님은 혜월스님에게 방망이를 내리는 뜻으로 "그 늙은이가 그래가지고 어떻게 학인들 눈을 뜨게 하겠는가" 라고 말씀하셨다. 그러자 혜암스님이 "그럼 조실스님 같으시면 그때 무엇이라고 말씀하시겠습니까"라고 묻자, 조실스님은 "그 젊은 수좌가 혜월스님에게 묻듯이 그대가 내게 물어보게"하셨다.

혜암스님은 가사 장삼을 수하고 큰 절을 세 번 드린 뒤에 "소를 타고 소를 찾는다(騎牛覓牛)는데 그것이 무슨 도리입니까"하고 물었다. 조실스님은 "그대가 소를 타고 소를 찾는다니 그 찾는 소는 그만두고 타고 있는 소나 이리 데리고 오너라"하셨다. 혜암스님은 그만 말이 막혀 어리둥절하여 앉아 있었고, 여러 스님들도 멍하니 앉아만 있었다. 그순간 참선이 무엇인지 잘 알지도 못하고 늦게 공부를 시작한 호은스님이 자리에서 벌떡 일어나 춤을 덩실덩실 추며 큰소리로 말하였다.

"대중 스님들은 몰라도 나 혼자만은 알았습니다. 타고 있는 소를 잡아 대령하였으니 눈이 있거든 똑바로 보시오."

그때 대중들은 웃으면서 말하였다.

"어지럼병이 지랄병이 된다더니 저 노장님이 이제 미치기까지 하는구나."

그러나 조실스님은 그러지들 말라 하시고 호은스님을 조실 방으로 불러 불조(佛祖)의 공안에 대하여 차근차근 물어보았다. 그러나 하나도 막힘없이 모두 대답하여 조실스님은 호은스님에게 인가를 하였다. 조실스님이 대중들에게 법상을 차리게 하고 호은스님을 높이 앉게 한 후 대중에게 삼배케 하니 호은스님은 툭 터진 목소리로 법당이 쩌렁쩌렁 울리도록 한 소리를 읊었다.

홀문기우멱우성(忽聞騎牛覓牛聲) 돈각즉시자가옹(頓覺卽時自家翁) 비거비래법성신(非去非來法性身) 부증불감반야봉(不增不減般若峰) 홀연히 소 타고 소 찾는다는 말을 듣고 즉시 자기의 주인공인줄 깨달았네. 오고 감이 없는 것이 법성신이고 늘지도 줄지도 않는 것이 반야봉이라.

호은스님의 오도송(悟道頌)이었다. 이 소리를 들은 당시 젊은 최혜암스님은 눈앞이 캄캄해지고, 사흘 동안 먹은 밥이 마치 모래알을 씹는 것 같았다고 하였다. 또한 그때 대중 가운데에 박추월(朴秋

月)이라는 스님이 있었는데 그는 이것을 듣고 돌아앉아 꼬박 십육일 동안을 단식하며 지독하게 정진하였는데도 불구하고 기어이 화두 통명(通明)은 못하고, 아래윗니가 모두 솟고 내려앉아 거의 죽게 될 지경에 이르렀다. 혜암스님은 거의 백리 길을 다니면서 약을 구해 겨우 박추월스님을 살렸다고 하였다. 당시 공부 잘한다고 뽐내던 수십 명 선객들이 비웃고 업신여기던 그 호은스님이 그렇게 될 줄은 아무도 몰랐던 것이다.

호은스님은 조실스님 앞에서 큰 소리로 흐느껴 울었다.

"조실스님께서 나를 붙들어 주시지 않았더라면 저는 영겁(永劫)의 무명(無明)속에서 헤맬 뻔 하였습니다."

이 모습을 혜암스님이 직접 보았던 것이다. 그 뒤 호은스님은 강원에서 불경공부하던 몇 명의 제자들을 모두 불러내 선원으로 보내 참선 공부하게 하고, 떨어지기 싫어하던 마누라도 한 살림을 차려 따로 살게 마련해주더니, 해제하기도 전에 큰 사찰인 금강산 석왕사의 조실스님이 되었던 것이다.

혜월스님의 계산법

혜월스님은 예산군 덕산면 덕숭산 근처에서 태어나셨다. 혜월은 12세에 정혜사에 놀러왔다가 출가하였다. 그 후 경허선사를 만나 아미타불 염불을 배웠는데 염불을 얼마나 지극히 잘했는지 일을 하던 중 며칠씩 선정에 들기도 했다.

천장암에서 사형인 자비보살 수월과 사제인 만공과 같이 경허 선사를 모시고 살 때였다. 혜월은 경허선사에게 글을 배우기를 원하자 경허선사는 혜월을 방에 따로 불러 보조국사의 수심결을 가르쳤다.

'이 몸도 허공도 설법을 하지 못하는데 다못 눈앞에 뚜렷이 밝고 이름과 형상이 없으되 분명한 이 물건이 비로소 설법하고 청법하는 것이니라.'

경을 배우던 중 혜월은 경허선사의 이 말씀에 더욱 발심하였다.

어느 날, 혜월의 마음이 익어가는 것을 본 경허선사는 그를 불러 물었다.

"씨 없는 것을 심었는데 나는 도리를 아는가(無種生, 而生出)."

여기에서 혜월의 말문이 막혀버렸다. 앞뒤가 캄캄해진 혜월에게 경허선사는 무자화두(無字話頭)를 주었다. 혜월은 천장암 바위굴 속에 들어가 정진하였다. 고통을 넘고 생사를 넘고 억겁 동안의 숙제를 풀기 위해 주어진 시간은 겨우 일주일이었다.

지금은 일은커녕 좋은 방에서 구십일 동안 동안거, 하안거를 할 수 있지만 당시만해도 머슴이나 다름없이 일만 하였던 혜월에게는 7일간의 시간이란 도저히 놓을 수 없는 황금 같은 시간이었던 것이다. '무(無)' 외는 다른 잡념이 있을 수 없었다.

경허선사가 화두를 준 것은 병아리의 부화가 가까워진 것을 뜻했다. 정진 6일째였다. 경허선사가 출타를 해야 하는데 짚신이 없어 짚신을 삼아달라고 혜월이 있는 바위굴 안에 짚 한 단을 물에 축여다 주었다.

혜월은 짚신을 삼는 중에도 오직 무(無)에 대한 의정(疑情)뿐이었다. 손을 움직이는 중에도 순일한 것은 의심뭉치 하나뿐이었다. 짚신을 다 삼고 마지막 신골을 망치로 내려칠 때 그 순간 혜월은 망치소리에 억겁 동안 무쇠처럼 감쌌던 껍질이 산산이 부서져 버렸고 온 세포까지 집중했던 의심뭉치의 밑창이 몰록 빠져 버렸다.

그토록 찾던 물건이 물건 아닌 물건으로 환해졌던 것이다. 소리도 없으며 모습도 없는 그 물건만이 대우주에 성성했던 것이다. 이제 보는 놈과 보이는 놈, 참선하는 놈과 찾아야 할 대상이 함께 사라졌으니 대자연이 그대로일 뿐이었다. 경허선사가 물었다.

"그래 참선은 무엇하러 하는가?"

"못에는 고기가 뛰고 있습니다."

"그래 지금은 어디 있는가?"

"산꼭대기에 바람이 지나갑니다."

경허선사는 그 자리에서 혜월의 견성(見性)을 인정하였다.

혜월스님이 팔공산 파계사의 성전암에 계실 때 한 객승이 암자에 가보니 천하의 혜월스님이 출타하기 전 방문을 향해 인사를 올리고 있었다.

"큰스님 시장에 다녀오겠습니다."

"아니 내 밥도 안 차려주고 너 혼자 가려고….."

문을 열고 그렇게 말하는 이는 놀랍게도 어린 동승이었다. 둘 사이엔 아무런 격의가 없었다. 객승은 분노를 참을 수 없어 혜월스님이 시장에 가신 뒤에 동승은 객승을 보더니 이렇게 말하면서 거만하게 꾸중을 했다.

"너는 누구인데 문안도 여쭙지 않느냐. 우리 스님은 나에게 아침 저녁으로 문안을 여쭙는데….."

"어디서 배워먹은 버릇이야."

객승은 동승을 불러 앉힌 뒤 무례하게 굴면 옷을 벗겨 절 밖으로 내쫓아 버리겠다고 호통을 쳤다.

혜월스님과 단 둘이 살던 동승은 생전 처음 당하는 위압에 울음을 터뜨리고 말았다.

객승으로부터 예절을 배운 동승은 혜월스님이 돌아오시자

"스님, 잘 다녀 오셨습니까?"

동승이 혜월스님에게 정중히 인사를 드렸다. 동승의 인사에 그간의 사정을 눈치 챈 혜월스님은 차별세계를 모르는 그의 천진함이 좋아 그렇게 했는데 이젠 "부처를 버려놓았다"며 한탄했다.

혜월스님은 이제 인연이 다 했으니 객승에게 데려가라 하였다. 동승은 객승을 따라나섰다.

"큰스님 부디 공부 잘 하십시오."

마지막으로 동승에게 합장하는 혜월스님의 눈에는 눈물이 가득하였다. 차별세계에서 시비하는 중생과 혜월스님의 천진안목은 그렇게 달랐던 것이다.

혜월선사의 일화는 이뿐만이 아니다.

스님은 자급자족을 위해 가는 곳마다 산을 파서 전답을 만드는데 일등 전답 열 마지기를 팔아서 여섯 마지기를 개간했다. 원주스님이 따져보니 오히려 개간을 해서 큰스님께 전답 네 마지기를 손해 보았다고 말씀드렸다.

그런데 혜월선사의 계산법은 달랐다.

"어찌 손해냐? 논 열 마지기는 그대로 있고 없던 논이 여섯 마지기가 더 생겼는데도 말이냐?"

하루는 절에 도둑이 와서 부엌에 쌓아놓은 쌀가마를 지게에 지고 일어나는 것을 보고 뒤에서 가만히 붙들고 있으니 일어나지 못했다. 혜월스님은 다시 슬그머니 뒤에서 밀어주니 쉽게 일어났다. 이상하게 생각한 도둑은 쌀을 진 채 뒤를 돌아보니 노스님이 손으로 입을 가리며 조용히 지고 가고 양식이 떨어지거든 또 오라고 하였다고 한다.

선암사 절 밑에 오래된 주막이 있었다. 주모는 일손이 필요하여 노스님을 꼬셔 이곳에 나와 살면서 술심부름이나 좀 해달라고 하였다.

"그래 그럼 그렇게 하게나."

혜월스님은 주막에 사시면서 술심부름을 했다. 절에선 난리가 났다. 큰스님이 주막에서 술심부름이나 하고 있으니 말이다. 주막집에서도 야단이 났다. 영리를 목적으로 하는 술집에서 손님이 술 한 되를 주문하나 반 되를 주문하나 당시 되를 가득 채워 손님에게 주니 말이다.

하루는 원주스님이 내려왔다.

"스님, 절에 가셔야지 왜 이러고 있습니까?"

"그래 그럼 그렇게 하세나."

아무 일도 없었다는 듯이 혜월스님은 그 길로 돌아오셨다.

언젠가는 부산에 도인이 산다는 소식을 들은 총독부 미나미 총독이 선암사를 찾았다. 혜월스님이 일꾼처럼 일할 때라 흙 묻은 옷을 입은 채로 총독을 맞았다.

총독이 큰스님의 가르침을 받고자 왔다면서 물었다.

"어떤 것이 극락이고 어떤 것이 지옥입니까?"

그 말이 떨어지자마자 혜월은 소리를 질렀다.

"어디서 오랑캐 같은 놈이 찾아와 뚱딴지같은 것을 묻느냐."

총독이 얼굴이 벌개지며 노기충천하여 칼을 빼들려고 했다. 그때 혜월스님이 막았다.

"그것이 지옥이다."

총독이 속은 줄을 알고 껄껄 웃자 혜월스님은 다시 손가락으로 총독을 가리켰다.

"그것이 극락이다."

총독은 스님께 절을 삼배하고 기쁜 마음으로 돌아갔다.

큰스님은 평생 뒷산에 올라가서 솔방울을 주워 시장에 내다 팔아 호빵을 사서 거지 아이들을 모아놓고 나누어 주는 일을 하시다가 하루는 솔방울을 자루에 맨 채 절 옆에 기대어 열반에 드셨다.

만공스님이 깨친 연기사상

근대 고승인 만공선사는 여산 송씨이며 속명은 도암(道巖), 법호는
만공(滿空), 월면은 법명. 전라북도 정읍 출신이며 신통의 아들이었
다. 1883년 김제 금산사에서 불상을 처음 보고 크게 감동한 것이
계기가 되어 출가를 결심하고, 공주 동학사로 출가하여 진암(眞巖)
선사 문하에서 행자생활을 하였다.

1884년 경허선사의 인도로 서산 천장사에 가서 태허(泰虛)선사를
은사(恩師)로, 경허선사를 계사(戒師)로 사미십계(沙彌十戒)를 받고 득
도하였다.

그 뒤 만공선사는 "모든 법이 하나로 돌아가니 하나는 어디로 돌
아가는가[萬法歸一 一歸何處]"라는 화두를 가지고 참선에 열중하
다가 1895년 아산 봉곡사(鳳谷寺)에서 새벽에 범종을 치면서 "법계
의 본성을 관찰하여야 한다. 모든 것은 오직 마음이 만드는 것이다

[應觀法界性 一切唯心造]"라는 게송을 읊다가 홀연 깨달았다.

공주 마곡사 토굴에서 보경(普鏡)선사와 함께 계속 수도하다가 경허로부터 "아직 진면목(眞面目)에 깊이 들어가지 못하였으니 조주(趙州)의 무자(無字) 화두를 가지고 다시 참선을 하도록 하라"는 가르침을 받고 정진하였다. 1901년 경허선사와 헤어져서 양산 통도사의 백운암에 들러 며칠 머무르는 동안, 새벽에 "원컨대 이 종소리가 법계에 두루 퍼져 칠벽의 어둠이 모두 밝게 하소서 [願此鐘聲遍法界 鐵圍幽音悉皆明]"라는 게송을 읊으면서 범종을 치는 소리를 듣고 크게 깨달았다.

그리하여 천장사로 돌아와 법열을 즐기던 중, 1904년 함경북도 갑산으로 가던 길에 천장사에 들른 경허선사로부터 전법게를 받았다.

1905년 예산 덕숭산에 금선대(金仙臺)을 짓고, 보임을 하는 동안 참선을 하려는 수도승들이 찾아와 지도를 맡게 되었다. 1905년부터 1908년까지 3년 동안 금강산 마하연에서의 선(禪)지도와 1937년을 전후하여 잠시 마곡사의 주지를 맡았던 때를 제외한 대부분의 생애를 덕숭산에서 머물렀다. 만공선사는 이곳에서 납자들을 지도하면서 선불교를 크게 중흥시켜 현대 한국불교계에 하나의 큰 법맥을 형성하였다. 만공선사는 덕숭산 수덕사와 정혜사·견성암, 서산 안면도의 간월암 등을 크게 중창하였고, 1920년대 초에는 선학원 설립운동을 하였으며, 선승들의 결사(結社)인 동시에 경제적 자립을 위한 계

(契) 모임의 성격을 지닌 선우공제회운동(禪友共濟會運動)에 지도자의 한 사람으로도 참여하였다.

마곡사 주지로 있던 1937년, 당시 조선총독부에서 열린 31본산주지회의에 참석하여 조선총독 데라우치가 한국불교를 일본 불교화하려는 종교정책방침에 정면으로 반대하였다. 요지는 종교가 정치로부터 분리되어야 한다는 점과 한국불교가 조선총독부의 종교정책에 의하여 일본불교로 변질되어 계율이 문란해지고 한국불교의 전통과 종교적 순수성이 흔들리고 있다는 점을 강력히 주장하였다.

그리고 만공선사는 "전 조선총독 미나미(南次郎)는 한국불교를 파괴시켰으므로 분명히 지옥에 떨어질 것이니 미나미 총독을 우리가 지옥에서 구제하지 않으면 누가 구하겠는가"라고 하였다. 1941년, 서울 선학원에서 개최한 전국고승법회에 초대되어 설법하고 계율을 올바로 지키고 선을 진작시켜 한국불교의 바른 맥을 이어가자고 하였다. 만공선사는 이론과 사변을 철저히 배제하고 무심(無心)의 태도로 화두를 참구하는 간화선법을 채택하였고, 제자들에게는 항상 조주(趙州)의 무자화두를 참구하도록 가르쳤다.

말년에는 덕숭산 가까이에 전월사(轉月寺)라는 초암을 짓고 생활을 하다가 1946년 10월 20일에 입적하였다. 나이 75세, 법랍 62세였다.

제선스님의 업연

서울 도봉산 기슭 천축사 문정영스님은 한 번 들어가면 밖에서 문을 걸어 잠그고 공양 넣어주는 구멍만 뚫어놓아다가 만 육년이 되기 전에는 밖에서 문을 열어 주지 않는 문무관을 개설하였다. 이 무문관은 부처님처럼 육년 고행처를 뜻한 데서 비롯되었다.

십여 년 간 일백여 명의 스님들이 이 무문관에 들어갔지만 육 년을 마친 분은 단 두 분뿐이었다. 직지사 뒤 암자에 계시다 95세로 입적하신 정관응스님과 제선스님이었다. 제선스님은 육 년간 무문관 수행을 마치고 행방불명되었다. 속복을 입고 서울 어느 곳에 살고 있다는 말도 있고, 부산을 거쳐 남해 어느 무인도에서 살고 있다는 소문만 무성했다.

제선스님은 정영스님과 같이 해인사 백련암에 계시던 윤포광스님에게 출가하였는데 체구는 작아도 목소리가 매우 웅장하였으며 좌선하고 앉으면 도무지 꼼짝하지 않았다고 한다. 그는 출가 전 일본으로 유학을 했으며 독립운동에도 가담하였으며 고향인 제주도로 왔을 때는 일본인 순경이 늘 뒤따라 미행을 했을 정도였다.

제선은 부모님의 권유로 일찍 결혼하여 아들 하나를 두었는데 얼마나 귀여운지 정성을 다하여 키웠다. 그는 아들이 장차 커면 독립운동에 주력하도록 하겠다고 했다. 그러나 아이가 일곱 살이 되자 소학교에 입학한 아이는 학교를 잘 다니더니 갑작스레 몸이 아파 눕더니 며칠 만에 세상을 떠나고 말았다.

그는 원통하고 가슴이 아파 죽은 아이를 안고 칠일 동안 울다가 결국 묻고 그 길로 우울증이 생겼는데 어머니가 고심 끝에 당시 거금인 100원을 마련해 주면서 돌아다니며 바람이나 좀 쏘이고 오라고 하였다. 그는 그 돈을 가지고 서울로 가서 내기바둑을 두다가 다 잃고 알거지가 되었다.

제선은 서울을 전전하며 거지 행세를 하다가 묘향산 보현사 어느 암자에 혼자 사는 스님을 도와 드리며 자기 마음에 쌓인 사연을 털어놓고 죽은 아들의 전생을 보게 해달라고 간청했다.

"볼 수 있는 방법은 말이다. 7일 동안 잠자지 않고 간절히 기도하면 아들에 대한 그 궁금증이 완연히 드러날 것이다. 내 말이 맞지 않으면 내 목을 베어도 좋고 부처님 목을 베어도 좋다."

스님의 말씀을 듣고 제선은 마음깊이 다짐하고 주야로 기도를 했다. 그러나 수마(睡魔)가 몰려와 도저히 기도가 되지 않았다. 스님은 그런 제선을 옆에서 지켜보시고 그렇게 해서는 "천 일을 기도해도 소용이 없다"고 하였다. 그는 다시 이를 악물고 기도하여 어느 덧 수마가 물러가고 기도가 순조로웠다.

기도를 시작하여 7일째가 되는 날 밤, 눈 앞에 귀여운 아들이 나타났다. 얼마나 반가운지 끌어안으려고 하면 뒤로 물러서고, 손을 잡으려고 해도 뒤로 물러서고 약만 올리는 것 같아 귀여운 생각이 마침내 미움으로 바뀌어 돌아서기도 했다. 제선은 놈의 엉덩이를 냅다 차버렸다. 그 순간 아이는 "아야" 하며 도망을 가다가 나중엔 개로 변하였는데 눈에 많이 익숙한 개였다고 한다.

제선은 생각했다. 뇌리에 떠오른 한 마리가 있었는데 그 개는 일본에서 유학할 때 길렀는데 학교만 갔다 오면 중간까지 마중을 나오고 말귀도 잘 알아들어 극장에 갈 때에도 따라와서 집에 갔다가 영화가 끝나거든 오너라 하면 집으로 갔다가 정확히 끝날 무렵에 와서 기다렸다가 같이 올 정도로 영리한 개였다.

그러나 어느 때부터인가 개가 나이가 들고 병이나 잘 먹지도 않고 며칠을 누워 있었다. 같이 사는 집의 주인아저씨가 집에서 죽으면 처리하기 어려우니 자전거에 실어다 멀리 내다버리라고 했다. 그는 마음에 내키지는 않았으나 주인아저씨의 말을 듣지 않을 수도 없어 개를 박스에 담아 자전거에 실어 버리고 왔다. 그런데 누워 있었던 개가 사력을 다해 뒤쫓아 왔다.

몇 번을 오다가 쓰러지고 하길 반복하다가 쓰러진 개를 보고 집에 돌아왔다. 그런데 저녁 무렵 개가 집을 찾아왔다. 주인이 반기질 않으니 개도 7일동안 있다가 사라졌다.

제선은 기도를 하면서 가만히 생각했다. 그 개를 산 채로 갔다 버린 과보로 인해 아들이 태어났다가 죽었음을 알게 되었다. 이국땅에서 외로움을 달래주던 그 개를 산 채로 내다버린 과보임을 제선은 그제야 깨달았던 것이다.

제선은 그 길로 출가하여 열심히 정진하다 천축사 문정영스님이 개설한 무문관에서 육 년간 정진을 마친 후 행방이 묘연해졌다. 그때 함께 출가한 문정영스님은 85세에도 불구하고 지금의 계룡산 갑사 뒤에 있는 대자암에서 무문관을 개설하여 납자들과 함께 정진하였다.

서룡스님의 생사자재

옛날, 지리산 벽송암(碧松庵)에 서룡(瑞龍)이라는 큰스님이 계셨다. 그는 광산 김씨 사계선산 팔대 손으로 명문대가의 자제였는데, 하루는 과거 공부를 하던 중 잠시 종로거리를 나갔다가 사람들이 모여 왁자지껄 떠드는 소리를 들었다. 다가가 보니 한 남자의 상투머리가 푸줏간의 소모가지처럼 매어져 대롱거리고 있었던 것이다.

"저 이가 누구입니까?"

"모 참판 대감의 머리입니다."

"어찌하여 저렇게 되어 있습니까?"

"사색당파에 몰려서 반대 당파의 누명을 쓰고 저런 죽음을 당한 것입니다."

참으로 세상은 무상하였다. 며칠 전까지만 해도 교동 일대를 뒤흔들던 참판 대감이, 오늘은 저렇듯 나뭇잎의 이슬처럼 목이 떨어져 증발되어 가고 있으니 과거에 급제하여 대감 참판이 되면 무엇을 할 것인가.

"실로 세간의 명리가 욕됨은 저와 같구나."

그는 탄식하고 부모 몰래 도망쳐 경기도 안성군 청룡사(靑龍寺)에 이르러 영월스님을 스승으로 사미계를 받았다. 나이 19세였다. 생각하면 아까운 청춘이었지만 그는 아랑곳없이 불도 수행에만 열중하였다. 불법을 닦고 익히기 수십 년, 불법의 참뜻은 인과윤회를 벗어나 생사를 자재하는 데 있음을 깨닫고 지리산 벽송암으로 옮겨 불고생사하고 조사의 관문을 뚫었다. 1890년 경인(庚寅) 12월 27일이었다. 스님은 문도들을 모아 놓고 할을 던졌다.

"오늘은 내가 가야 할 곳으로 가야겠다. 뜻이 있는 자는 마땅히 독경과 염불을 게을리 하지 말라."

손주 상좌가 듣고 있다 여쭈었다.

"노스님, 내일 모레가 바로 섣달그믐입니다. 대중스님들이 떡과 진수성찬을 차려 준비를 하고 있는데 초상이 나면 무슨 꼴이 되겠습니까. 좀더 명을 늘이실 수는 없습니까?"

"그래, 나는 오늘이 꼭 떠날 날이라 열반에 들려 하였더니 너의 말을 들으니 그럴 법도 하구나. 나이 칠십팔 세 중노릇을 육십 년을 했는데 죽고 사는 것 하나 자재하지 못한다고 해서야 어찌 되겠는가. 그럼 어서 과세불공 준비나 잘들 해라."

스님은 평상시와 같이 선정에 들어계셨다. 무사히 과세를 치르고 정월 초이튿날이 되었다.

"자, 그럼 가도 되겠지."

손주 상좌가 말하였다.

"노스님, 오늘도 안 됩니다. 내일이 초 3일이라 수많은 신도가 불
공을 오시는데 만일 노스님께서 돌아가시고 보면 모두 부정하다고
불공을 드리지 못할 것입니다."

"그래 그렇다면 며칠 더 묵지, 세상에 일도 참 많구나."

스님은 껄껄 웃었다. 그리고 사흘이 흘렀다.

"노스님, 고맙습니다. 한번도 아니고 두번이나 연기를 해 주셔서
이제 사중(寺中) 일은 원만히 마쳤사오니 스님 뜻대로 하십시오."

"그럼 너희들 다 모여라."

스님은 법상에 앉았다.

"너희들 잘 들어라. 중이 불도를 닦을 때 생사를 해탈하려면 세
가지 단계가 있다. 첫째는 생사 없는 이치를 알아야 하고 [지무생
사(知無生死)]. 둘째는. 생사 없는 것을 증득하는 것이고 [증무생사(證
無生死)]. 셋째는 생사 없는 것을 활용하는 것이다 [용무생사(用無生
死)] 일지반해(一知半解)만 투득하고 이에 만족하면 생사는 자재할 수
없는 것이니 내가 생사를 자재함은 곧 이를 알고 중하게 쓰는 까닭
이다. 자, 그럼 떠나겠다."

그 순간 스님은 앉은 그대로 말이 없었다. 참으로 뛰어난 스승이
요, 무비(無比)의 해탈자였다.

선하자스님의 기도

이조 중엽 벽송(碧松)스님의 제자로서 서산대사의 사숙인 선하자(禪荷子)스님은 경상도 울산사람으로 선조 때 일찍이 부모님을 잃고 열여섯 살 때 출가하였다. 여러 곳을 돌아다니면서 수행하다가 한 번 마음을 밝혀 보리라는 생각을 크게 먹고 이십 사세가 되던 해, 예로부터 많은 성현들의 영적이 나타난다는 평안도 묘향산 문수암으로 올라갔다.

스님은 어느 날 비로암(毘盧菴)에서 십 리쯤 떨어진 곳에 이르러 산책을 하고 있다가 건너편 선령대(仙靈臺)에서 하얀 옷을 입은 노인이 거닐고 있는 것을 보았다. 아무리 보아도 인간세상의 사람이 아닌 것 같아 따라가 보았지만 노인은 인홀불견(人忽不見) 간 곳이 없었다.

참으로 이상한 일이었다. 거듭거듭 살펴보아도 전혀 그 족적을 찾을 수가 없었다. 스님은 틀림없이 성현의 화신이 아니고서야 이럴 수가 없다고 생각하고 그 자리에서 백일기도를 하여 기필코 직접 친견하기로 결심하고 그동안 지낼 식량을 구하기 위해 안주 땅에 가서 탁발을 시작하였다.

선하자스님은 탁발을 한 양식을 등에 지고 묘향산 비로암으로 올라가면서도 비지땀을 흘리며 일보일례(一步一禮)를 하였다. 산 중턱쯤에 이르자 열대여섯 명의 아이들이 놀고 있다가 이 광경을 보고 말하였다.

"스님, 저희들이 올려다 드리겠습니다."

아이들은 절까지 양식이 든 보따리를 짊어다 주었다. 선하자스님은 절에 이르러 성심성의껏 직접 마지를 지어 올리며 백일기도를 시작하였다. 나중에 안 일이지만, 그 아이들은 일반 세속 사람들이 아니라 선하자의 정성에 감동하여 나타난 문수암의 나한님들이었다.

"관세음보살, 관세음보살….."

스님은 아침부터 저녁까지 밤낮으로 관세음을 염창(念唱)하였다. 쉬는 시간이라고는 겨우 마지를 지어 올리는 시간뿐이었다. 법당에 올라가거나 밥을 먹고 잠을 자고 화장실에 가는 시간 이외에는 계속해서 관세음을 염창하였던 것이다. 드디어 기도를 시작한 지일백 일이 되었다. 스님은 회향날 마지불기를 들고 법당으로 올라가며 큰 소리로 관세음을 염창하였다. 그 순간 커다란 망태기를 짊어진 사냥꾼이 나타나서 애원하였다.

"스님, 저는 여러 날 동안 굶어 배가 고파죽겠으니 그 밥을 나에게 주십시오."

선하자스님은 딱한 사정은 능히 그 밥을 주고도 남음이 있으나 매일 그 시간이면 어김없이 부처님께 공양을 올렸기 때문에 도리어 사정하였다.

"포수님, 사정으로 보아서는 먼저 공양을 올려야 하오나 내가 지금 백일기도를 회향하는 날이니 잠깐만 기다리면 기도를 마치고 공양하도록 하겠습니다."

그러나 포수는 아랑곳하지 않았다.

"스님께서 마지를 올리는 동안 나는 이미 배가 고파 죽고 맙니다. 자비로써 이 불쌍한 중생을 도와주십시오."

"사정은 딱하지만 내가 약속한 바가 있어 그러니 죄송합니다."

오히려 선하자스님이 포수에게 백배 사정하였다. 그러나 포수는 길을 막고 화를 냈다.

"정히 그러시다면 내가 이 총으로 스님을 죽이고 이 밥을 빼앗아 먹겠습니다."

"지금까지 굶었는데 잠깐 사이를 참지 못한다면 어찌 사람이라 하겠습니까?"

선하자스님은 그를 떨치고 길을 올라갔다. 그때 포수는 갑자기 실탄을 장전하여 스님의 가슴에 총을 대고 방아쇠를 당겨 버렸다.

"꽝―"

총소리는 온 세계에 메아리쳤다. 선하자스님은 그 총소리를 듣고 확철대오(廓徹大悟)하였다. 마음이 툭 터져버렸던 것이다. 너무 기뻐 한참 가가대소하다가 정신을 차려보니 포수는 간 곳이 없었다. 그제야 선하자스님은 깨달아 게송을 읊었다. 정성에 감동한 문수보살이 포수로 변해 그의 정성을 실험하였던 것이다.

탁발정성이 나한을 감동시키어
공양집물을 절로 올라오게 하더니
한 생각 기도하는 마음에 문수보살이 나타나
한 발의 총성으로 대도를 성취하게 하였네.

托鉢精誠感羅漢(탁발정성감나한)
供養什物上般來(공양부물상반래)
祈禱一念化文殊(기도일념화문수)
一發銃聲通大道(일발총성통대도)

문수의 대기(大機)에는 보현의 대행(大行)이 따르지 아니하면 구조가 어렵고, 관세음의 자비는 대세지보살의 대희(大喜)가 아니면 성취하기 어려운 것이라고 했다. 생사일념(生死一念) 죽고 사는 것에 관계없이 뜻한 바 마음에 계약을 맺고 기도하는 사람이 어찌 사사로운 정에 팔려 인심을 팔고 사는 일을 할 수 있겠는가.

서산스님의 오도

서산스님의 속성은 최(崔)이고 이름은 운학(雲鶴)이다. 일찍이 부모를 여의고 아버지의 친구에게 의탁해 있다가 이십 세를 전후하여 지리산 숭인장로(崇仁長老)에게서 득도했다.

하루는 경전을 보다가 '홀문두성제창외(忽聞杜聲啼窓外) 만안춘산시고향(滿眼春山是故鄕) 갑자기 창밖에 우는 두견 소리를 들으니 눈앞에 가득한 봄 산이 고향이로고' 하더니 또 어느 날은 마을에서 닭 우는 소리를 듣고 게송을 읊고는 장부의 능사를 마쳤다.

발백심비백(髮白心非白)

고인증루설(古人曾漏洩)

금개일성계(今開一聲鷄)

장부능전필(丈夫能專畢)

홀득자가저(忽得自家底)

두두지차이(頭頭只此爾)

만천금보장(萬千金寶藏)

원시일공지(元是一空紙)

머리는 희나 마음은 희지 않음을

옛 사람이 말하지 않았던가.

이제 한 닭 소리를 듣고

장부의 일을 능히 마쳤다.

갑자기 내 집 밑에 이르니

두두물물이 오직 이것이로다.

장경이 천만 귀한 보배이지만

본래 한 공지(空紙)에 불과하다.

한암스님의 오도

성은 방(方)씨이고 이름은 중원(重遠)인 한암(漢岩)스님은, 일곱 살에 서당에서 중국의 사략(史畧)을 읽다가 '태고에 천황씨가 있었다'는 부분에 이르러 의문이 생겨 훈장에게 물었다.

"천황(天皇)씨 이전에는 누가 있었습니까?"

천황씨는 중국 고대 전설상의 세 명의 황제 중 한 명으로 12형제가 각각 만팔천 년씩 황제 노릇을 한 인물이었다. 한암스님은 더욱 의문이 생겨 이렇게 물었다.

훈장이 대답했다.

"반고(盤固)씨가 있었다."

반고씨는 중국 전설상의 천자로서 천지개벽 때 태어났으며 부부 음양의 시초로 천지만물의 조상이라고 하는데 한암은 다시 의문이 생겨 물었던 것이다.

"반고씨 이전에는 누가 있었습니까?"

훈장은 더 이상 대답을 못했다. 한암스님은 천지창조에 강한 의문이 생겨 10년 동안 『경(經)』, 『사(史)』, 『자(子)』, 『집(集)』 등 모든 유서(儒書)를 다 들춰 보았으나 결국 해답은 없었다. 하는 수 없이 그는 천진(天眞)의 회의를 품고 19세에 금강산 장안사 금월(錦月) 스님에게 출가하였다.

24세에 해인사에 갔는데 경허스님이 법좌에 올라 금강경 사구게인 '범소유상 개시허망 약견제상비상 즉견여래(凡所有相 皆是虛妄 若見諸相非相 卽見如來: 무릇 형상 있는 것은 모두 허망한 것이니, 모든 형상이 있는 것이 형상이 아닌 것을 알게 되면 곧 여래를 보게 되리라)'의 게송을 읊는 것을 듣고 큰 깨달음을 얻고 다음과 게송을 읊었다.

각하청산두상만(脚下靑山頭上巒)

본무내외역중간(本無內外亦中間)

파자능행맹자견(跛者能行盲者見)

북산무어대남산(北山無語對南山)

다리 밑에 하늘 있고 머리 위에 땅이 있네.

본래 안 밖이나 중간은 없는 것

절름발이 걷고 소경은 봄이여,

북한산은 말없이 남산을 대하고 있네.

1910년 스님 나이 34세에 평산 맹산군 우두암에서 10년 간 고행 정진하였는데 하루는 아침밥을 지으려고 아궁이에 불을 붙이다가 홀연히 눈빛이 크게 밝아져 다음과 같은 오도송을 읊었다.

착화두중안홀명(着火頭中眼忽明)
종자고로수연청(從者古路讖緣淸)
약인문아서래의(若人問我西來意)
암하천명부자성(岩下泉鳴不滋聲)

부엌에서 불붙이다 별안간 눈 밝으니
이걸 쫓아 옛 길이 인연 따라 분명하네.
날보고 서래의(西來意)를 묻는 이가 있다면
바위 밑 우물소리 젖는 일 없다 하리.

혜린스님의 기도

신라 말엽, 여름 안거를 마치고 십여 명의 제자들과 함께 만행에 오른 혜린선사는 험한 산중에서 하룻밤 노숙을 했다.

"스님, 아무래도 심상치 않습니다."

"무슨 일이냐?"

"나라 안에 번지고 있는 괴질이 이 산중까지 옮겨졌는지 일행 중 두 스님의 몸이 불덩이입니다."

"날이 밝는 대로 약초를 찾아볼 것이니 너무 상심치 말고 기도하며 잘 간병토록 해라."

이튿날, 혜린선사는 약초를 뜯어 응급조치를 취했으나 효험은커녕 열병을 앓는 스님은 하나 둘 더 늘어나 털썩털썩 풀섶에 주저앉았다.

"모두들 내 말을 명심해서 듣거라."

아무래도 예사롭지 않은 질병임을 느낀 혜린선사는 엄숙한 어조로 말문을 열었다.

　"우리는 상구보리 하화중생을 서원한 출가사문임을 잠시도 잊어서는 안 된다. 무릇 출가사문은 그 어떤 힘든 어려움들도 모두 이겨낼 수 있는 기력이 있어야만 한다. 그러므로 이만한 병고쯤 감당하지 못하고서야 어찌 훗날 중생을 제도하겠느냐. 오늘부터 병마를 물리치기 위해 정진에 들 것이니 전원 한마음으로 기도토록 해라. 필시 부처님의 가피가 있을 것이니라."

　기도로써 병마를 이겨야 한다고 생각한 혜린선사는 정결한 기도처를 찾기 위해 주변을 살폈다. 그 순간 혜린선사는 자신의 눈을 의심했다. 가까운 곳에 연잎이 무성한 연못이 있었는데 그 못 가운데 문수보살 석상이 우뚝 서 있었던 것이다. 참으로 뜻밖의 발견에 스님은 매우 기뻤다.

　"아니, 이럴 수가…."

　"문수보살님께서 우리를 구하러 오셨구나."

　스님 일행은 7일 동안 간절한 기도에 들어갔다. 그리고 마지막 날 밤, 문수보살이 나타나 혜린선사에게 이렇게 말하였다.

　"이제 모든 시련이 다 끝났으니 안심해라. 그리고 이 길로 새 절터를 찾아 절을 세우고 중생 구제의 서원을 실천토록 해라."

　비몽사몽 간에 문수보살을 친견한 혜린선사는 감격하여 절을 하다가 눈을 떠보니 문수보살은 온데간데 없었다. 고개를 들어 주위를 살핀 혜린스님은 또 한 번 놀랐다.

"스님! 저희 모두 질병이 완쾌됐습니다. 스님의 기도가 너무나 극진하여 아마 부처님의 영험이 있었나 봅니다."

다 죽어가던 제자들이 건강한 모습으로 환호하는 광경을 본 혜린선사는 다시 눈을 감고 문수보살님께 감사했다.

"저희들을 사경에서 구해 주신 문수보살님, 참으로 감사하옵니다. 보살님의 거룩하신 자비심으로 저희들의 앞길을 인도하여 주옵소서."

기도를 마치고 눈을 뜬 혜린선사는 마치 꿈을 꾸는 듯 어안이벙벙했다. 언제 오셨는지 노스님 한 분이 미소를 지으며 스님을 바라보고 있었던 것이다.

"내가 헛것을 본 것인가. 아니면 문수보살 석상이 생불로 화현하셨나?"

혜린선사는 못 가운데로 눈을 돌렸다. 분명 그곳에 문수보살님이 서 계셨다. 잠시 마음을 가다듬은 스님은 정중하게 합장 배례한 뒤 노스님에게 물었다.

"어디서 오신 스님이신지요?"

"소승은 석가모니 부처님께서 스님에게 전하라는 귀중한 선물을 가지고 왔으니 너무 놀라지 마시오."

노스님은 붉은 가사 한 벌과 향내음이 그윽한 발우, 그리고 부처님 진골의 일부분인 불사리를 건네주었다. 혜린선사는 감격하였다.

"이런 불보를 감히 소승이 받을 수 있겠습니까?"

"사양 말고 수지하십시오. 그리고 대사! 소승이 전하는 말을 꼭 명심하여 실천토록 하시오."

"예, 명심하겠습니다."

"제자들을 데리고 전라도 남쪽 땅으로 가시오. 그곳에 가면 송광산이 있는데 그곳이 바로 이 불보를 모시고 불법을 전할 성지입니다. 이 사실은 아무도 모르고 있으니 대사께서 어서 가서 절을 세우고 중생교화의 원력을 실천하시오. 그것만이 부처님의 가피에 보답하는 길입니다."

노승을 통해 부처님의 부촉을 받은 혜린선사는 너무 기뻐 눈물을 흘리며 삼배를 올렸다. 혜린선사 일행은 전라도로 발길을 옮겼다. 여러 날이 지나 지금의 승주군 송광면 마을 어귀에 다다랐을 때 일행은 백발이 성성한 촌로를 만났다. 노인은 반색을 하며 정중하게 합장 배례를 한 후 궁금한 듯 물었다.

"무슨 일로 이 마을에 오셨는지요?"

"예, 송광산이 영산이라기에 절을 세우려고 찾아왔습니다."

"참으로 잘 오셨습니다. 옛부터 전해오는 전설에 의하면, 장차 이 산에는 십팔공이 출현, 불법을 널리 홍보할 것이라 하여 십팔공을 의미하는 '송(松)'자에 불법을 널리 편다는 '광(廣)'자를 더하여 '송광산'이라 불렀다 합니다. 그래서인지 마을 사람들은 언제부터인지 몰라도 이 산에서 성인이 나오기를 기다리고 있답니다."

이때였다. 송광산 기슭에 오색 무지개 같은 영롱한 서기가 피어 올랐다.

"오! 저기로구나."

맑은 계곡을 따라 서기가 피어오른 곳으로 향하던 혜린선사는 문 득 걸음을 멈추고 석장을 꽂았다. 그날부터 절 짓는 일이 시작됐 다. 나무를 베어 내고 잡초를 거두고 터를 닦으니 고을에서 뿐만 아니라 먼 곳에서까지 사람들이 구름처럼 몰려와 속히 성인이 출 현하길 기원하면서 불사에 동참했다. 절이 완성되어 진골 불사리 를 모시던 날 밤, 절 안에는 교룡이 나는 듯 상서로운 기운이 가득 했다. 선사는 절 이름을 길상사라 칭하니 이 절이 바로 16국사를 배 출하고 선풍을 진작시킨 지금의 조계총림 송광사이다.

경흥국사와 문수보살

"사람은 태어나면 다 죽고 영원히 머무를 수가 없으니 너무 슬퍼하지 말라. 나는 이제 부처님 나라로 가게 되었으니 장례식은 간단히 하고 경흥스님을 국사(國師)로 모시고 정사를 보면 나라는 번영할 것이다."

신라의 문무대왕(文武大王)은 왕족들을 모아 놓고 임종에 이르러 왕비와 태자에게 유언을 남기고 자는 듯이 눈을 감았다. 부왕의 유언을 받고 왕위에 오른 신문왕은 경흥스님을 국사로 받들어 가르침을 받아 국정을 다스렸다.

경흥국사는 여덟 살에 출가(出家)하여 부처님 일대시교를 통달하고 오랫동안 깊은 산중 선원에서 공부를 했다. 그런 그를 백성들이 부처님으로 받들었다. 신문왕은 어려운 일이 있을 때마다 경흥국사를 찾아 그는 왕궁을 드나들었다. 경흥국사가 왕궁을 갈 때는 으레 왕이 내린 화려한 비단옷과 눈 같이 흰 백마를 타고 갔다.

어느 해던가. 들에는 황금빛이 넘치고 남산에 단풍이 곱게 물들고 있는 초 가을날이었다. 경흥국사는 왕명을 받고 예의(禮衣) 화려한 옷과 비단가사를 수하고 백마의 황금안장에 높이 앉아 왕궁을 향하여 들길을 지나고 있었다.

"국사님 행차하신다. 길을 비켜라."

앞뒤를 호위하는 마부와 병사들은 큰소리로 거들먹거렸다. 일을 하다가 참을 먹거나 잠시 쉬기 위해 들길에 늘어앉았던 농부들은 부리나케 일어나 물러서서 지나갈 때까지 합장하고 있었다.

그때 남루하기 짝이 없는 너절한 누더기를 입은 거지같은 스님이 본인 키보다 더 큰 구부러진 지팡이를 짚고 거기에다 대나무 광주리를 들고 경흥국사의 행차를 가로막았다. 경호하는 병사는 버럭 고함을 질렀다.

"국사님의 행차에 무엄하게 길을 막다니… 썩 물러가시오."

그러자 거지스님은 껄껄 대고 웃을 뿐 한 발짝도 물러서지 않았다. 그러한 태도는 말 위에 앉은 경흥국사를 조롱하는 것임이 분명하였다. 한 병사가 재빠르게 거지스님을 길옆으로 밀어내었다. 그때 그 스님이 메고 있는 대나무 광주리 속에는 비릿한 마른 명태와 가지미 등 승려로서 입에 대서는 안 되는 물고기가 가득 들어 있었는데 일시에 쏟아졌다.

그 병사는 눈을 부라리며 큰소리로 호통을 쳤다.

"미꾸라지 한 마리가 우물물을 다 망친다 하더니 어디에서 굴러 먹던 돌중이냐? 불도는 닦지 않고 비린내 나는 것만 즐겨먹는 주제에 감히 여기가 어디라고 썩 비켜라."

그러나 거지스님은 본인보다 더 큰 구부러진 지팡이를 짚고 경흥국사를 향하여 빈정거렸다.

"여기 말안장에 앉은 땡중은 두 다리 사이에 살아 있는 고기를 끼고 그 위에 올라앉아 거들먹거려도 국사로 존경을 받고 있거늘 내 광주리에 비린내 좀 나면 어떤가. 장터에 얼마든지 널려 있는 마른 고기를 좀 담고 다닐 뿐일세."

이 말에 깜짝 놀란 경흥국사는 말 위에서 그 거지스님을 정면으로 보려는 순간 그 승은 보이지도 않고 껄껄 대고 웃는 소리만 허공에서 들려오고 있을 뿐이었다.

경흥국사는 선지(禪旨)가 있었음으로 한순간 정신이 번쩍 났다. 두 다리 사이에 살아 있는 물고기를 끼고 그 위에 올라앉아 있다고? 그건 곧 비단옷에 말을 타고 있는 나의 거동을 비웃는 말이 아닌가.

경흥국사는 그 순간 말에서 내려 껄껄대고 있는 소리를 뒤쫓았다. 웃음소리는 들길을 가로질러 단풍이 곱게 물들고 있는 남산으로 향했다. 경흥국사는 땀을 뻘뻘 흘리며 웃음소리를 놓치지 않으려고 온 힘을 다해 산속을 뛰었다. 남산의 계곡과 골짝과 골짝 사이에는 절과 불상이 너무도 많았다.

경흥국사가 헐레벌떡 계곡과 계곡을 헤매다가 어느 바위 앞에 이르자 한 소나무 가지에 거지스님이 메고 다니던 대나무 광주리가 걸려 있었다. 무심코 광주리 속을 들여다보니 그 속에는 마른 명태와 가자미 대신 소나무 껍질이 가득 들어 있었다.

경흥국사는 주변을 두리번거렸다. 선바위 밑에 문수사(文殊寺)라는 조그마한 절이 있었는데 경흥국사가 마당으로 들어서는 순간 깔깔거리던 그 웃음소리는 문수사 법당으로 사라졌다.

경흥국사는 황급히 법당 문을 열고 안을 들여다보는 순간 크게 당황했다. 탁자 위에는 좀 전 거리에서 본 거지스님과 상호가 똑같은 보살상이 모셔져 있었던 것이다. 그 보살상 어깨 너머에는 꾸부러진 지팡이가 비스듬히 걸려 있었다. 아! 그 거지스님이 이곳 문수보살님의 화현(化現)이었구나. 경흥국사는 안으로 들어가 백팔참회를 하고 다시는 비단옷을 입지 않았으며 말을 타고 다니지도 않았다.

진명거사의 깨달음

전주 공판사 아버지 공진명(孔眞明)은 예전에 스님이었다. 순천 송광사에서 출가하여 『초발심자경(初發心自警)』으로부터 『사집(四集)』, 『사교(四敎)』, 『대교(大敎)』, 『염송(恬頌)』에 이르기까지 부처님의 일대 시교를 마치고 일본 유학길에 올랐다가 전생의 지중한 인연을 버릴 수 없어 인연 따라 퇴속하고 말았다.

나이 서른에 장가를 가서 살림을 시작하긴 하였으나 본래 배운 것이 없는지라 그저 먹고 나면 방 안에 들어 앉아 염불 참선밖에 하는 것이 없었다. 어린애들이 쓰는 도화지에 연필로 그린 부처님을 벽에 붙여놓고 매일 같이 공양을 드리고 예불을 했다. 16년 간을 그렇게 하고 나니 가정에 오직 남은 것은 올망졸망한 아이들뿐이고 나무 한 가지, 쌀 한 톨 없는 신세가 되었다.

큰 아들은 국민학교를 졸업하고 신문보급소에 취직하여 신문배

달을 하면서도 고시공부를 열심히 하였고 둘째와 셋째, 넷째는 허름한 누더기를 걸치고 좁아터진 방 안에서 이리 구르고 저리 구르며 오줌 싸고 똥 싸고 먹을 것 달라 보채는데 마치 흥부네 신세와 비슷했다. 하지만 공거사는 언제나 변함없이 '남무동방해탈주(南無東方解脫呪)'를 외웠다. 이를 보고 화가 난 아내가 말했다.

"여보, 오늘이 섣달 스무 여드레, 내일 모레가 설이 아닙니까?"

"그래 어쩌란 말이오. 잔소리 말고 부처님께 마지(摩旨)나 올리세요."

"산 사람 먹을 것도 없는데 그림 부처님이 먹을 게 어디 있어요."

진명은 그 말을 듣고 빙긋이 웃으며 자루를 들어 만진다. 부인은 어이가 없다는 듯, 하늘을 쳐다보며 말했다.

"친정에도 염치가 있어야 가지요."

"그렇지만 할 수 있소."

부인은 하는 수 없이 자루를 허리춤에 끼고 나갔다. 생각하니 기가 막혔다. 눈은 몰아치고 바람은 세차게 불었다. 다리를 건너고 산을 넘을 때마다 남편에게 속으로 가지가지 욕설을 퍼붓고 눈물을 흘리며 신세 한탄을 했다. 친정에서 겨우 쌀 두어 되를 얻어 가지고 돌아와 밥을 지어 부처님께 올리려고 방 안으로 들어왔다. 그때 별안간 주문을 외우고 있던 공거사가 방망이를 들고 넙적 다리를 후려치며 말했다.

"이 요망한 여자야, 그 더러운 밥을 어디다가 받치려 하느냐?"

부인은 분을 참지 못해 엉엉 울면서 말했다.

"무엇이 더럽단 말입니까? 이것도 감지덕지 하지 않고…."

"당신 아무 산 넘어 가면서 무어라 욕하고 다리 건너면서 무어라 욕하지 않았소. 사람도 그런 음식은 먹기를 꺼려 하거늘 하물며 전지전능하신 부처님이 밥이 없어 잡수시겠소?"

부인은 깜짝 놀랐다. 이 분이 어떻게 나의 거동을 아신단 말인가? 천리안(天里眼), 천리귀(天里耳)를 가지지 않고는 진실로 알 수 없는 일이었다. 부인은 무릎을 꿇고 빌었다.

"오늘 일은 제가 잘못하였습니다. 진짜 산 부처님은 보지 않고 그림 부처만 보았으니 이 눈이 굼벵이 눈입니다."

공거사는 왈칵 눈물이 나왔다.

"여보, 그동안 고생이 많았소. 그러나 아직도 우리에겐 4년이란 긴 세월의 수난이 남았습니다. 잘 참고 견디어 봅시다."

아버지도 울고 어머니도 울고 아들도 울고 딸도 울었다. 과연 그후 4년, 마침 큰아들이 열아홉 살의 약관으로 고등고시에 합격하니 집안은 일약 화장세계(華藏世界)로 변하였다. 그런데 하루는 아버지가 없어졌다. 사방으로 찾고 돌아다니다가 전주 경찰서에 수감되어 있음을 발견했다.

"아버지, 이게 웬일이십니까?"

"글쎄, 방귀 뀐 놈이 큰 소리 한다고 세상은 요지경 속이로구나."

아버지는 경찰서에까지 오게 된 경위를 말했다.

"내가 도청 앞에 나와 섰다가 보니 도지사가 자기 조카와 관계가 있는 사람이었다. 내가 그 놈을 잡고 생피 붙은 놈이라 야단을 했더니 그의 부하들이 나를 잡아다가 여기 이렇게 가두었다. 내 말이 거짓말 같거든 지금 아무 곳에 가 누구를 찾아보라. 그러면 알 바가 있으리라."

판사가 형사 두 사람을 데리고 그 곳에 가보니 과연 스물 살 남짓 된 아가씨가 어린 애를 가져 배가 불러 수심에 차 있는데 그 내력을 물은즉 아버지의 말씀과 조금도 다름이 없었다. 그러나 너무나도 중차대한 일이라 쉬쉬하고 곧 아버지를 절로 모시고 갔다. 집에서 모시다가는 이런 일이 또 생길까 염려해서였다. 그런데 마침 그 절에는 주지스님이 출타하고 계시지 않아 마루에 걸터앉아 쉬었다. 그때 쥐 한 마리가 쌀독 앞에 나와 서성거리는 것을 보고 아버지가 말했다. 저 쥐가 "사람들은 미련하지, 쌀 좀 꺼내 주면 내가 이런 고통을 하지 않을 것인데"라고 말하고 있다는 것이다. 아들은 아버지가 지금 쥐가 말하고 있다는 소리에 너무도 어이가 없어 대꾸도 하지 않았다. 공거사는 곧 광으로 뛰어가 쌀독을 열고 쌀 한 움큼을 집어 쥐구멍 앞에 놓아주니 쥐가 도망치지도 않고 먹었다. 주지스님이 이 광경을 보고 호통 쳤다.

"사람도 못 먹는 쌀을 이게 무슨 짓이오."

공거사가 말했다.

"사람과 짐승이 무엇이 다르냐? 단지 껍데기에 둘러쓴 가죽포대가 다를 뿐….”

주지가 대답했다.

“이런 사람을 어떻게 데리고 있겠습니까?”

주지스님은 화를 내면서 공거사를 받을 수 없으니 데려 가라고 하였다. 하는 수없이 아들은 공거사를 모시고 절을 내려왔다.

전주 역전 부근에 이르러 서울행 완행열차가 지나가면서 기적 소리를 “적”하고 내지르는 바람에 그만 공거사는 귀가 먹고 반벙어리가 되고 말았다.

“아깝다. 공거사의 공부 닦은 내력이여, 진명(眞明)은 본래 밝고 어두움이 없건마는 사람이 분별을 따라 밝고 어두움 일으키네.”

2장

마음을 다해 기도하라

청주 무심천에 나타난
일곱 부처님

조선조 고종 광무(1901)년 때였다. 내당에서 잠자던 엄비는 참으로 이상한 꿈을 꾸었다. 갑자기 천지가 진동을 하며 문풍지가 흔들리는 바람에 엄비는 방문을 열고 밖으로 나와 하늘을 쳐다보았다. 순간 엄비는 놀라지 않을 수 없었다. 오색영롱한 안개 속에 칠색의 선명한 무지개가 자신의 처소인 내당을 향해 뻗고 있는 것이 아닌가. 엄비는 자신도 모르는 새에 옷매무새를 가다듬고는 방으로 들어와 정좌한 후 밖을 보았다. 이번엔 아름다운 풍악소리가 울리는 가운데 일곱 미륵 부처님이 일곱 선녀의 부축을 받으며 내당을 향해 오고 있었다. 엄비는 얼른 일어섰다. 주위에는 온갖 나비와 새들이 저마다 자태를 뽐내며 춤을 추고 있었고 하늘에선 꽃비가 내렸다. 부처님 일행이 내당에 도착하자 엄비는 합장 삼배를 올렸다.

"그대가 바로 불심 지극한 엄비요?"

"예. 그러하옵니다."

엄비는 떨리는 목소리로 간신히 답했다. 방금 엄비임을 확인한 키가 제일 큰 부처님이 다시 말을 이었다.

"부탁이 있어 이렇게 왔소. 우리는 매우 위태로운 처지에 놓여 있다오. 하루속히 우리를 구하고 절을 세워 안치해 주길 간곡히 당부하오."

부처님 눈가엔 어느새 눈물이 주르르 흐르고 있었다.

"어느 곳에 계시오며 무슨 사연인지 알았으면 합니다."

"그 내용은 청주 지주(요즘의 군수)가 잘 알고 있소."

간곡히 당부의 말을 남긴 미륵부처님들은 영롱한 안개를 일으키며 서쪽 하늘로 사라졌다. 합장한 채 부처님이 사라진 쪽을 한동안 바라보던 엄비는 부처님을 하루 속히 구해드려야 한다고 생각했다.

"얼마나 힘드시고 다급했으면 저토록 눈물까지 흘리시며 당부하셨을까."

여느 날과 달리 오늘따라 기침시간이 늦어지자 엄비처가의 시종 삼월이는 아무래도 이상하여 엄비의 늦잠을 깨웠다. 부처님을 친견하느라 정신이 없었던 엄비는 나인의 목소리에 잠에서 깨었다.

"거참 이상한 꿈이로구나."

엄비는 마치 꿈을 확인이라도 하는 듯 문밖으로 나와 일곱 부처님이 사라진 서쪽과 무지개가 피어오르던 하늘을 보았다. 그러나 허공엔 아무 흔적도 남아 있을 리가 없었다. 아무래도 가만히 있을 일이 아니라고 생각한 엄비는 간밤 꿈 이야기를 왕에게 고하고는 청주에 사람을 보내 달라고 청했다.

"과인의 생각도 그러하오. 내 곧 청주 지주에게 사람을 보낼 것이니 하회를 기다리도록 하오."

엄비는 그날부터 새벽이면 목욕재계하고 염불 정진을 시작했다. 한편 엄비의 꿈 이야기와 함께 아는 대로 상세히 조사하여 고하라는 어명을 받은 지주 이회복은 놀라지 않을 수가 없었다.

"아니 사흘 전 내가 꾼 꿈과 흡사한 꿈을 엄비 마마께서도 꾸시다니…."

엄비가 일곱 부처님을 꿈에서 친견하던 날 밤, 청주 지주 이회복은 깊은 잠 속에 스르르 방문 열리는 소리를 들었다. 그리고는 장삼이 온통 흙탕물에 젖은 스님 한 분이 바로 옆에 와서 앉는 것이었다. 놀란 이회복은 스님을 자세히 바라보았다. 이마에선 피가 흘렀고 목에는 이끼가 끼어 있었다.

"너무 놀라지 마시오. 내 지금 서쪽 큰 늪에 빠져 헤어날 길이 없어 구해 달라고 이리 왔으니 귀찮게 여기지 말고 힘껏 도와주시오."

말을 마친 스님은 홀연히 서쪽으로 사라졌다. 이회복은 서쪽을 향해 합장하며 머리를 조아리다 잠에서 깨어났다. 아무래도 심상치 않게 생각하던 중 어명을 받은 이회복은 그 날로 사람을 풀어

서쪽 큰 늪을 조사하도록 했다. 그날 오후 조사 나갔던 나졸들은 큰 발견이나 한 듯 지주 이희복에게 고했다.

"서쪽으로 가보니 무심천이라 부르는 황량한 개울이 있는데 그 주변에 머리 부분만 밖으로 나와 있는 돌부처 한 분이 늪과 잡초에 묻혀 있었습니다."

이회복은 급히 무심천으로 달려갔다. 가보니 낚시꾼들이 석불을 의자삼아 걸터앉아 낚시를 하고 있는 것이 아닌가. 이회복은 호령을 내렸다.

"아무리 늪에 묻혀 있을지언정 부처님이시거늘 그토록 무례할 수가 있는가."

"살펴보지 않아 미처 몰랐습니다. 금후로는 그런 일이 없을 것이오니 한번만 용서해 주세요."

얼굴이 붉어진 낚시꾼은 무안하여 도구를 챙겨든 채 자리를 옮겨 갔다. 이회복은 부처님을 조심스럽게 파내었다. 석불은 이마 부분이 손상되어 있었다. 그날부터 이회복은 사람을 동원하여 무심천 물을 퍼내기 시작했다 그렇게 7일을 퍼내니 무심천에서는 모두 일곱 분의 미륵부처님이 출현했다. 이회복은 너무 기뻐 급히 왕실에 상고문을 올렸다. 왕실에서는 신기한 사실에 엄비의 불심을 높이 칭송하는 한편, 청주지사 이회복에게 많은 재물을 내려 절을 세우고 칠불을 모시도록 했다. 그 절이 바로 오늘의 청주시 사직동 무심천변에 있는 용화사다. 신라 선덕여왕 대에 창건됐다가 대홍수

로 인해 부처님이 개울에 묻힌 지 천여 년 만에 다시 복원된 것이
다. 용화사 복원 이후 청주 지역엔 자주 있던 홍수 피해가 없어졌
다고 한다. 현재 미륵칠불은 지방문화재 14호로 지정돼 있다 '무심
천'은 부처님의 흔적을 찾지 못한 채 무심한 세월만 흘렀다 하여 붙
여진 이름이라고 한다.

국가의 재에 온 문수보살

신라 말년, 나라가 쇠잔해졌을 때 경순왕은 도학(道學)이 높은 고승을 불러 재를 올리고 국태민안(國泰民安)를 기원하라고 신하들에게 명령을 내렸다. 그러나 신하들은 고승 대덕을 단 한 명도 추천하지 않았다. 입제하는 날이었다. 석양(夕陽)이 짙은 늦은 오후, 의복이 남루하고 행색이 초라한 풍창을 앓고 있는 늙은 스님이 재를 자원했다. 신하들은 재를 지낼 시각이 급박해지자 할 수 없이 늙은 스님을 재에 참여시켰다. 그런데 재를 마치자 신하들은 풍창에 걸린 스님이 올렸던 음식을 먹을 수 없다고 웅성거렸다.

그날 경순왕은 풍창에 걸린 스님을 보고 이렇게 말했다.

"스님이 나라의 재에 참여하였다는 말을 누구에게도 하지 마시오."

스님이 되받아쳤다.

"대왕께서도 누가 묻더라도 문수보살이 재에 참여하였다는 말씀을 하지 마시오."

그 순간 스님은 동자로 변하여 재빨리 달아났다. 경순왕은 놀라 급히 말을 타고 동자를 따라갔으나 어느 마을 앞에서는 더 가지 못해 '헐 수 없다'고 탄식하였다. 그래서 지금 그 마을의 이름이 '헐수정'으로 불린다고 한다. 경순왕은 포기를 할 수 없어 거기서 10리를 더 달려가 보았으나 역시 동자는 온데간데 없었다. 그래서 그 마을을 이름을 지금 '무거리'라고 부르고 있다. 경순왕은 포기를 하지 않고 거기서 10리쯤 더 올라가서 망회(望回)라는 곳에서 사방을 바라보았다. 그 순간 문수암 앞 암대(巖臺) 위에서 문수동자가 청사자를 타고 가는 것이 보였다. 경순왕은 문수암 앞산에 올라가 '문수보살님' 하고 세 번을 불렀다. 그때 동자가 나타나서 경순왕에게 이렇게 말했다.

"대왕께서 문수보살을 친견하려거든 이곳에 절을 짓고 기도하십시오."

오늘날 문수동자를 부른 곳을 삼초대(三招臺)라고 하고 절을 지은 곳을 금선대(金仙臺)라고 한다.

자장스님의 조탑 불사

자장(慈藏)율사는 신라가 불교원력으로 삼국통일의 기반을 닦게 한 고승이었다. 그는 중국에서 구법(求法)하다가 선덕여왕의 부름을 받아 급히 귀국하였다. 당시 신라는 백제와 고구려 양쪽으로부터 압력을 받아 위태로웠고 그로 인해 민심은 불안했다. 왕은 난국을 타개하고 나라를 안정시키기 위해 자장율사의 도움이 필요했던 것이다. 그가 귀국하여 분황사에 주석하면서 대승론을 강설하고 황룡사에서는 대승보살 개론을 강술하면서 호법을 강조하고 국태민안을 기원하였다. 그는 대국통(大國統)이라는 높은 벼슬에 올라 황룡사 9층 석탑을 조성하는 대불사를 서둘렀는데 나라의 힘과 모든 사람들의 마음이 이 불사에 집중되었다. 하루는 자장율사가 중국에 유학을 가 있을 때 태화지(太和池) 근방을 지나치고 있을 때 홀연히 한 신인(神人)이 나타나 물었다.

"그대는 어째서 여기 왔느냐?"

자장율사가 대답했다.

"보리를 구하기 위해서입니다."

신인이 다시 물었다.

"지금 너희 나라는 어떤 위험에 처해 있느냐?"

자장율사가 대답하였다.

"우리나라는 북으로 말갈에 연해 있고 남으로 왜인에 접해 있으며, 또 고구려·백제가 변경을 차례로 침범하는 등 나라에 침략이 끊일 새가 없습니다."

신인이 말했다.

"지금 너희 나라는 여자를 임금으로 삼아 덕은 있으되 위엄이 없는지라 인국(隣國)이 도모하려는 것이니 빨리 본국으로 돌아가라."

자장율사는 정중히 신인에게 다시 물었다.

"본국으로 가서 무엇을 어떻게 하면 나라가 강성대국이 되겠습니까?"

이때 신인이 일러주었다.

"황룡사 호법룡(護法龍)은 곧 나의 장자(長子)로 인도왕의 명을 받아 그 절을 보호하고 있으니 본국에 돌아가 그 절에 9층탑을 조성하는 일이다. 그러면 태평할 것이다. 탑을 세운 후에 팔관회(八關會)를 베풀어 죄인을 사(赦)하면 외적이 침해하지 못할 것이다."

신인은 이렇게 말한 뒤에 흘연히 사라졌다. 자장율사는 귀국한 뒤에 선덕여왕에게 신인이 일러 준대로 말하고 곧 황룡사 9층 석탑을 짓게 하였다. 9층으로 짓게 된 것은 그 1층은 일본, 2층은 중화, 3층은 오월(吳越, 지금의 인도지나), 4층은 탁라(托羅), 5층은 응유(鷹遊), 6층은 말갈, 7층은 단국(丹國), 8층은 여적(女狄), 9층은 예맥을 이름이니, 이러한 9개국으로 하여금 신라에 예속되기를 기원해서였다. 이와 같이 황룡사9층탑은 이와 같이 신라인의 웅대한 기상과 호국안민하는 높은 뜻이 담겨져 있었던 것이다. 더구나 그 규모와 구조는 장대하여 철반(鐵盤) 이상의 높이가 42자(尺)나 되었다.

당시 신라에서는 삼보의 하나로 삼아 귀중하게 여겼으며 이로써 삼국통일의 정신적 기틀을 닦았던 것이다. 이렇듯 한 시대의 선업(善業)은 그 당대에 이로울 뿐만 아니라 길이 후대에 이르기까지 선보(善報)로써 나타난다는 것을 황룡사 9층석탑의 불사가 소명하게 말해주고 있다.

자장율사는 진골(眞骨)인 김무림(金茂林)의 아들이었다. 그가 태어난 과정도 그렇지만 자장이 뒷날 많은 사람들의 추앙을 받고 동량지재가 될 수 있었던 것은 일찍이 그의 부모가 관세음보살님께 일심으로 예배 공양하였기 때문이다. 늙도록 자식이 없었던 부부는 삼보께 귀의하고 관세음보살 탱화 일천 벌을 조성해서 천수관세음보살님께 발원하였다고 한다.

"관세음보살님이시여, 만일 아들을 낳게 점지해 주시오면, 그 아들을 출가시켜 불법의 동량이 되게 하겠나이다."

어느 날 부인은 큰 별이 떨어져 품안으로 드는 태몽을 꾸었다. 이로부터 잉태하여 남자를 낳으니, 마침 그날이 사월초파일인 부처님 오신 날과 같았으므로 아들의 이름을 선종랑(善宗郎)이라 하였다. 선종랑은 어려서 부모를 여의게 되자 세상을 달관하고 처자를 남겨둔 채 출가하여 불문(佛門)에 들었는데, 그는 산중에서 고골관(枯骨觀, 白骨觀)을 닦기에 여념이 없었다. 온갖 나태심을 경계하기 위하여 공부하는 방 안에는 가시넝쿨을 둘러치고 머리를 풀어 들보에 매고 알몸으로 가시넝쿨 속에 앉아 조금만 움직여도 가시에 찔리도록 경각심을 일깨우며 용맹정진 했는데 그가 바로 자장율사였다. 그의 부모는 신심(信心)이 각별했으며 그 발원함이 지극했고 또 스스로 불법에 정진하였던 원력으로써 신라로 하여금 삼국통일을 가능케 하는 대위업을 향한 정신적 기틀을 자장 율사에 의해 주도하였던 것이다.

『관음경』에 보면 "만약 어떤 여자가 있어서 남자를 얻고자, 관세음보살께 예배하고 공양하면 문득 복덕이 있고 지혜가 있는 아들을 낳을 것이다." 라고 하였다. 누구든지 지성으로 관세음보살을 예배공양하면 소망이 이루어지며 또 그 공덕은 현세보(現世報)로 나타나고 내세보(來世報)로써 현현하게 되는 것이다. 그러한 진리를 자장율사의 예에서 짚을 수가 있다.

각성스님 무과에 급제하다

"여보, 우리에게도 기다리던 아기가 생기려나 봐요."

"그렇게 되면 오죽이나 좋겠소. 헌데 부인에게 어떤 기미가…."

"간밤 꿈에 어떤 스님이 제게 거울을 주시면서 잘 닦아 지니라고 하시지 않겠어요. 아무래도 태몽인 것 같아요."

충남 보은 김진사댁 부인 박씨는 결혼한 지 십 년이 넘도록 아기를 갖지 못했다. 영약이란 영약은 다 먹어보고 명산대찰을 찾아다니며 기도를 올리던 중이었다. 그날 부인은 잠에서 깨자마자 남편에게 꿈 이야기를 했다. 그로부터 10개월이 지난 후, 한가위 달빛이 휘영청 밝은 밤, 김진사댁에서는 힘찬 사내아이의 울음소리가 들렸다. 아기의 이름을 돌이라고 지었는데 다섯 살 때 천자문을 다 외울 정도로 총명했다. 일곱 살이 되던 해 어느 여름날, 돌이는 서당에서 돌아오는 길에 갑자기 배가 아프다며 뒹굴기 시작했다. 서당 학우들이 집으로 업고 갔다. 놀란 김진사는 용하다는 의원을 부르고 약을 썼으나 차도가 없고 오히려 병은 더 심해졌다. 사흘째 되던 날이었다.

"수리 수리 마하수리…."

대문 밖에서 스님의 염불 소리가 들렸다. 시주 쌀을 갖고 나온 김진사 부인은 스님을 보는 순간 깜짝 놀랬다. 꿈속에서 거울을 주던 그 스님이 바로 눈앞에 서 있는 것이 아닌가. 묘한 인연이라 생각한 부인은 스님에게 돌이 이야기를 했다. 묵묵히 듣고만 있던 스님은 이미 다 알고 있는 듯 말문을 열었다.

"그렇지 않아도 소승이 돌이를 데리러 왔습니다. 절에 가면 곧 건강을 되찾을 것이며 장차 이 나라의 훌륭한 인재가 될 것입니다."

김진사 내외는 귀여운 아들을 절로 보낼 수 없어 선뜻 대답을 못했으나 태몽을 생각하고는 하는 수 없이 스님 뜻에 따랐다. 스님 등에 업혀 절에 온 돌이는 언제 아팠느냐는 듯 건강해졌다. 낮에는 활쏘기 등 무예를 익히고 밤에는 불경을 읽으며 9세가 되던 해였다. 아버지 김진사가 갑자기 병으로 사망했다는 소식이 왔다. 돌이는 고향에 돌아가 상을 치르고 돌아와 부친을 여읜 슬픔과 함께 사람의 나고 죽는 문제로 한동안 번민했다. 스님께 여쭈어 봐도 "아직 어리다"며 좀체 일러 주시지도 않았다. 이듬해 가을날, 돌이는 화산의 설목스님을 은사로 득도하여 각성이란 법명을 받았다. 사미의 엄한 계율 속에 정진하던 각성은 열네 살 되던 해 부휴스님을 따라 속리산, 금강산, 덕유산 등으로 다니며 경전공부 외에 무술과 서예 등을 익혔다. 스무 네 살이 되자 부휴스님은 각성을 불렀다.

"이제 공부가 어지간하니 하산하여 중생을 구제하도록 해라."

벽암이란 호를 받은 각성스님은 고향으로 돌아가 부모님 묘에 성묘하고는 한양으로 발길을 옮겼다. 그때는 조선조 광해군 시절이었는데 조정에서는 무과시험을 치르는 방을 내걸었다. 스님은 시험에 응시했다.

"김각성 나오시오."

스님과 마주한 상대는 호랑이 가죽옷을 입고 머리는 풀어 흰 수건으로 질끈 동여맨 것이 마치 짐승 같았다. 두 사람의 몸이 공중에서 떠오르는 듯 손에 땀을 쥐게 하는 순간이 회를 거듭하던 중 사나이의 목검이 부러졌다. 절호의 기회였으나 상대방이 새 칼을 들고 다시 대적하도록 해 잠시 기다렸다. 그때 성난 사나이는 씩씩거리며 규정에도 없는 진짜 칼을 원했다. 그때 난폭한 광해군은 구경거리라도 생긴 듯 진짜 칼을 주도록 어명을 내렸다. 다시 징소리가 울렸다.

"얏! 에잇."

기합소리와 칼 부딪치는 소리뿐 장내는 쥐죽은 듯 고요했다. 승부의 귀추가 주목되는 아슬아슬한 순간, 사나이의 칼이 스님의 머리를 후려치는데 스님은 날랜 동작으로 칼을 든 상대방의 손을 쳤다. 칼이 땅에 떨어졌다. 사나이는 그 길로 도망을 쳤다.

"오, 과연 장한 솜씨로구나."

광해군은 탄복을 금치 못했다. 무과에 급제한 스님은 팔도도총섭이란 벼슬에 올랐다. 그러나 옳고 그름을 분명히 판단하고 줄곧 간언을 올리던 스님은 임금에게 성을 쌓고 국방을 튼튼히 할 것을 간언하다 뜻이 관철되지 않자 벼슬을 내어 놓고 산으로 들어갔다. 어느 날 밤, 스님은 부처님으로부터 세상에 내려가 성을 쌓고 전쟁에 대비하라는 계시를 받았다. 곧 대궐로 달려가 새 임금이 된 인조대왕에게 상소를 올렸다. 임금은 스님의 옛 관직을 회복하여 팔도도총섭에 명하고 남한산성을 다시 쌓게 했다. 남한산성이 다 이루어지기도 전에 청나라가 쳐들어 왔다. 남한산성으로 피난을 하게 된 인조는 각성스님의 공을 높이 치하했다.

"대사의 선견지명이 아니었던들 내 어찌 생명을 보존했겠소."

성곽수호를 관군에 맡긴 스님은 의승 일천 명을 모아 북으로 진격했다.

"나는 팔도도총섭이다. 대장은 나와서 나와 겨루자."

적진에서 달려 나오던 대장은 갑자기 멈춰 섰다.

"혹시 김각성 장군이 아니오?"

"그렇소."

"지난날 과거장에서 칼을 잃고 도망간 사람이 바로 나요. 나는 그때 조선의 정세를 염탐하러 왔다가 하마터면 목이 달아날 뻔했지요. 그때 살려준 은혜 잊지 않고 있소. 오늘 저녁술이라도 한잔 나눕시다."

"술도 좋지만 우린 우선 승패를 가리는 것이 순서 아니겠소."

"좋소. 그럼 내일 싸우도록 합시다."

이튿날 아침, 각성스님은 의병을 이끌고 적진을 향해 달려갔다. 그러나 이게 웬일인가. 그 많던 적군은 하나도 보이지 않았고 들판에는 편지를 매단 창이 하나 꽂혀 있었다.

"김각성 장군! 지난날 목숨을 구해준 은혜를 갚기 위해 그냥 돌아가오."

편지를 읽은 스님은 의병을 이끌고 남한산성으로 돌아와 장경사를 건립했다. 훗날 조정에서는 벽암대사 김각성 장군의 공을 기리기 위해 남한산성에 사당을 지어 '청계당'이라 하고 매년 추모제를 올렸다.

자장스님이 문수보살을 뵙다

신라 선덕여왕 인평(仁平) 3년(636), 자장스님이 제자 승실(僧實) 등 십여 명을 데리고 당나라 오대산에 가서 돌로 조성한 문수보살 앞에서 7일 동안 기도를 하던 중 꿈속에서 한 보살님이 나타나 범어로 된 게송을 일러 주었다.

"아라바자나 달례다카야 나가혜가나 달례로사나"

자장은 잠에서 깨어났지만 게송의 뜻을 몰라 당황하고 있었다. 고민을 한참 하고 있는데 어떤 스님이 찾아왔다. 이상한 생각이 들어 자장은 간밤 꿈속에서 보살이 들려준 게송을 스님에게 일러주었더니 빙그레 웃으면서 풀이해 주었다.

"온갖 법을 알고 보면 제 성품 아무 것도 없나니 법의 성품 알면 곧 노사나불을 보리라. 비록 많은 경전을 배운다 해도 이것보다 더 나은 것이 없느니라."

스님은 자장에게 가사와 부처님 진신사리를 준 다음 어디론지 홀연히 가버렸다. 그 후, 자장은 본국으로 가던 중 잠을 자다가 꿈속에서 태화지(太和池)의 용왕이 나타나서 일러주었다.

"전날, 게송을 일러준 스님은 강릉군에 있는 수다사(水多寺)를 창건한 문수보살이니라. 아마 그대는 내일 대송정(大松汀)에서 그 스님을 만나게 되리라."

자장은 일찍 일어나 송정으로 달려갔다. 과연 그곳에 문수보살님이 계시었다. 자장은 문수보살에게 법을 물었다.

"태백산 칡 얽힌 곳인 갈반지(葛蟠地)에서 다시 만나세."

그 순간 문수보살은 사라졌다.

자장은 태백산으로 가서 칡 얽힌 곳을 찾으니, 큰 구렁이가 나무 아래 서린 것을 보고 시자에게 말했다.

"이곳이 문수보살이 말씀하신 칡 얽힌 곳이다."

자장은 그날부터 석남원(石南院 지금의 정암사)을 짓고 문수보살이 오기만을 기다리고 있었다. 얼마 후 누더기를 입은 늙은 거사가 칡 삼태기에 죽은 강아지를 담아 메고 와서는 자장스님의 시자에게 말했다.

"자장을 보려고 왔으니 들어가서 전하여라."

"누구시기에 우리 스님의 함자를 함부로 부르시는가."

"네 스승께 그대로 여쭈어라."

시자가 들어가서 사실대로 말하였다. 자장스님은 미처 생각을 못했다.

"미친 사람이 왔는가 보구나."

시자가 나와서 책망을 하였다. 늙은 거사 혼자 중얼거렸다.

"그냥 갈 수밖에 없네. 아상(我相) 있는 사람이 어찌 나를 만날 수 있겠느냐."

데리고 왔던 삼태기를 털어놓으니 강아지가 변하여 사자좌가 되었다. 거사는 사자좌에 올라앉아 광명을 놓으며 가버렸다. 자장은 그 말을 듣고 위의를 갖추고 나와서 광명을 따라 남산에 올라갔으나 문수보살의 종적이 묘연하였다.

가사불사로 남편을 제도한 청신녀

지금으로부터 154년 전 황해도 안악군 안악면 고령산 연등사(燃燈寺)에서 있었던 일이다. 절에서는 몇 년 큰 불사를 하는데 이번에는 가사불사(袈裟佛事)를 하게 되었다. 스님들은 연고 있는 신도들에게 정성껏 시주를 받는데 가사를 만드는 비단인 기포를 시주하는 이도 있고 또 어떤 집에서는 쌀이나 돈으로 시주를 했다. 당시 절에서는 하루 두 번씩 스님이 설법을 하는데 불공을 올리고 재를 지내는 사람들도 끊이지 않아 많은 가사를 시주받을 수 있었다. 그런데 절로부터 얼마 떨어지지 않은 연곡마을에 이춘화(李春和)라는 사람이 살고 있었다. 그는 포수로서 활과 총을 쓰는 재주가 비상하고 기백이 넘쳐 성질이 거칠어서 세상에 무서운 것이 하나도 없었다. 그런 그에 비해 아내는 한없이 착하고 온순했는데 그녀는 가사불사를 위해 자주 절에 왕래하였다. 하지만 춘화는 자손창성과 부귀를 위해 가사불사를 하였지만 젊은 마누라가 자주 절에 가는 것을 못마땅해 했다.

어느 날 아내가 절에 갔다 오더니 남편에게 이렇게 말했다.

"오늘 법사스님이 그러시는데 살생을 많이 하는 사람은 단명횡사의 보를 받고, 또 자식을 기르기가 힘들다고 하였습니다. 또한 살생을 좋아하는 사람은 죽어서 지옥에 떨어진다고 하니 우리도 이제 포수 짓을 그만두고 농사라도 지으며 사는 것이 어떤는지요."

춘화는 아내의 말을 듣고 순간 비위가 울컥 상했다.

"천생만민(千生萬民)이 각기 직업을 가지고 사는데 수렵을 그만 두면 당장 밥을 어떻게 먹고 산단 말이오. 호랑이 한 마리만 잡으면 3년 먹을 것이 일시에 나오는데 그까짓 농사를 지어 어느 입에 풀칠이나 하겠소, 그런 소리 말고 절에나 다니지 마시오"

어느 날 아내는 절에 갔다가 스님이 법문하는 소리가 너무 재미있어 그만 밤이 늦어 그 곳에서 자게 되었다. 물론 동네 사람들도 여럿이 잤지만 부인의 마음은 불안하였다. 사냥을 나갔던 춘화가 돌아와 보니 밥그릇에 식은 밥만 담겨 있고 아내는 눈에 보이지 않았다.

"이년이 또 절에 갔구나."

춘화는 상투 끝까지 화가 치밀어 당장에 절로 뛰어가고 싶었으나 참았다. 하지만 밤이 깊어서도 아내는 돌아오지 않았다.

"요년이 이젠 바람까지 났구나. 어떤 놈과 붙어먹느라 육신이 팽

팽한 남편을 놓아두고 집을 나가 밤을 샌단 말인가."

춘화는 아내가 오기만 오면 금방이라도 잡아먹을 듯이 손을 떨고 있었다. 이윽고 날이 밝자 아내가 돌아왔다. 그리고 주섬주섬 말을 꺼내었다.

"여보, 스님의 법문을 듣다가 너무 늦어 절에서 잤습니다."

춘화는 대꾸가 없었다.

"미안합니다. 용서해 주십시오."

평상시 남편의 과격한 성미를 아는지라 상냥한 말씨로 사죄하고 물동이를 이고 우물로 나갔다. 춘화는 시기심이 일어나 견딜 수가 없었다.

"저런 년을 내가 데리고 살다가는 또 무슨 꼴을 볼런지 모른다. 오늘 당장 죽여 없애버려야지."

춘화는 총을 들었다. 그러나 총은 소리가 나는지라 다시 활을 들고 창구멍 사이로 아내의 등을 향해 겨눴다. 그런 줄도 모르고 아내는 동이를 이고서 물을 담기 위해 사립문 밖을 나섰다.

"하나 둘 셋."

화살은 정확히 등 쪽을 향해 날아갔다. 등에 화살이 맞는 것이 보였다. 그런데 이상하게도 부인은 쓰러지지 않았다.

"이상하다. 잘못 쏘았나. 먼 산의 노루도 화살 하나면 그만인데…."

아내가 물동이를 들고 사립문을 들어 설 때 춘화는 기다렸다가 다시 화살을 겨눠 쏘았다. 그런데 부인은 태연자약 물동이를 이고 들어와 부엌에 내려놓고 밥을 지었다. 미안하면서도 이상스럽게 생각했다. 밥을 먹고 난 춘화는 아주 강하게 말했다.

"앞으로 절에 가서는 절대로 안 된다. 그리 알라."

춘화는 자신이 쏜 화살에 아내의 살이 맞지 않았으니 분명 그 주위에 있을 것을 예상하고 이리저리 찾았지만 아무리 찾아도 화살은 보이지 않았다. 가사불사가 회향날이라 아내는 좀이 쑤실 정도로 안절부절하지 못했다. 절에서는 회향을 하고 자기가 시주한 가사를 각자 봉지에 넣어 입을 스님에게 증정하는 날이었다. 그런데 춘화 집에서는 아무도 오지 않았으므로 연등사 스님이 직접 가지고 집으로 왔다.

"시주한 가사를 보이기나 하고 입으려고 가지고 왔습니다."

춘화는 매우 못마땅한 얼굴로 스님을 대하며 가사를 보았다. 그런데 스님이 봉지에서 가사를 꺼내는데 이상하게도 자기가 아침에 쏘았던 화살촉 2개가 가사 사이에서 뚝 떨어졌다. 스님은 놀랐다.

"이것이 웬일까?"

춘화의 얼굴빛이 한순간 변하였다. 아내는 그 화살촉이 떨어진 가사 가운데 두 군데 구멍이 나 있는 것을 보고 걱정하였다.

"혹시 내가 회향에 참석치 않아 신장님들이 벌을 준 것은 아닐까요?"

그때 춘화가 눈물을 흘리면서 말했다.

"부처님의 신통은 일구난설(一口難說)입니다. 내가 이 같은 신통을 믿지 않으므로 부처님께서 나를 교화하기 위해 베푸신 방편인가 합니다."

춘화는 그동안 있었던 일을 스님에게 소상하게 말하였다. 그 후 가사에 뚫어진 구멍을 메웠다. 하지만 딱히 맞는 게 없어 뒷구멍에는 해를 상징하여 원 속에 금까마귀가 그려져 있는 일(日)을 수놓고 아랫구멍에는 토끼가 방아 찧는 것이 수놓아져 있는 달(月)을 수놓으니 이것이 이른바 일월광(日月光)이었다. 그 순간 포수 춘화는 개심하여 부인의 말과 같이 사냥도 가지 않고 또 불도를 부지런히 닦아 훌륭한 불자가 되었다고 한다.

관세음보살의 가피

아득한 옛날 충청도 땅에 아주 가난한 절름발이 노파가 삼대독자 아들과 함께 살고 있었다. 불편한 몸과 어려운 살림에도 불구하고 노파는 아들을 키우는 데 온 정성을 다했다. 어느덧 아들이 혼기를 맞게 되니 하루빨리 손자를 보고 싶은 마음이 간절한 노파는 매파를 놓아 사방팔방으로 혼처를 구했으나 자리마다 고개를 저었다. 가을추수도 볼 것이 없고, 살림도 넉넉하지 못한데다 시어머니마저 절름발이이니 누구도 선뜻 딸을 내주려 하지 않았다. 노파는 절름거리는 자신의 다리를 원망하면서도 결코 실망치 않았다. 중매쟁이는 노파를 측은히 생각한 나머지 좀 모자라는 처녀라도 그냥 며느리로 맞자고 노파에게 다짐을 받고는 아랫마을 김첨지 집으로 달려갔다. 그 집에는 코찡찡이 딸이 있었기에 말만 꺼내면 성사가 될 것으로 믿었다.

"그런 소리 입 밖에 두 번 다시 내지도 마라. 내가 아무리 사윗감이 없기로서니 홀어미에다 절름발이 시어머니 집에 딸자식을 어찌 보내겠소."

"원 영감님 두, 그 노인이 다리 하나 저는 게 흠이지. 아들이야 인물 좋고 부지런하고 어디 나무랄 데가 있습니까?"

"아 듣기 싫다는 데두요."

"흥! 까마귀 똥도 약에 쓰려니까 칠산 바다에 쩍 한다더니 코찡찡이 꼴에 꼴값 하네."

중매쟁이는 이렇게 퍼부으면서 이번엔 황영감 집으로 발걸음을 옮겼다. 팔을 제대로 못 쓰는 그 집 딸에게는 노파의 아들이 오히려 과분할 것 같아 자신만만하게 달려갔다.

"가만 있자 내 딸과 정혼을 하자구요?"

한동안 눈을 껌벅이며 뭔가를 골똘히 생각하던 황영감은 이윽고 고개를 흔들었다.

"아니, 왜 너무 황송해서 그러시유?"

"그게 아니구요. 팔을 못 쓰는 내 딸이 그 집으로 들어가면 그 집엔 반편들만 모였다고 남들이 얼마나 놀리겠소."

"원 그렇게 따지다간 따님 환갑 맞겠소."

이제 더 이상 알아볼 곳이 없다는 중매쟁이의 말을 들은 노파는 서글프기 짝이 없었다. 노파는 마지막으로 부처님께 기도를 올리기로 결심하고 불편한 다리를 끌고 산사를 찾았다.

"관세음보살님 관세음보살님, 하나뿐인 우리아들 짝을 정해 주옵소서. 나무아미타불 관세음보살."

온 정성을 다해 불공드리기를 백 일째 되던 날 밤, 깜짝 잠이 든 노파 앞에 관세음보살님이 나타났다.

"쯧쯧. 정성은 지극하나 순서가 틀렸으니 이 일을 어이할까."

"순서가 틀렸다 하심은 무슨 말씀이신지 상세히 일러 주시면 다시 기도하도록 하겠습니다"

"그대의 아들이 장가를 못 드는 까닭을 모르지는 않을 터인데….."

"그야 어미 된 제가 한쪽 발을 못 쓰는 탓이옵니다."

"그렇다면 자네의 두 발을 온전히 쓰도록 좌시 불공을 해야 하지 않겠느냐."

"하오나 무슨 수로 이 늙은 것의 다리를 고칠 수가 있겠습니까?"

"지성이면 감천이니, 지극한 정성으로 못 이룰 일 있겠느냐."

이 말을 마친 관세음보살은 어느덧 바람처럼 사라졌다. 꿈을 깬 노파는 예사로운 일이 아니다 싶어 관세음보살께서 일러준 대로 좌시 불공을 시작했다.

"관세음보살, 제발 이 몸의 다리를 고쳐 주옵소서."

다시 백일 째 되는 날 밤, 난데없이 허공에서 우렁차고 경건한 목소리가 울려왔다.

"내 그대의 정성에 감복하여 그대의 소원을 들어주리라. 내일 마을 앞 들판에 다리를 절름거리는 학 한마리가 날아와 앉을 터인즉 그 모양을 잘 살펴보면 다리 고치는 비법을 알게 되리라."

필시 기도의 영험이 나타난 것으로 믿은 노파는 그 길로 캄캄한 산길을 더듬어왔다. 이튿날 저녁나절이 될 무렵, 하얀 학 한 마리가 훨훨 날아와 논 가운데 앉았는데 정말 한쪽 다리를 절름대고 있었다. 학은 이상하게도 앉은 자리 근처를 뱅글뱅글 돌면서 껑충껑충 뛰고 있었다. 그렇게 하기를 사흘, 학은 땅을 박차고 하늘로 치솟아 훨훨 날아가 버렸다. 이 모양을 지켜보던 노파는 하도 신기해서 급히 학이 뛰며 뱅글거리던 논둑으로 달려갔다. 논에서는 물이 펄펄 끓고 있었다.

"앗 뜨거! 아이 뜨거워! 옳지 이 물에 발을 담그면 낫는 모양이구나."

노파는 뜨거운 물에 발을 담근 채 이를 악물었다. 점차 시간이 흐르면서 몸이 시원해지기 시작했다. 노파는 신이 나서 열심히 발을 담구었다. 그렇게 십일이 되던 날 신통하게도 노파의 절뚝거리던 발은 씻은 듯이 완쾌됐다. 노파는 기뻐 아들을 부둥켜 안고 덩실덩실 춤을 추며 울었다. 마을에선 부처님의 가피를 받은 집이라 하여 혼사가 들어오기 시작했고 아들은 마침내 예쁘고 아름다운 여인과 결혼하여 잘 살았다. 소문이 널리 퍼지자 뜨거운 물에 병을 고치기 위해 사람들이 사방에서 몰려들었다. 이곳이 바로 오늘의 온양온천이다.

경흥국사와 관세음보살

신라 문무왕은 2년 만에 세상을 떠났는데, 그때 태자인 신문왕(神文王)에게 이렇게 분부하였다.

"경흥(憬興)법사를 국사(國師)로 삼도록 하라. 짐의 말을 절대로 잊지 말라"

신문왕은 즉위하여 부왕의 당부를 잊지 않고 경흥법사를 국사로 삼고, 삼랑사(三郞寺)에 머물게 하였다. 어느 날 경흥법사는 갑작스럽게 병을 얻어 한 달이나 병석에 누워 있었다. 몸살 같은데도 쉽게 풀리지 않고 약을 써도 효험이 없었다. 하루는 낯선 비구니(比丘尼)가 찾아왔다. 문안을 드리고 나서 국사의 병을 묻고는 경전에 선우(善友)가 병을 낫게 한다는 말을 인용하면서, 이렇게 말하는 것이었다.

"지금 스님의 병환은 신경을 너무 쓰시고 피로하신 까닭으로 생겼기 때문에, 실컷 웃으시면 낫습니다."

비구니는 그렇게 말하고는 국사 앞에서 춤을 추기 시작하였다. 열한 가지의 얼굴 모양을 하면서 우스꽝스러운 춤을 추는데, 하도 기이하고 변화무쌍하여 이루 형용할 수가 없고 어찌나 우스운지 턱이 빠질 지경이었다. 경흥국사는 무릎을 치면서 눈물이 다 나오도록 정신없이 웃었다. 그 춤 모습에 마음을 빼앗겨 버린 국사는 체면도 잊어버리고 실컷 웃을 수가 있었다. 비구니 스님의 춤이 끝났을 때에는 경흥국사의 병도 씻은 듯이 말끔하게 나아 있었다. 비구니는 국사의 병이 나은 것을 보고는 인사를 하고 돌아갔다. 그러나 국사는 낯선 그 비구니가 어디에 머물고 있는지 알고 싶어 곧 사람을 시켜 뒤따라가서 알아오게 하였다.

국사에게 하직인사를 하고 삼랑사 문밖으로 나간 비구니는 지팡이를 짚고 곧장 삼랑사의 남쪽에 위치하고 있는 남항사(南港寺) 쪽으로 가고 있었다. 뒤따르는 사람이 걸음을 빨리하여 남항사 앞에 이르렀을 때에는 비구니의 그림자가 이미 절 안으로 들어가고 없었다. 얼른 절 안으로 들어가 이리저리 살펴보았으나 도무지 비구니의 종적을 알 수가 없었다.

절에 있는 스님들에게 물어 보았으나 아무도 비구니를 본 일이 없고 또 이 절에는 그러한 비구니가 살지 않는다는 것이었다. 분명히 이 절 안으로 들어가는 것을 보고 뒤따라왔는데, 그럴 수가 있는가. 잘못 보고 따라온 것이 아니므로 틀림없이 남항사 안에 있을 것으로 확신하고 이리저리 기웃대다가 그 사람은 법당 안으로 들어가 보았다. 그 법당 안에는 십일면관세음보살(十一面觀世音菩薩)의 탱화가 모셔져 있었다. 그 관세음보살님 앞에는 아까 비구니가 짚었던 대나무 지팡이가 놓여 있었다. 두 말할 것도 없이 남항사의 십일면관세음보살이 비구니로 몸을 나투어서 경흥국사의 병을 고쳐 주었던 것이다.

경흥스님은 신라 통일 직후의 고승이며, 원효스님 다음으로 저술을 가장 많이 남긴 선지식이었다. 스님이 저술하느라 국사(國師)로서 임금님을 자문하느라 피로가 겹쳐서 병이 들었음을, 대비(大悲)의 원통(圓通) 관세음보살님이 열한 가지의 얼굴 모습인 십일면(十一面)을 지어서 실컷 웃게 함으로써 경흥스님의 병을 낫게 했던 것이다.

김은복의 방하착

어떤 사람이 스님에게 와서 물었다.

"어떤 것이 불법입니까?"

"놓아 버려라."

"아무것도 짊어지고 오지 않았습니다."

"그럼, 그대로 짊어지고 가거라."

어떤 사람은 이것이 도대체 무슨 뜻인지 알 수가 없었다. 그는 이십 년 동안 '놓지도 못하고 짊어지지도 못하는 그 말을 짊어지고 다니다'가 마침내 한 소식을 얻었다. 이러한 일은 비단 그 사람에게만 있는 것이 아니었다.

일찍이 인천에서 양조장을 크게 하던 김은복이 친구들과 함께 산놀이를 갔었다. 푸른 산 맑은 물가에서 한 식경을 즐겨 놀다가 그 산마루 깊은 골짜기에 무심도인(無心道人)이 산다는 말을 들었다.

"자, 우리 먹을 것도 먹고 놀만큼 놀았으니 이제 절에 올라가 그 무심도인이나 한번 만나보고 가세."

"좋네, 다 같이 가세."

중장년의 노인들이 콧노래를 부르면서 가파른 산길을 올라갔다.

"숨이 턱에 차서 올라갈 수 있는가."

"그렇다고 여기까지 왔다 그냥 갈 수야 있는가."

"어서 가세."

일행은 이렇게 말을 주고받으며 갈지자(之) 길을 팔(八)자 걸음으로 느릿느릿 걸어가다가 한 사람이 말했다.

"도인이라면 흰 수염에 도포자락이 구름 위에 나부끼는 그런 모습을 하고 있겠지."

"역시 그런 도인이라면 법장으로 우리의 길을 한번쯤 잘 인도해 주실 걸세."

"너무 기대가 크면 낙망이 큰 법이니 잔소리 말고 어서 걸음이나 바삐 옮기세."

얼마쯤 갔을까. 오두막 옆에 머리를 질끈 멘 남루한 노인 한 분이 장작을 패고 있었다.

"여기 절이 어디 있습니까?"

"스님도 없는 절 찾아서 무얼 하나."

노인은 일행을 보고 중얼거렸다.

"이 곳에 도인이 산다던데요."

"도인 좋아하네. 그런 도인이 어찌하여 이런 골짜기속에서 살겠나, 쓸데없는 수작 말아, 날이 저물기 전에 어서 길을 내려가게. 반란군이 나올지도 몰라."

노인은 계속해서 장작만 팼다. 오두막 안을 다 돌아보았으나 도인이 살 것 같지가 않았다.

"이게 무슨 절인가. 그냥 가세."

사람들은 옹기종기 삐쭉삐쭉 이곳저곳을 살펴보다가 그냥 길을 내려왔다. 마을에 내려와서는 그 산에 무심도인이 살고 있다는 이야기를 해준 사람에게 말했다.

"이 사람아. 장난도 유분수지, 사람들을 그렇게 놀리면 되는가, 도인은 없었네."

"놀리기는 뭘 내가 놀리나."

"도인은 무슨 도인이야. 머리를 질끈 맨 머슴영감 한 사람만이 장작을 패고 있던데…."

"바로 그 분이 도인일세, 도안이 갖추어져야 도인을 알아보는 건데, 모두 개 눈깔만 박혀 있으니 도인을 알아볼 수 있겠나."

"에라이 무지렁이야, 술이나 한잔 내라. 술이나 한잔 더 먹고 가자!"

일행은 술타령을 하는 바람에 날이 벌써 어슴푸레해졌다. 사람들은 모두 취해 비틀거리며 집으로 돌아가기에 바빴다.

그런 가운데 김은복만은 혼자 생각에 빠졌다.

"2km 왕복 10리의 길을 헛걸음을 쳤다. 허기야 보았으면 그만이지. 이왕 도인을 만났으면 문의나 한번 해보고 올 일인데…."

이렇게 투덜거리자 옆에 있던 두 친구가 물었다.

"뭐 벌 나비가 꽃이나 본 듯한가?"

"아니야, 꽃을 보았으면 꿀을 따야지."

"그렇다면 한 번 더 가세."

세 사람이 한 패거리가 되어서 도인이 있는 산에 올라갔다. 그런데 그 노인은 이미 저녁 공양을 하고 선좌(禪座)에 앉아 졸고 계신 듯했다.

"스님 또 왔습니다."

"스님은 무슨 놈의 스님이여."

"한 말씀 일러 주십시오."

일행이 오체투지를 하자 스님의 말씀이 걸작이었다.

"이 미친놈들아. 그만 놓아버려!"

스님의 두 눈에선 마치 불이 쏟아지듯 밝은 빛이 사방을 조요(照曜)했다. 사람들은 한참동안 침묵을 지키다가 내려왔다. 시간이 지난 후 같이 간 친구들은 한때 그 노인의 말을 잊어버렸으나 오직 김은복만은 결코 잊지 않았다. '놓아버려, 놓아버려, 무엇을 놓아버리라는 말인가.' 김은복은 밤낮없이 생각이 꼬리를 물고 일어났다. 의심이 철저하니 분심(忿心)이 생기고 분심이 철저하니 의심 또한 철저하여 나중에는 밤잠을 이루지 못하는 정도가 되었으니 가히 놓아버리라고 하는 말에 병에 걸리고 말았다. 밤낮없이 석 달을 찾고 찾다가 마침내 한 도리를 얻었다.

"놓아버려. 아, 바로 그것이다. 바로 그것이야, 놓아버려야지, 놓아버려야만 살지. 이놈의 세상 살아도 산 것이 아니야."

김은복은 그 순간 깔깔 웃었다. 그럴 수밖에 없었다. 6·25사변 당시 두 아들과 부인이 함께 피난을 가다가 폭격을 만나 두 아들과 아내가 한 자리에서 쓰러져 간 것을 잊지 못했다. 그동안 그는 이 아픔을 놓아버리지 못하고 가슴속에 간직하고 있었던 것이다. 그 애타는 마음 때문에 김은복은 날마다 술로 세월을 보냈으며, 눈을 뜨나 감으나 망상이 머리에 떠올라 마치 몽유병 환자가 대낮에 환영을 더듬듯이 헛된 생활을 해왔

던 것이다.

"놓아버려야지, 아니 그 놓아버려야겠다 생각하는 그 마음까지 놓아버려야지."

이렇게 생각을 가다듬고 그 스승을 찾아 산에 올라갔으나 스님은 벌써 어디론가 사라지고 텅 빈 오두막만 우두커니 서 있었다.

사람들은 누구나 이 같은 환영에 사로잡혀 산다. 자기의 명예·재산·권력·지식의 그림자에 사로잡혀 그 그림자를 벗어나지 못하고 밤마다 꿈속에서 헤어나지 못하고 산다. 눈으로 본 색상의 그림자, 귀로 들은 소리의 그림자, 코로 맡은 냄새의 그림자, 입으로 말한 말씀의 그림자, 몸으로 대본 감촉의 그림자, 생각으로 헤

아려 보는 온갖 지난날의 선악과 시비, 아직 다가오지 않은 미래의 설계, 희망 때문에 생사람을 말려죽이고 있다. 스님은 바로 이것을 놓아버리라 한 것이다.

방하방하방하착(放下放下放下着) 놓아버려라 놓아버려라 놓아버려라.

여하방하방하착(如何放下放下着) 무엇을 어떻게 놓아버리라는 말인가.

주의사상방하착(主義思想放下着) 주의사상을 다 놓아버리고,

인간세상방하착(人間世上放下着) 인간세상도 다 놓아버리고,

천당극락방하착(天堂極樂放下着) 천당극락도 다 놓아버리고,

일심천하방하착(一心天下放下着) 일심천하도 다 놓아버리고,

산고수장방하착(山高水長放下着) 산은 높고 물은 깊다는 생각도 놓아버리고,

전후좌우방하착(前後左右放下着) 앞뒤좌우도 놓아버리고,

춘하추동방하착(春夏秋冬放下着) 춘하추동도 놓아버리고,

동서남북방하착(東西南北放下着) 동서남북도 놓아버리고,

흑백염정방하착(黑白染淨放下着) 흑백염정도 놓아버리고,

진망불이방하착(眞妄不異放下着) 진짜가짜도 놓아버리고,

고락성쇠방하착(苦樂盛衰放下着) 고락성쇠도 놓아버리고,

빈부귀천방하착(貧富貴踐放下着) 빈부귀천도 놓아버리고,

복혜화앙방하착(福慧禍殃放下着) 복혜화앙도 놓아버리고,

착착무착방하착(着着無着放下着) 놓고 놓다가 놓을 것 없는 것까지도 놓아버리면,

도화춘풍만사령(道花春風萬事寧) 도의 꽃이 필 때 봄바람이 진짜 불어 만사가 평안해

행주좌와어묵정(行住坐臥語默靜) 행주좌와 어묵동정에

입입개소진주처(立立皆所眞住處) 섯는 자리가 모두 다 진주처가 되리라.

진이방하여시착(眞而放下如是着) 진짜 이렇게 방하착하여야

우순풍조민안락(雨順風調民安樂) 비바람은 고루내려 백성들은 안락하고,

천하태평법륜전(天下太平法輪轉) 천하가 태평하여 법륜이 항상 구르리라.

논산 은진미륵부처 님

고려 광종 19년(968)때의 일이다. 지금의 충남 논산군 은진면 반야
산 기슭 사제훈에 사는 두 여인이 산에서 고사리를 꺾고 있었다.

"아니 고사리가 어쩜 이렇게도 연하게 살이 올랐을까."

"정말 먹음직스럽네. 한나절만 있으면 바구니가 넘치겠네. 호호"

두 여인은 재잘거리며 고사리 꺾기에 여념이 없었다. 이때였다.
어디선가 어린아이 울음소리가 들려왔다.

"아니, 산중에서 웬 아기 울음소리일까?"

"글쎄 말이에요. 어디 한번 가볼까?"

"그러지요."

두 아낙은 어린아이 울음소리를 따라가 보았다. 그러나 어찌된
영문인지 어린아이는 보이지 않고 갑자기 땅이 진동하면서 눈앞에
거대한 바위가 하늘로 솟아오르고 있었다.

"에그머니, 이게 무슨 조화람!"

"큰일 났어요. 빨리 마을에 내려가 관가에 알립시다."

신비롭고 괴이한 풍경에 놀란 두 아낙은 황급히 마을로 돌아와 관가로 가서 고을 원님께 이 사실을 고했다.

"거참, 괴이한 일이로구나."

원님은 나졸들을 보내어 사실을 확인했다. 마침내 소문은 곧 임금님 귀에까지 들어가게 됐다. 임금은 예사로운 일이 아니라고 생각하고 조정의 대신들을 불러 이 일을 논의했다.

"상감마마, 아뢰옵기 황송하오나 이는 필시 하늘이 내려주신 바위일 것이니 불상을 조성하여 예배토록 함이 옳을 듯 하옵니다"

"그러하심이 옳을 듯 하옵니다."

조정대신들의 의견이 한결 같아 임금은 곧 명을 내렸다.

"금강산 혜명대사를 모셔 그 바위로 불상을 조성토록 해라."

혜명대사는 일백 명의 석수를 이끌고 바위가 있는 곳에 도착했다. 바위를 본 순간 대사는 골똘히 생각했다.

"음, 예사로운 바위가 아니로구나. 후세불인 미륵불을 대형으로 조성하여 세세생생이 민족의 기도처가 되도록 해야지."

마음을 굳힌 대사는 대역사를 시작했다. 석공들은 솟아오른 큰 바위로 부처님 전신을 조성하는 줄 알았는데 그게 아니었다. 대사는 그 바위에 부처님 하반신을 조각토록 했던 것이다.

"대사님, 이 바위도 큰데 얼마나 큰 부처님을 조성 하실 건가요?"

석수들이 의아한 듯 연방 물어오나 대사는 그저 빙그레 웃기만 할 뿐 아무런 말이 없었다. 그렇게 부처님 하반신이 조성되자 혜명대사는 그곳에서 약 삼십리 쯤 떨어진 이웃마을 연산면 우두굴에서 큰 돌을 옮겨와 다시 머리와 가슴 부분을 조성했다. 이때 동원된 역군은 무려 일천 여 명. 정으로 쪼고 갈고 깎아서 부처님을 조성하기 여러 해가 흐르면서 웅장한 미륵불상이 완성됐으나 세 부분으로 나눠진 부처님 몸체를 맞추는 일 또한 예삿일이 아니었다. 웬만한 무게라야 들어 올릴 텐데, 신통한 묘안이 떠오르질 않았다.

　그러던 어느 날. 골몰하던 혜명대사는 사계촌 냇가에서 잠시 쉬고 있었다. 한 무리의 아이들이 몰려오더니 흙으로 삼등 불상을 만들어 세우는 놀이를 하고 있는 것을 보았다. 무심코 바라보던 혜명대사는 자신도 모르게 '옳지!' 하는 탄성을 연발했다. 아이들은 먼저 평지에 미륵불상을 세운 다음, 그 주위를 모래로 경사지게 쌓아 놓고 가슴 부분을 굴려 올려서 맞추어 세우고 있었던 것이다. '그래. 바로 이 방법이다!' 혜명대사는 곧장 작업장으로 달려가 공사를 지시하고 다시 시냇가로 왔다. 아이들이 노는 모습을 보고 싶었던 것이다. 그러나 조금 전까지 재미있게 떠들며 놀던 아이들은 사라지고 없었다. 혜명대사의 정성에 감복한 문수보살이 불상 세우는 법을 알려주려고 현신한 것이었다. 이렇게 해서 고려 제 7대 목종 9년(1006)때 삼등불상으로 이루어진 미륵불이 조성되었다. 무려 37년만의 일이었다. 높이 18.12m, 둘레 11m, 귀의 길이가 3.33m나

되는 동양 최대의 석조불 은진미륵을 봉안하게 된 것이다. 그로부터 21일 동안 1.8m나 되는 미간의 백호 수정에서 찬란한 빛이 발하여 중국 송나라에 이르니 그곳 지안대사가 빛을 따라 찾아와 배례한 뒤 그 광명이 촛불의 빛과 같다 하여 절 이름을 관촉사라 지었다. 은진미륵이 완성된 지 얼마 후 북쪽 오랑캐가 침입했다. 파죽지세로 오랑캐들이 압록강까지 이르렀을 때 어디선가 가사를 입고 삿갓을 쓴 스님이 나타나 태연히 압록강을 건너기 시작했다. 길을 찾던 오랑캐들은 스님의 뒤를 따라 압록강을 건넜다.

"옳지, 저 스님을 따라가면 되겠군!"

스님의 뒤를 따라 강물로 뛰어 들었으나 물 위를 걸을 수 없었던 오랑캐들은 모두 압록강에 빠져 죽고 말았다. 부하를 잃은 오랑캐 장수는 화가 치밀어 다시 강을 건너온 스님을 보고 칼로 내리쳤지만 삿갓 끝만 스쳤을 뿐 스님은 어느 한 곳도 다치지 않았다.

전하는 말에 의하면 이 스님은 나라를 구하기 위해 현신한 은진미륵이라 한다. 이를 증명이라도 하듯 지금도 관촉사 은진미륵은 3.94m인 큰 관의 한쪽 귀퉁이가 떨어져 꿰맨 자국을 볼 수 있다.

경내에는 미륵불 외에 보물이 또 한 점 있다. 우리나라 석등의 기본형인 8각형과 달리 4각형 화사석에 불을 켜도록 만든 큰 기름단지 석등(보물 제232호)이 그것이다. 이 석등 앞에 5층 석탑이 있고 그 옆에 8엽 연화 3개가 연가지에 달린 듯 실감나게 조각된 화강암 배례석이 있다. 이 배례석은 은진미륵 앞에 제물을 차리는 데 쓰인다.

도효자 이야기

경북 예천에 사는 도효자(都孝子)는 이조 철종(哲宗)임금 때의 사람으로 그 효성이 너무 지극하기 때문에 그의 이름이 널리 알려졌다. 집안이 가난하여 숯을 구워 팔고 나무를 해 팔아서 홀어머니를 정성껏 봉양하면서 살았다.

어느 날 장날이 되어서 나무를 지고 장에 가서 팔아 고기반찬을 사다가 어머니를 봉양하려고 하는데 나뭇짐을 부려 놓아도 사가는 사람이 없어서 늦게까지 있다가 헐값으로 팔았다. 그는 다음 장날까지 잡수실 고기를 사가지고 지게 꼭대기에 달아매고 부지런히 집으로 오면서 노래를 불렀다. '걸음아 빨리 가자, 우리 어머니 배고프실라 지게 끝에 매인 사주팔자 어느 때나 배부르게 해 드리리.' 노래를 부르면서 길을 걸어오는데 지게 끝에서 뭔가 휙 날아가는 것이 보였다. 깜짝 놀라 지게를 벗어보니 지게 끝에 매달고 오던 고기가 간 곳이 없어졌다. 그는 한참 동안이나 주저앉아 통곡하였다.

"에이, 무심한 짐승들아. 우리 어머니는 뭘 잡수시라고 하필이면 이 고기를 빼앗아 가느냐."

한참동안 울고 앉았다가 어머니가 기다리실 것을 생각하고 부지런히 길을 걸었다. 다른 때에 비하여 근 두 시간이나 늦어서야 비로소 집에 도착하니 역시 부인과 그의 어머니께서 매우 걱정하고 있었다.

"어찌하여 이리 늦었습니까?"

시무룩하게 말 한마디 않고 있는 남편을 보고 부인이 물었다.

"큰 변이 생겼소. 어머님께 드리려고 사오던 고기를 무엇이 훔쳐 갔소."

"아이, 그 고기는 벌써 와서 저녁에 드셨는데요?"

아내는 석쇠 위에 남은 고기를 가리켰다. 어머니가 거들었다.

"오늘 고기는 유난히도 맛이 있었다. 짐승이 물어다준 고기라서 그렇겠지."

효자로서는 전혀 이해가 가지 않는 말이었다. 부인이 말했다.

"어머님 공양시간이 되어 어떻게 하나 걱정이 되어 당신 마중을 나갔습니다. 그런데 한 마리 솔갱이가 무엇을 가슴에 안고 가다가 뚝 떨어뜨리지 않겠어요. 들여다보니 늘 당신이 사가지고 오던 그만큼의 양이더군요. 그래서 당신이 먼저 솔갱이에게 보낸 것으로 알고 재주도 용하다고 생각하였습니다."

효자는 더 할 말이 없었다.

"아. 새 짐승도 내 마음만은 이해하고 있었구나!"

그런데 그 후 효자의 어머니가 병환이 나셨다. 오뉴월 염천에 드
러누워 며칠을 일어나지 못하고 계신데 공교롭게도 홍시가 먹고
싶다고 하였다.

"오뉴월 염천에 홍시라니. 어디에 그런 것이 있을 것인가."

이름난 장터에 다 가보아도 그런 것은 없었다. 그날도 효자는 구
하다구하다 못해 혹 산에 있는 감나무에 홍시 꼭지라도 붙어 있지
않을까 해서 산에 가다가 날이 저물었다. 돌아오는 길에 작은 개울
을 건너려고 하는데 갑자기 큰 호랑이 한 마리가 나타나 길을 막았
다. 효자가 소리쳤다.

"이 어리석은 짐승아. 우리 어머니는 지금 감을 구해 오기를 애타
게 기다리시고 있는데 이것을 구하지 못하였으니 집에 가서 이 말
씀이나 알려 드리고 나면 나타날 일이지 만일 어머님께서 기다리
시다가 병환이 더하시면 어떻게 하겠느냐."

그러자 호랑이는 어슬렁어슬렁 앞으로 다가오며 고개를 숙이고
인사를 하는 체하였다. 이상히 여겨 우두커니 서 있었더니 마침내
그의 옆으로 와서 등에 타라는 시늉을 하였다. 효자가 망설이다가
호랑이 등에 올라타니 날 듯 달려갔다. 새벽 두 시쯤 되어서야 어
느 집 문 앞에 내려놓았다. 호롱불이 반짝반짝하여서 주인양반을

찾으니 상복을 입은 상제가 나왔다.

"죄송합니다. 날이 저물어서 하룻저녁 신세를 질까하여 왔습니다."

"예, 잘 오셨습니다. 오늘 마침 아버님 기일입니다. 어서 들어오십시오."

상제는 막 제사지낸 음식을 한상 차려내 놓았다. 그런데 어찌된 일인지 오뉴월 성하(盛夏)인데도 그의 상에는 아직 싱싱한 홍시가 두어 개 놓여 있었다. 효자는 왈칵 눈물이 났다.

"상제님, 음식을 주신 것은 고마우시나 어머님 생각이 나서 혼자 먹을 수 없습니다."

상제에게 그동안의 자초지종을 이야기했다.

"거참 그곳에도 우리 처지와 같은 분이 있군요. 우리 아버님께서 제일 좋아하시던 것이 홍시랍니다. 그래서 집 주위에 감나무를 심어서 늘 그 감을 드렸는데 돌아가시고 나니 드릴 수가 없어 토굴 속에 깊이깊이 간직해 놓았다가 제삿날이 되면 놓아드린답니다. 두어 궤짝 놓아두면 3분의 1은 쓸 수 있게 되거든요. 여기 더 있으니 안심하고 잡수십시오. 어머님 드릴 것은 따로 싸서 드리겠습니다."

효자가 안심하고 음식을 먹고 나자 감을 보따리에 싸 주었다. 아직도 날은 밝지 않았다. 밖에 나가보니 동천에 밝은 별이 동해바다에 쏟아질 듯 박혀 있었다.

"여기가 어디요? 고을이나 알고 갑시다."

"강릉 경포대 입니다."

"경북 예천에서 강릉까지는 천여 리나 되는 곳인데 어떻게 이렇게 왔담. 또 그곳까지 가면 감이 모두 물러 풀어져버리겠지."

효자가 걱정하자 조금 전에 타고 왔던 호랑이가 그 앞에 다가서며 타라는 시늉을 하였다. 그리하여 효자는 삽시간에 집에 이르러 어머니를 구하고 또 감씨를 울타리에 심어 백이십 세가 되도록 어머니를 봉양하니 천하제일의 효자로 명망이 높아져 임금님으로부터 상까지 받고 효자문도 세웠다고 한다.

각안스님의 오도

조선조 중엽. 지금의 해남 대흥사 산내 암자인 진불암에는 70여명의 스님들이 참선 정진하고 있었다. 어느 날 조실스님께서 동안거 결제법어를 하고 있는데 마침 종이장수가 종이를 팔려고 절에 왔다. 대중 스님들이 모두 법당에서 법문을 듣고 있었으므로 종이장수 최씨는 누구한테도 말을 건넬 수 없었다. 그냥 돌아갈 수도 없고 해서 최씨는 법당 안을 기웃거리다가 법문하시는 조실스님의 풍채에 반해 자기도 모르게 법당 안으로 들어갔다. 맨 뒤쪽에 앉아 법문을 다 들은 최씨는 그 뜻을 다 이해할 수는 없었지만 거룩한 말씀이라고 생각했다. 그리고 대중 스님들의 경건한 모습이며 법당 안의 장엄한 분위기가 최씨의 마음을 사로잡았다.

"나도 출가하여 스님이 될 수 있으면 오죽 좋을까."

내심 생각에 잠겼던 최씨는 결심한 듯 법회가 끝나자 용기를 내어 조실스님을 찾아갔다.

"스님, 저는 떠돌아다니며 종이를 파는 최창호라 하옵니다. 오늘 이곳에 들렀다가 스님의 법문을 듣고 불현듯 저도 입산수도 하고픈 생각이 들어 스님을 찾아뵙게 되었습니다."

조실스님은 최씨를 바라만 볼 뿐 말이 없었다.

"그러면 그렇지. 종이 장수 주제에 종이나 팔면서 살 것이지 스님은 무슨 스님. 불쑥 찾아든 내가 잘못이지."

가슴을 조이며 조실스님의 답을 기다리던 최씨는 마음을 고쳐먹고 일어서려 했다. 이때였다.

"게 앉거라. 간밤 꿈에 부처님께서 큰 발우 하나를 내게 주셨는데 자네가 오려고 그랬구나. 지금은 비록 종이 장수지만 자네는 전생부터 불연이 지중하니 열심히 공부해서 큰 도를 이루도록 해라."

최씨를 법기라고 생각한 조실스님은 그 자리에서 머리를 깎아 주었다. 최행자는 그날부터 물을 긷고 나무를 하는 등 후원 일을 거들면서 염불 공부를 시작했다. 그런데 어찌된 영문인지 그는 후원 일과는 달리 염불은 통 외우지를 못했다. 외우고 뒤돌아서면 잊어버리고 또 외워도 그때뿐이었다. 대중들은 그를 '바보'라고 수군대며 놀려댔다. 최행자는 꾹 참고 노력에 노력을 해 봤으나 허사였다. 입산한 지 반년이 지났으나 그는 천수경도 못 외웠고, 수계도 못 받았다. 그는 자신의 우둔함을 탓하면서 그만 하산하기로 결심하고 조실스님께 인사드리려고 찾아갔다.

"스님, 저는 아무래도 절집과 인연이 없나 봅니다. 반년이 지나도록 염불 한 줄 외우지를 못하니 다시 마을로 내려가 종이 장사나 하겠습니다."

최행자의 심각한 이야기를 다 들은 조실스님은 빙그레 웃으시며 말씀하셨다.

"너무 심려치 말고 공부를 계속하라. 옛날 부처님 당시에도 너 같은 수행자가 있었는데 열심히 공부하여 깨달음을 얻었느니라"

조실스님은 옛날 인도에서 부처님을 찾아가 수행하던 '판타카' 형제의 이야기를 들려주시며 최행자를 위로했다. 형과 함께 출가한 판타카는 아무리 부처님께서 법문을 설하셔도 기억하질 못했다. 마침내 그는 대중스님들로부터 바보라고 놀림을 받게 됐다. 판타카는 울면서 부처님 곁을 떠나기로 결심했다. 그때 부처님은 말씀하셨다.

"판타카야, 내 말을 기억하거나 외우는 일은 그렇게 소중한 일이 못 된다. 오늘부터 너는 절 뜰을 말끔히 쓸고 대중스님들이 탁발에서 돌아오면 발을 깨끗이 닦아 주거라. 이처럼 매일 쓸고 닦으면 얻는 바가 있을 것이니라."

부처님은 판타카에게 "쓸고 닦으라"고 일러 주셨다. 판타카는 그날부터 정사의 뜰을 쓸고 스님들의 발을 씻어 주었다. 판타카가 잊고 있으면 대중스님들은 대야에 물을 떠 가지고 와서 거만스럽고 비양거리는 말투로 "쓸고 닦으라"면서 더러운 발을 내밀었다. 그렇게 여러 해가 지난 어느 날 아침. 판타카는 마당을 쓸던 빗자루를 땅바닥에 홱 내던지면서 크게 소리쳤다.

"알았다, 알았어."

그는 뛸 듯이 기뻐하며 단숨에 부처님 앞에 나아갔다.

"부처님 알았습니다. 알았어요."

"뭘 알았단 말이냐?"

"부처님께서 제게 쓸고 닦아라 하신 말씀은 매일같이 저의 업장을 쓸고 마음을 닦으라는 뜻이었지요."

"오! 판타카야, 참으로 장하구나."

부처님은 그 길로 큰 북을 울리셨다. 대중이 한자리에 모이자 부처님은 기쁨에 찬 목소리로 말씀하였다.

"판타카는 깨달았다. 판타카는 깨달았다."

조실스님의 이야기를 다 들은 최행자는 '판타카'와 같은 수행인이 되기로 마음을 다졌다. 그는 후원 일을 도맡아 하면서 외우지는 못할망정 『천수경』을 읽고 또 읽었다. 그러던 어느 날 밤. 조실스님이 막 잠자리에 들려는데 밖에서 환한 불빛이 비쳤다. 이상스럽게 생각하고 문을 열어 보니 최행자 방에서 방광이 일고 있었다. 조실스님은 감격스러웠다. 최행자는 곤하게 잠들어 있는데 그가 읽던 『천수경』에서 경이로운 빛이 발하고 있는 것이 아닌가. 그 다음날 또 이변이 일어났다. 글 한 줄 못 외우던 최 행자가 『천수경』뿐만 아니라 무슨 경이던 한 번만 보면 줄줄 외워 나갔다. 이 스님이 후일

대흥사 13대 국사의 한 분인 범해 각안스님이다. 유명한 저서로『동사열전』이 있다. 조실스님은 선대스님들로부터 들어온 '진불암' 창건 유래를 생각하며 또 한 분의 진불이 출현했다고 생각했다. 진불암을 처음 창건하게 된 동기는 옛날 남인도에서 불상과 16나한상 그리고 금강경과 법화경 등을 모시고 온 배가 전라도 강진 땅 백도방에 도착한 데서 비롯됐다. 영조스님 일행이 명당을 찾아 인도 부처님을 봉안하던 날 밤 스님은 꿈에 한 노인으로부터 '이곳은 후세에 진불이 출현할 가람이니라'는 계시를 받고 절 이름을 진불암이라 명명했다.

스님과 동자삼

일제시대 때 서울 서대문구 신촌에 김윤기라는 사람이 살고 있었다. 부친 김치종씨는 십여 년 동안 신경통으로 인해 갖은 고통을 받았다. 전신이 쑤셔 걸어 다니는 것은 물론, 앉지도 서지도 못하고 잠도 제대로 잘 수가 없었다. 효성이 지극한 아들 김씨는 별의별 약을 다 구하기도 하고 의사를 찾아 치료를 해 보았으나 효과는 없고 병세만 날로 깊어갔다. 그는 충청도 당진에 심씨라는 구십 세가 넘은 고령의 명의(名醫)가 있다는 말을 듣고 그 곳을 찾아가서 아버지의 증상을 말하고 약을 지어 달라고 간청했다.

"내가 보기 전에는 무어라고 말할 수도 없는데 나는 지금 구십의 노령(老齡)으로서 서울까지 갈 수가 없네."

그는 아버지의 병을 고치기 위해 삼일 간을 떠나지 않고 간절하게 사정을 하였다. 명의는 이런 그를 보고 말하였다.

"당신의 효성이 지극하니 목석이라도 감동하지 않을 수가 없네. 그런데 내가 병을 보기 위하여 상경한다 하더라도 정작 걸을 수가 없으니 이 일을 어찌해야 하는가."

그는 기뻐 준마를 구해 명의를 모시고 상경하여 마침내 아버지의 병세를 보게 하였다.

"이 병은 약이나 침으로 도저히 고칠 수가 없는 병이오."

"그러면 어찌해야 좋겠습니까?"

"꼭 한 가지가 있는데 그건 불가능한 일이오."

"이 병은 보통 신경통이 아니니 산삼으로 나아야 하는데, 보통 산삼도 아니고 동자산삼이어야만 되네. 결코 구하기가 쉽지 않네."

명의는 이렇게 말하고 당진으로 돌아가겠다고 했다. 그는 하는 수 없이 사례를 후하게 한 뒤 명의를 다시 말에 태워서 당진까지 모셔다 드리고 상경하였다. 그는 이때부터 어떻게 해야 동자삼을 구할 수가 있을까 하고 오매불망 고심했다. 그러던 중 한 스님이 그에게 이렇게 말했다.

"동자삼은 금을 주고도 살 수가 없는 물건입니다. 그러니 그대가 열심히 기도를 하면 그대의 뜨거운 정성으로 구할 수도 있으리라."

그는 즉시 기도법사를 모시고 북한산 문수암으로 올라가 49일간씩 나한기도와 산신기도를 정성을 다해 올렸다. 회향하던 날, 꿈속에서 홍안백발의 유건을 쓴 노인 한 분이 나타났다.

"너의 정성이 하도 갸륵하니, 아니 들어줄 수가 없구나. 내일 아침 일찍 삼각산 백운대 밑에 있는 나무숲으로 가 보아라."

그는 이른 새벽, 잠에서 깨자마자 괭이를 들고 백운대 밑에 있는 숲 속으로 들어가서 미친 사람처럼 사방을 찾아다녔다. 그런데 바위 밑에서 오갈피 같은 이상한 풀잎사귀를 발견하고 조심스럽게 뿌리를 캤더니, 주먹만 한 동자 같이 생긴 산삼이었다. 그 길로 돌아가서 깨끗하게 씻고 세 동강을 내어 세 번에 걸쳐 청정미 좁쌀을 구해 달여서 아버지에게 올렸다. 아버지는 그것을 먹은 후 삼일 동안 꼼짝도 안하고 누워서 잠만 자다가 기지개를 펴고 일어났다.

"내가 그 동안에 잠이 푹 들어 있었구나."

아버지는 다리와 팔을 움직여 보았다. 쑤시고 아팠던 곳이 씻은 듯이 깨끗하게 사라지고 팔다리가 자유롭게 움직였다. 그리고 몸은 마치 한증을 한 것처럼 땀에 젖어 있었다. 그 뒤 그의 아버지는 운권천청(雲捲天晴)으로 악질병을 고치고 구십여 세를 탈 없이 살면서, 하루 백 리를 걸어가도 다리 아픈 줄을 몰랐다고 한다.

죽음의 칼을 대신 받아준 부처님

태조 이성계(李成桂)가 나라를 세우고 국호를 제정코자 명나라 주원장의 재가를 받기 위해 사신을 보낼 때의 일이다. 태조는 원래 공민왕의 신하로 북벌(北伐)에 공이 큰 장군이었으나 나라의 기세가 쇠약한 틈을 타 공민왕을 폐위시키고 그 뒤 우왕 창왕 공양왕 등도 보좌하였다가 즉시 폐위, 모두 죽인 후 나라를 세우니 고려로 보아서는 역신배장(逆臣背絳)이요, 이조로 보아서는 건국태조였다. 나라를 세우기는 하였으나 그 나라의 이름을 그대로 고려로 답습해 갈 수 없었으므로 자기 고향인 함흥의 함(咸)자와 강령의 영(寧)자를 따서 함령국(咸寧國)이라 지었다가 예로부터 고조선의 손이 계계승승해 오는 터이므로 조선이라 정했다. 고려 중엽 이후 중국의 속국으로 행세해 왔기 때문에 당시 나라 이름을 지었다고 해서 마음대로 쓸 수 없는 것이 그때 실정이었다. 그래서 함영국 또는 조선이라는 명호를 주원장에게 보내 재가를 얻어 와야만 했다. 태조는 건국초부터 여러 충신을 뽑아 중국에 보냈으나 그들은 돌아오지 못하고 죽었다. 이유는 간단했다. 이성계가 배신역적이니 그의 신하들도 마찬가지란 것이었다. 몇 사람의 사신이 죽음을 당한 뒤로는 중국에 가지 않으려 발뺌하는 것이 그때 공신들의 실정이었다. 그해 태조는 생각다 못해 정승인 조정승을 보내기로 작정하였다.

"조정승, 이번에는 가서 기필코 재가를 얻어 오도록 하라."

조정승이 예로부터 수차에 걸쳐 중국에 내왕하여 명의 황제와 친숙한 사이였기 때문이다. 조공은 난처했지만 어찌 할 수 없었다. 집에 있어도 죽고, 가도 죽을 바에야 가서 한번 사정이나 해 보고 죽자 하고 길을 떠났다. 조정승은 원래 선조의 유신(有信)을 따라 불교를 독신하고 있었으므로 그의 모든 가족들은 예로부터 다니던 단골 절에 올라가 무사히 조정승이 돌아올 것을 기도하였다. 조정승도 자신이 즐겨 읽는『관음경』,『금강경』등의 경전을 읽으며 일이 성취되기를 발원하였다. 일행이 황해도 시흥 어느 주막집에서 숙소를 정하고 초조하게 하룻밤을 새우는데 비몽사몽간에 고깔을 쓰고 가사 장삼을 입은 세 사람의 사미승이 앞에 나타났다.

"대감, 너무 상심하지 마십시오. 저희들이 미숙하오나 대감의 뜻은 잘 알고 있습니다. 그렇게 초조한 마음을 가지고서는 대사를 이루기 어렵습니다. 마음을 굳게 잡수시고 신표(信標)를 청하십시오."

"신표라니, 무슨 좋은 방도라도 있는가?"

"예, 이 집 뒤에 있는 골짜기를 따라 오 리쯤 올라가면 큰 절터가 있는데, 그곳에는 한 길이 넘는 세 분의 돌부처가 풍우(風雨)를 가리지 못하고 앉아 계십니다. 대감이 집을 지어 그 부처님께 공양하면 그 공덕으로 대사는 결코 이루어지고 말 것입니다."

"그러나 어명을 받고 바쁜 길을 가는 길손인데 어느새 절을 짓고 부처님을 모실 겨를이 있겠는가."

"그거야

간단합니다. 황해도 감사에게 부탁만 하면 될게 아닙니까?"

"딴은 그렇군. 그렇지만 가면 곧 죽을 터인데 절을 지어 무슨 공덕을 짓겠는가."

조정승은 속으로 이렇게 생각하고 다시 잠들었다. 그런데 꿈속에서 다시 사미승은 두 번 세 번 그렇게 일렀다. 너무나도 소소하고 역력한 꿈이라 꿈속에서 깨어난 조정승은 정신을 가다듬고 집주인을 불렀다.

"여봐라. 거기 주인장 있느냐?"

"예, 여기 대령했습니다."

"이곳으로부터 오 리쯤 떨어진 곳에 옛 절터가 있는가?"

"예, 거기에는 세 분의 돌부처가 반쯤 흙에 묻혀 크게 풍상을 겪고 있습니다."

"그래, 그렇다면 내 그분들을 뵙고 가리라."

조정승 일행은 날이 밝기도 전에 이슬 맺힌 산길을 걸어 올라갔다. 과연 쓰러진 절 터 위에는 세 분의 부처님이 가련하게 흙에 묻혀 있었다. 마치 따뜻한 집을 등지고 죽음의 문을 향해 한발 한 발 나아가는 자신의 신세와 별로 다를 게 없었다.

"풍상에 마멸되어 성상이 훼손되는 것이나 역적의 태를 쓰고 죽어갈 이 신세나 어쩌면 그리도 같습니까. 원하옵나니 부처님께서 저의 일을 도와주실 것을 믿는 까닭으로 백성들에게 노역을 아끼지 않고 여기 가람을 짓도록 명령하였나이다. 제가 돌아오는 날에는 필시 부처님의 상호가 따뜻한 법당 안에 안온히 모셔져 있을 것을 믿습니다."

조정승은 황해도 감사를 불러 이곳에 절을 지을 것을 명령했다. 비록 꿈으로 인해 작정된 일이기는 하지만 무엇인가 의지하는 바가 있어 마음이 든든했다.

그 후 조정승 일행은 명의 황제를 뵙고 조선 태조의 뜻을 밝히고 필히 국호를 결정해 내려주실 것을 간청하였다. 하지만 명의 황제인 주원장은 노발대발했다.

"이신벌군(以臣伐君)한 역적이 국토를 도둑질하고 다시 국호를 결정해 허락해 달라니 어찌 하늘이 무심할 수 있느냐."

주원장은 조정승을 참형에 처하라고 명령했다. 조정승은 이미 예기한 일이라 말도 못하고 그대로 형장에 끌려가 교수대에 올랐다.

"무슨 할 말이 있는가?"

"물 한 그릇과 배석자리 하나만 갔다 주오."

물그릇이 놓이고 배석자리가 깔리자 조정승은 단정히 무릎을 꿇고 먼저 국왕에게 배알했다.

"대신 조공 멀리서 사별(死別)하나이다. 대왕의 명을 이루지 못하고 죽으니 신하로서 면목이 없나이다. 용서하십시오."

조공은 부모님을 향해서도 절을 했다.

"부모님의 은혜는 하해(河海)보다 깊고 태산보다 높다 하는데 그 은혜를 조금도 보답치 못하고 죽는 자식 스스로 불효됨을 통탄할 뿐입니다."

세 번째는 황해도 시흥 산중의 세 부처님께 정례하였다.

"필히 대사를 성사하여 부처님의 가람이 이룩된 곳을 친히 뵙고 또 공양코자 하였으나 이제 일을 달성하지 못하고 이대로 죽으니 오직 약속 이행치 못함을 용서해 주십시오."

마지막 작별이 끝나자 다시 명의 신하가 물었다.

"더 할 말이 있는가?"

"없다."

칼을 든 망난이가 푸른 칼을 들고 미친 듯이 날뛰었다. 간장이 떨리고 혼이 멀리 중천에 떠오르는 것 같았다. 그런데 망난이가 조공을 내려치자 사람이 베어지는 게 아니라 청룡도의 칼날이 두 동강이로 부러졌다. 칼을 바꾸어 두세 번을 내려쳐도 마찬가지로 부러지자 명의 신하는 이상히 여기고 주원장에게 이 사실을 알렸다.

"목을 아무리 베어도 베어지지 않고 칼이 부러지니 이는 보통 사람이 아닌 것 같사옵니다."

"그렇다면 이리로 데려 오너라."

조공이 주원장 앞에 왔다.

"천자가 하늘의 뜻을 알아보지 못하고 벌을 주려해서 미안하다. 이제 너에게 비단 500백 필과 황금 일 천냥을 내리고 또 국호를 조선이라 재가하노라."

조정승은 주원장의 말을 듣고 감개무량하여 본국으로 돌아오는데, 황해도 시흥에 이르자 수많은 사람들이 부처님이 계시던 산을 향해 올라가고 있었다.

"무슨 일이 있느냐?"

"아니올시다. 대감님께서 명령하신 절이 완공이 되어 오늘이 바로 낙성식입니다."

"그래, 그럼 나도 그 식에 참례하리라."

오색단청의 봉황에 수놓아진 법당에서 맑은 풍경소리가 울렸다.

"아, 이제 우리 부처님도 따뜻한 집에 돌아오시게 되었구나."

"그런데 이 어찌된 일이냐?"

"무슨 말씀이십니까?"

"부처님 목에 칼자국이 나 있고 또 빨갛게 핏자국이 맺혀 있으니 말이다."

"글쎄올시다. 저희들도 알 수 없는 일입니다. 지난 3일 오후 3시 부처님을 이곳으로 옮겨 모셨는데 이상스럽게도 칼 소리가 쨍그렁

나 쳐다보니 부처님 목에 칼자국이 나고 그곳에서 저렇게 피가 주
르르 흘렀습니다."

"다른 분도 마찬가진가?"

"예, 마찬가집니다. 단지 시간의 차이만 있었을 뿐입니다."

"아, 참으로 신통한 일이로다. 내가 바로 그날 그 시에 교수대에
서 칼을 받던 순간이다."

참으로 괴이 신통한 일이었다. 조정승은 그 길로 왕국에 돌아와
이성계를 뵙고 이 사실을 아뢰니 이성계 역시 감개(感慨)하여 크게
상을 내리고 그 절 이름을 명을 이은 절이라 해서 속명사(贖命寺)라
지어 현판까지 써주셨다.

또 오나라 육휘는 옥에 갇혀 죽게 되었는데 그의 부인이 관음보
살상을 만들어 모셔 놓고 기도를 하여 죽음을 면했다고 한다. 육휘
가 형장에 이르러 망난이가 세 번이나 거듭 목을 쳤으나 칼이 깨어
져 동강이가 났다. 그래서 형리가 육휘에게 물었다.

"무슨 술법을 쓰느냐?"

"나는 관세음보살을 부를 뿐 아무 술법도 없다."

형리가 관청에 알렸다.

"그는 보통 사람이 아니니 풀어주라."

너무나도 신기하여 집에 돌아와 조성해 놓은 부처님께 절을 하
려 쳐다보니 그의 목에 세 줄기 칼자국이 있었다. 모든 사람들이
놀랐다고 한다.

금돼지와 보개산 지장보살

강원도 철원군 보개산에 있는 석대암(石臺庵)은 생지장보살(生地藏菩薩)의 도량이라 하여 기도객이 그칠 새가 없었다. 그런데 이 지장보살을 생지장 즉 산지장이라고 부르게 된 것은 그 연유가 있었다. 보개산은 금강산의 보배뚜껑이라 하여 보개산이라고 불렀으며 석대암 뒤에 있는 봉을 환희봉(歡喜峰), 또는 대소라치라고 불렀는데 이는 큰 봉우리, 큰 고개라는 뜻이다.

대소라치 너머에는 수백 호나 되는 화전민이 살고 있었다. 그들은 화전만으론 살 수가 없었으므로 짐승을 잡아 팔기도 하고 먹기도 하였다. 그러나 금강산의 뚜껑이라는 이 성산에 불보살님이 피흘리는 것을 보고만 계실 리가 만무하였다. 대소라치를 넘어선 어느 동리에 사냥꾼의 괴수인 이순석(李順碩)이란 사람이 살았다. 하루는 친구와 같이 활과 창을 메고 대소라치 고개를 넘어가서 짐승을 찾아 헤매고 있었다.

"여보게 순석이, 오늘도 또 허탕인가 보이. 요사이는 웬일인지 통 짐승이 잡히지를 않는단 말이야."

"재수가 있으면 잡는 것이고 없으면 못 잡는 거지. 꼭 잡기만을 기대할 수야 있나?"

"그야 그렇지만 그래도 하루 한두 마리 꼴은 잡아야 처자식을 굶기지 않고 살아갈 것이 아닌가."

"쉬! 저것 보게. 호랑이인가 멧돼지인가. 송아지만한 것이 걸어가고 있네, 금빛이 찬란한 것을 보면 호랑이도 같고, 머리와 꼬리를 보면 돼지도 같으니, 도무지 알 수가 없네 그려."

순석의 말이었다. 바위 밑에서 풀로 가리고 엎드려 보고 있던 친구가 말했다.

"돼지야. 금돼지란 말이야. 놓치지 말고 쏘게."

순석이는 몸을 감추고 활을 겨냥해 힘차게 쏘았다. 화살을 맞은 돼지는 피를 흘리며 환희봉을 향하여 도망치고 있었다. 두 사람은 헐레벌떡 쫓아보았으나 금돼지는 온데간데없고 한 지장보살석상(地藏菩薩石像)이 우물 속에 들어 있는데 머리는 물 밖에 나와 있었고 몸은 물속에 반쯤 잠겨 있었다. 그런데 자세히 보니 이상하게도 보살석상 왼편 어깨에는 그들이 쏜 화살이 박혀 있었다. 두 사람은 깜짝 놀라 그 화살을 빼고 모셔내려고 하였으나, 조그마한 석상의 무게가 무거워서 도무지 들어낼 수가 없었다.

"돌부처님이시여. 대성인께서 이미 저희들이 우매함을 불쌍히 여기사, 제도하여 주시려고 이러한 신통을 나타내신 것으로 믿겠나이다. 명일 다시 와서 뵈옵겠사오니 이 샘가에 나와 계셔 주시옵소서. 그리하오면 저희들도 당장에 출가하여 지성껏 모시고 수도 생활을 하겠나이다."

두 사람은 이렇게 빈 후에 집으로 돌아갔다. 그 이튿날에 다시 왔다. 석상이 과연 그 옆 돌 반석에 그대로 앉아 있었다. 이것을 본 그들은 그 자리에서 스스로 삭발을 하고 300여 명을 동원하여 절을 세워 그 보살상을 모셨으니 이곳이 곧 석대암이었다. 이 지장보살상은 높이가 세 자이며 왼쪽 손으로는 구슬을 높이 받들고 있고 빛깔은 청, 흑색이었는데 어깨 밑에는 구멍이 뚫려 있었다. 말하자면 순석의 화살에 맞은 자리였다. 그러던 어느 날 이 지장보살님을 모신 법당에서 불공하는 스님이 잘못하여, 불을 켜는 옥 등잔을 땅에 떨어뜨렸는데 그만 절반으로 쫙 갈라지고 말았다. 부전스님이 송구하여 부엌에서 근심을 하고 있었는데 법당에서 소리가 들렸다.

"여봐라, 부전대사야. 내가 옥 등잔을 붙여 놓았으니 걱정 말고 불이나 켜라."

깜짝 놀라 들어가 본즉 옥 등잔이 감쪽같이 붙여져 있었다. 까맣게 붙인 자국은 있었으나 기름이 새는 법이 없었다. 또 한 번은 밤중에 도둑놈이 들어와서 불기, 향로, 촛대 기타 전곡들을 훔쳐 가지고 달아났다. 그런데 도둑놈들이 밤새도록 걸어갔는데도 기껏 절 앞에 있는 미나리 광에서 뺑뺑 돌고 있었던 일이 있었다. 그리하여 절에서는 도둑놈을 잡아 장물을 몽땅 찾았다. 또한 그놈들에겐 오히려 참사람이 되라고 돈을 주어서 보낸 일도 있었다.

그런데 이 지장보살님은 도금불사를 해도 오래 가지 못하고 항상 벗겨져 언제든지 청록색으로 보존되고 있다.

부인의 기도로 살아난 사람

지금부터 약 일백오십여 년 전, 춘향이와 이도령 이야기로 유명한 전라도 남원 고을에 대복이라는 힘이 세고 매우 용감한 사람이 있었다. 그는 매일 말을 타고 전주 관가에 공문서를 전달하는 일을 했다.

전주에 서류를 전하고 오던 어느 날, 여름이라 해가 한창 길었는데 그날따라 비가 내린 뒤라 여느 때보다 날이 일찍 저물었다.

'주막에서 하룻밤 묵어갈까?' '아냐, 아내가 기다릴 텐데 어서 가야지' 대복은 사방이 어두워지자 잠시 망설였으나 집에서 기다릴 아내를 생각하고는 다시 길을 재촉했다. 춘향과 이도령이 이별했다는 오리정 고개에 막 다다랐을 때였다. 주위는 조용하여 말발굽 소리만 요란했는데 어디선가 대복을 부르는 소리가 들리는 듯했다. 그는 말의 속도를 줄이고 사방을 두리번거리며 귀를 기울였다.

"대복아! 대복아!" 분명 자신을 부르는 소리가 틀림없다.

발을 멈추고 소리 나는 쪽을 향해 고개를 돌리던 대복은 그만 "앗!"하고 질겁했다. 어깨너머에 보기만 해도 소름이 끼칠 큰 구렁이가 두 눈에 시퍼런 불을 켜고 혀를 날름대고 있었다. 담이 크고 용감한 대복이도 이번엔 놀라지 않을 수 없었다. 그러나 그는 헛기침을 한 번 하고는 떨리는 마음을 가라앉힌 뒤 점잖게 말했다.

"그래, 무슨 연유로 남의 바쁜 걸음을 지체하게 했느냐?"

"나는 일백 년 동안 오리정 연못을 지켜온 지킴이인데, 흉한 탈을 벗고 사람으로 다시 태어나는 것이 내 소원이다. 그래서 오늘 밤 너를 잡아먹고 나는 사람으로 태어날 테니 너는 이 연못의 지킴이가 돼 주어야겠다."

대복은 그 말을 듣는 순간 허리에 찬 칼을 뽑아 들었다. 그때였다. 허공에서 한 줄기 빛이 일더니 관세음보살이 나타났다.

"오리정 연못의 지킴이는 들어라. 대복이는 본인의 심성도 착하지만 그 부인의 불심이 매우 깊어 남편을 위해 날마다 부처님께 간절히 기도하고 지성껏 시주하니 그 정성과 공덕을 보아 해치지 않도록 하라."

부인이 평소 절에 가는 것을 좋아 하지 않았던 대복이었으나 그날은 자기도 모르게 합장 배례하고는 관세음보살님께 감사했다. 구렁이가 말했다.

"그대는 부인의 공덕으로 오늘 목숨을 건졌소. 그러나 나는 탈을 벗지 못해 한이 되니 집으로 돌아가거든 내가 인간으로 다시 태어나도록 부처님께 기도해 주길 부탁하오.”

구렁이는 신신당부를 하고는 연못 속으로 힘없이 들어가 버렸다. 대복은 '어휴, 이제 살았다!'며 한숨을 내쉬었다.

“알았다. 내 집에 가거든 네 부탁을 잊지 않고 열심히 기도할 것을 약속하마.”

대복은 뒤도 돌아보지 않고 달렸다. 집에 도착하자마자 그는 부인에게 물었다.

“부인, 당신 혹시 절에다 많은 시주를 한 일이 있소?”

“들어오시자마자 웬 시주 이야기입니까?”

절에 가는 것을 마땅찮아 하던 남편이 시주 말을 꺼내자 부인은 이상하게 생각했다. 눈치를 챈 대복은 담뱃대에 불을 붙인 뒤 오리정에서 일어났던 아슬아슬한 사연을 들려 줬다. 이야기를 듣고 있던 부인은 여러 차례 관세음보살을 뇌이면서 부처님께 감사했다.

“실은 당신께 꾸중을 들을까 염려해서 밝히지 않았으나 얼마 전 대곡사에 쌀 삼십 석을 시주하고 삼칠일 기도를 올렸는데 바로 어제 회향했습니다.”

“아, 그렇소. 당신의 지극정성이 아니었다면 나는 지금쯤 오리정 연못의 지킴이가 되었을 것이오. 부인, 정말 고맙소.”

그날부터 대복은 착실한 불제자가 되었다.

“부인, 부처님 가피가 아니었다면 내 어찌 당신 곁에 이렇게 살아 있을 수 있겠소. 그 은혜에 감사하기 위해서 불사를 하고 싶은데 당신 뜻은 어떻소?"

"그럼 우리 절 대곡사 법당이 굉장히 낡았던데, 재산을 다 바쳐서라도 법당을 중창하도록 합시다."

대복이 내외는 그날로 대곡사 법당 중창불사를 시작했다. 낙성식 날이었다.

대복이는 많은 신도들과 축하객들이 참석한 자리에서 자신이 법당을 새로 짓게 된 사연을 이야기했다. 사람들은 부처님의 가피에 감탄사를 연발하며 고개를 끄덕였다. 그때였다. 맨 앞줄에 앉아 있던 남원부사가 말했다.

"듣고 보니 부처님의 가피가 진실로 하해와 같이 놀라울 뿐이오. 더욱이 그대 부인의 정성은 더욱 감동스러우며, 부처님이 계신 훌륭한 법당을 새로 지은 그 불심 또한 가상하지 아니할 수 없소. 대복의 불심과 사연을 후세까지 기리기 위해 절 이름을 대복사로 바꿔 부르는 것이 좋을 것 같은데 주지스님의 의향은 어떤지요."

부사는 쾌히 그 자리에서 대복사란 현판글씨를 썼다. 대복이는 오리정 지킴이가 사람으로 환생하길 기원하는 백일기도를 올렸다. 기도를 마치는 날 밤이었다.

"고맙소. 그대 때문에 나는 남자로 태어났소. 당신도 더욱 선업을 쌓고 정진하여 꼭 극락에 가기를 기원하겠소."

꿈에서 깬 대복은 부처님께 감사의 절을 거듭거듭 했다.

부처님을 감동시킨
어머니의 기도

신라 때 보개(寶開)라는 여인이 경주 우금방(隅金坊)에서 살고 있었다. 그 여인에게 장춘이라는 아들이 있었는데 장삿배를 따라 바다로 나가서는 돌아올 때가 되었으나 소식이 묘연하였다. 어머니는 아침저녁으로 근심하고 걱정하여 몸까지 몹시 쇠약해졌다. 다행히, 관세음보살의 신통한 힘에 의하여 설혹 폭풍이 불어 그 배가 표류하여 나찰귀(羅利鬼)의 나라에 떨어질지라도 관세음보살의 이름을 부르면 곧 환난에서 벗어날 것이라는 관세음보살의 시현(示顯)을 듣고, 곧 깊은 신심이 생겨, 민장사(敏藏寺) 관세음보살상 앞에서 정성껏 부지런히 기도를 드렸다. 회향날 흘연히 장춘이 나타나어머니의 손을 잡았다. 놀랍고 기뻐서 서로 얼싸안고 울었다. 절의스님이 괴이하게 여겨 그 까닭을 물었다. 장춘은 그동안 일어난 일을 소상하게 밝혔다.

"소인이 집을 떠나 바다로 갔다가 갑자기 폭풍을 만나 함께 배에 탔던 다른 사람들은 다 고기밥이 되고, 나만 홀로 널판지를 타고 오(吳)나라에 도착했습니다. 그런데 그 나라 사람이 나를 데려다가 종으로 부렸습니다. 하루는 들에 나가 밭을 갈고 있는데, 문득 기이한 스님이 와서 말하기를, 고국이 생각나지 않느냐고 하기에, 나는 그의 앞에 꿇어앉아서, 늙으신 어머님이 계시는데 보고 싶은 마음이 간절하다고 했습니다. 스님이 말하기를 만약 어머니를 만나보고 싶거든 자신을 따라오라 하고 동쪽으로 가기에, 나는 곧 뒤를 따라갔습니다. 한 곳에 이르니, 수좌(首座)스님이 손을 잡아 이끄는데, 정신이 몽롱해져서 마치 꿈속과 같더니, 홀연 우리나라 말이 들리고 내가 이 민장사의 관음상 앞에 와 있었습니다. 이내 우리 어머님인 줄을 알았지마는, 오히려 꿈속 같습니다."

장춘은 천보(天寶) 4년 을유(乙酉) 4월 8일 신시(申時)에 오나라를 떠나 술시(戌時)에 이곳 절에 이른 것이었다. 경덕왕(景德王)이 소문을 듣고 전답과 곡식을 후히 내려 영구히 공양하게 하고, 다달이 8일이면 절에 행차하여 부처님을 예찬하는 것을 정례(定例)로 삼았다고 한다. 어머니 보개와 아들 장춘은 인근의 청신사 청신녀들과 합력하여 특별히 금자(金字) 법화경 한 질을 만들었으며, 해마다 봄 삼월에 도량을 베풀고 법화경의 미묘하고도 깊은 이치를 깨닫고 수행에 정진하면서 관세음보살을 공경 예배하여 큰 은혜에 보답하고자 하였다.

은혜를 갚은 호랑이

경북 영주시 풍기면 소백산 희방사(喜方寺) 앞에 철다리는 신라 때 서라벌 출신 호장(戶長) 유석이 놓아준 것인데 그 내력은 이렇다고 한다.

서기 654년 고승 두운(杜雲)조사가 태백산 심원암에서 공부를 하다가 희방사 절터에 조그만 토굴을 짓고 공부를 하고 있었다.

어느 겨울, 눈이 쌓이고 휘영청 달이 밝은 날 큰 호랑이 한 마리가 두운조사의 토굴에 들어와 고개를 쑥 빼고 눈물을 흘리고 있었다. 두운조사는 처음에는 두려워 가까이 가지 못하였으나 저 놈이 필시 배가 고파 사람의 냄새를 맡고 잡아먹으려고 왔다는 생각을 하고 웃통을 벗고 호랑이 앞으로 쑥 달려들며 말했다.

"얼마나 배가 고프면 그런 모습으로 눈물을 짓고 있겠는가. 나는 불도(佛道)를 닦는 수행인이고 일가친척도 없는 외로운 사람이라 원수를 맺고 원수를 갚을 자도 없으니 어서 나를 먹고 배를 채우라."

호랑이는 그 순간 해칠 생각을 하지 않고 오히려 주춤주춤 뒤로 한 걸음씩 물러났다. 조사는 이상하게 생각하고 호랑이 앞으로 더욱 바짝 다가가서 낱낱이 살펴보았다. 호랑이는 앞발을 들고 목을 털며 안절부절 어찌 할 바를 몰라 했다. 자세히 보니 목에 무엇인가가 걸려 고통스러운 표정을 지었던 것이다. 두운 조사는 호랑이 목구멍으로 손을 쑥 집어넣었다. 아니나 다를까 여자의 날카로운 은비녀가 목구멍을 찌르고 있었다.

두운조사는 은비녀를 뽑아들고서 호통을 쳤다.

"이놈 사람을 잡아먹다가 이 꼴이 되었구나. 많은 짐승들을 다 놓아두고 하필이면 만물의 영장인 사람을 잡아먹어 원수의 인과(因果)를 짓고 있는가. 너의 행동으로 보아서는 마땅히 매질로 참회를 구하겠으나 죽은 목숨 보다 산목숨을 중히 여기는 까닭에 그대로 돌려보내니 다시는 그런 짓 하지 마라."

호랑이는 머리를 수그리고 한참 듣고 있다가 으르렁대며 물러났다. 그런 후 몇 일이 지났다. 토굴 부엌에 무엇인가 '쿵' 하는 소리가 나서 나가 보았더니. 호랑이가 산돼지를 물고 와서는 내려놓고서는 은혜를 갚는다는 듯이 고개를 올렸다 내렸다 하더니 앉아 있었다.

"네 이놈, 호랑이가 영물인줄 알았더니 맹추로구나. 중이 고기 먹는 걸 보았느냐. 어찌 이런 것을 잡아온단 말이냐. 어서 가지고 가서 너나 먹어라."

호랑이는 하는 수 없이 멧돼지를 업고 나갔다. 그런데 몇 일 후에 또 부엌에서 쿵하는 소리가 나서 나가보니 이번에는 젊은 꽃 같은 여자를 업고 와서는 내려놓고 달아나 버렸다.

두운조사는 난감해 하였다. 부처님 계율은 엄격했다.

"비구가 여자를 가까이 하는 것은 타는 불을 껴안는 것보다 더 두렵다." 그대로 두자니 죽겠고 살피자니 부처님의 계율(戒律)을 파계하는 것 같았다. 그러나 사람이 사람을 보고 버리는 것은 안 보는 것만 못하다 하여 그 여인을 불끈 들어 따뜻한 방에 눕히고 손발을 만져보았다. 온몸은 동태처럼 굳어 있으나 명치끝에 약간 온기가 있고 콧구멍에 숨기가 있는 것 같았다.

두운조사는 물을 덥혀 입 속에 떠 넣고 두 팔과 다리를 주물렀다. 얼마 후 색시가 크게 숨을 몰아쉬며 깨어났다.

"여기가 어디입니까?"

"여기는 소백산 연화봉 아래 초암입니다."

"내가 어떻게 여기를 왔지요?"

여인은 그렇게 말하고 또 의식을 잃었다. 얼마 후 다시 깨어난 여인이 다시 물었다.

"당신은 누구입니까?"

"나는 부처님을 모시고 공부하는 스님이요."

"당신은 스님이 아니라 호랑이 아니요. 호랑이가 스님으로 잘 변한다고 들었습니다"

"그런 염려는 놓으시고 여긴 분명 절이고 호랑이 굴이 아닙니다. 지금 당신을 업고 왔던 호랑이는 저기 밖에 앉아 있습니다."

두운조사는 토굴 문을 열어 밖을 손짓했다.

그때까지 앉아서 모든 소리를 엿듣고 있던 호랑이는 만족한 듯이 기지개를 한번 크게 하고는 어슬렁거리며 산속으로 들어갔다.

"이제 내가 호랑이가 아닌 것은 분명하지요. 안심하세요. 나는 당신을 해치지 않을 것입니다, 그런데 당신은 어떻게 여기까지 왔는지 기억이 납니까."

"예. 저는 경주 서라벌 계림(鷄林)에 사는 호장 유석의 딸입니다. 오늘 저는 결혼식이 있었습니다. 신랑과 대례를 치르고 밤이 되어 신방(新房)에 들어가려는 찰나에 무슨 불이 번쩍하면서 나의 몸이 공중으로 내던지는 것 같았습니다. 그 뒤로부터는 전혀 생각이 나질 않습니다."

"거참. 큰일 날 뻔 했군요. 집에서 신랑과 부모님이 얼마나 걱정하고 있겠습니까."

"그런데 아무리 생각해도 의심스러운 것이, 호랑이란 놈은 사람을 보면 무섭게 잡아먹는다는데 이 험한 산중까지 나를 업고 와 먹지 않고 버리고 가다니 도저히 이해가 가지 않습니다."

"글쎄올시다. 전생의 인연이겠지요. 우선 잠이나 푹 주무십시오."

두운조사는 누더기 이불을 덮어 주었다.

그리고 그 여인의 모습을 들여다보니 아직도 그의 얼굴엔 곱게 단장했던 연지와 분이 그대로 남아 있고 값진 비단이 몸에 감겨져 있는 것으로 보아 부유한 집의 신부임이 틀림없었다. 반달같이 흰 얼굴과 백합처럼 고운 살결은 보면 볼수록 아름다웠다. 두운조사는 서른의 나이에 한 번도 여자를 생각한 적 없지만 이 아름다운 선녀 같은 여인을 보고는 가슴이 뭉클해지는 것을 느꼈다.

'도고마성 호사다마(道高魔成好事多魔)로구나. 도가 높아지면 마가 성하고 좋은 일에는 마가 끼는 것이구나.'

두운조사는 깊은 생각을 하다가 이렇게 중얼거리다가 부엌으로 나가 밥을 지었다. 눈은 쌓여 은산천지(銀山天地)를 이루고 산은 적적하고 달은 더욱 황홀하게 빛났다. 밤늦게 한 술갈 밥을 떠먹고 기운을 차린 여인은 초롱초롱한 눈빛으로 일월 같은 스님의 얼굴를 바라보았다.

"스님. 아까 다 전생에 인연이라 하였지요. 저와 부모, 그리고 그 신랑이 될 뻔한 사람은 무슨 인연이 있길래 이런 이별을 하였으며 스님과 저는 무슨 인연이 있어 이런 자리에서 이렇게 만나 뵙게 되었습니까?"

"글쎄올시다. 당신과 부모, 그 신랑과는 다 그런 일이 아니면 안 될 인연이겠지요. 그러나 저와의 인연은 호랑이와의 인연 탓인가 봅니다."

"호랑이와 인연이라뇨?"

"사실 호랑이와 전날 이러한 인연이 있었습니다."

호랑이의 입속에서 은비녀를 꺼내준 것과 멧돼지를 가지고 온 인연 등을 여인에게 말하였다.

"그러니 그 놈이 나에게 은혜를 갚기 위하여 이런 짓을 한 것이 분명합니다."

여인이 말하였다.

"참으로 이상도 하여라. 다른 사람들은 다 가마를 타고 시집을 가는데. 저는 호랑이를 타고 시집을 왔으니 말입니다."

"그런 말씀 마십시오. 당신은 여기 시집을 온 게 아니고 부처님과 인연을 맺으러 온 것입니다."

"그러나 스님. 저는 이미 그 인연으로 인해 부처님법과 인연을 맺을 수밖에 없습니다. 이제 스님은 저의 낭군입니다. 아무리 우리가 변명을 해도 세상사람들은 우리의 청백(淸白)을 믿지 않을 것입니다. 그러니 이제 스님은 저를 받아 주십시오."

그러나 스님은 완강히 거절했다.

"남이야 믿건 안 믿건 우리만 청백(淸白)하면 되지 않습니까. 부처님 말씀에 수행자는 나이 적은 여자를 보면 누이동생으로 생각하라고 하셨습니다. 나는 당신을 누이동생으로 생각하겠소. 그러니 당신도 마음을 단단히 먹고 살아 가시오. 이곳은 산이 높고 골이 깊어 한번 눈이 내리면 다음해 봄이 되어야 사람구경을 할 수가 있소. 당신도 그때나 되어야 집에 가게 될 것이니 그렇게 마음을 정하고 나와 함께 그동안 불도(佛道)나 닦읍시다."

스님의 마음이 이러한데 여인은 어쩔 수 없었다. 생각하면 스님은 전날 자기와 대례를 치뤘던 신랑과 대조도 안 되는 인물이었다. 건장한 키, 위엄 있는 자태. 밝은 용안의 스님을 보자 마음이 흔들렸던 것이다. 그러나 스님은 정녕 현세의 인간은 아니었다.

스님은 공양이 끝나면 눈을 치우고 도량을 정리하고 살림을 살피는 외에 틈만 나면 단정히 앉자 참선을 하였다. 방이라야 육자 한 칸. 둘이 누우면 남을 것도 없지만 스님은 밤마다 눕는 법이 없었다. 졸아도 앉아서 졸고, 잠을 자도 앉아서 잤다.

이렇게 날이 가고 달이 가고 그해 겨울이 다 지나고 이듬해 봄이 되었다. 스님은 눈이 녹기를 기다리며 바랑을 챙기고 누더기를 빨아 원행(遠行)할 채비를 하였다.

여인은 사실 떠나고 싶지 않았다. 탐욕과 진애(瞋恚), 우치(愚癡)에 얽혀 사는 세상을 깨달았던 것이다. 그러니 백년을 살아야 이 하루의 행복을 느낄 수 없었던 것이다.

"스님, 가고 싶지 않습니다."

"그 무슨 소리. 갔다가 다시 오는 한이 있어도 부모님께 소식이나 전하고 다시 와야지 그렇지 않소. 지금 집에서는 얼마나 가슴 아파하고 궁금해 하시겠소."

그들은 앞서거니 뒤서거니 하면서 무려 백 여리의 길을 걸어 경주에 도착하였다. 가던 날이 장날이라 마침 집에서는 초혼제(招魂祭)를 올리고 있었다. 여인이 집으로 들어서자 굿하던 무당과 굿을 보던 동네 사람들은 기절초풍을 하며 달아났다. 죽은 귀신이 찾아왔다고 생각했기 때문이다.

어머니가 두 손을 싹싹 빌며 사정을 하였다.

"아가, 아가. 우리 아가, 네가 그렇게 갈 줄 누가 알았겠노. 청춘에 맺힌 혼이 집을 찾아왔구나. 원하는 대로 말하여라. 다 들어줄 터이니, 산 사람이나 해코지 말고 돌아가라."

"어머니, 저는 귀신이 아닙니다 애통하게 찾던 무남독녀가 여기 왔습니다."

그의 부모는 정녕 곧이듣지 않았다. 스님이 들어가 전후 사정을 소상히 밝히고서야 비로소 방 안으로 맞아 들였다. 너무나 신기하고 기적 같은 일이라 사람들은 말을 못하고 서로 얼굴만 바라볼 뿐이다.

더욱 난처한 것은 처녀와 총각이 깊은 산속에서 석 달이나 한방에서 지냈는데 성할 리 있겠느냐 하는 결론이었다. 아버지가 말하였다.

"스님, 스님은 천생 배필입니다. 하늘이 내려준 남편이니 제 딸을 데리고 가 마음껏 사십시오. 생활에 대한 모든 문제는 내가 책임지고 마련하겠습니다."

"배려는 감사하오나 소승은 이미 각오한 바가 있습니다."

"아무리 스님이 각오하였다 하더라도 한 방에서 석 달 동안이나 지냈으니 이제 내 딸은 스님의 아내나 다름이 없소."

"생각은 그러하오나 우리의 마음은 호장님 따님이 더 잘 알 것이니 소승은 말씀을 않겠습니다."

그때 딸이 지난날의 생활과 이야기를 털어 놓았다. 딸의 이야기를 듣고 아버지는 스님의 손을 잡고 백배사죄를 하였다.

"뜻이 그러하시다면 몇 일이라도 쉬어 가시도록 하십시오. 내 딸의 뜻을 따라 사람을 보내어 절을 중수하고 길도 정리하여 드리리다."

그것마저 뿌리칠 수가 없어 두운조사는 그곳에서 머물렀다. 호장은 곧 사람을 보내어 토굴을 헐고 절을 새로 지어 희방사요, 절 앞에 큰 개울이 있어 비가 오면 건널 수가 없으니 귀한 무쇠를 구하여 다리를 놓아주었다. 이름이 수벌교(水鐵橋)라 하고 또 유석공이 무쇠로 났다하여 유(鍮)다리라고도 한다.

정조대왕의 효심

조선 시대 정조는 부친 사도세자의 비참한 죽음이 늘 가슴 아팠다.

"백성들에게는 효를 강조하는 왕으로서 진정 나의 아버님께는 효도 한번 못하다니….."

왕세손이었던 정조 나이 열한 살 때, 할아버지 영조는 불호령을 내렸다.

"어서 뒤주 속에 넣지 않고 무얼 주저하느냐."

어린 왕세손은 울며 아버지의 용서를 빌었으나 끝내 들어주지 않았다. 영조는 뒤주에 못을 박고 큰 돌을 얹게 한 후 아무도 듣지 않자 손수 붓을 들어 세자를 폐하고 서인을 만들어 죽음을 내린다는 교서를 발표했다. 그로부터 8일 후, 뒤주에 갇힌 사도세자는 28살의 젊은 나이에 죽고 말았다. 어릴 때 목격한 당시의 모습이 뇌리에 떠오를 때마다 정조는 부친의 영혼이 구천을 맴돌 것만 같았다.

"저승에서나마 왕생극락하시도록 돌봐드려야지."

정조는 양주 배봉산에 묻힌 부친의 묘를 절 가까이 모셔 조석으로 영가를 위로하기로 결심, 마땅한 장소를 물색하게 했다. 그러던 어느 날, 임금은 보경스님으로부터 『부모은중경』에 대한 설법을 듣게 했다.

"불교에서는 부모님의 은혜를 열 가지로 나누지요. 그 첫째는 나를 잉태하여 보호해주시는 은혜요, 둘째는 고통을 참고 나를 낳아주신 은혜, 셋째는 참아 기르느라 고생하신 은혜요, 넷째는 쓴 것은 부모가 먹고 단 것은 나에게 주시는 은혜요, 다섯째는 진자리 마른자리 가려 뉘어 주시는 은혜요."

설법을 다 들은 정조는 부친을 위해 절을 세워야겠다고 생각했다. 먼저 지금의 경기도 화성군 태안면 안녕리 화산으로 부친의 묘를 옮겼다. 그리고는 가까이 있는 절 양시터(신라 문성왕 16년에 세운 절)에 부왕의 명복을 기원하는 능사를 세우도록 하고 보경스님을 팔도도화주로 삼았다. 백성들은 비명에 간 사도세자를 위해 절을 세운다니 너도 나도 시주를 마다하지 않았다. 보경스님은 8만냥의 시주금으로 4년 만에 절을 완성했다. 낙성식 전날 밤이었다. 정조는 용이 여의주를 입에 물고 승천하는 꿈을 꾸었다. 이튿날 낙성식장에 친히 간 임금은 절 이름을 용주사라 명했다. 이 절이 바로 지금의 화성군 태안면 송사리에 위치한 용주사다. 정조는 자신에게 부모의 은혜를 새삼 일깨워주고, 용주사를 세우는 데 크게 공을 세

운 보경스님으로 하여금 용주사를 관장하게 했다. 그리고 전국에
서 그림을 제일 잘 그리는 화공을 찾아 『부모은중경』의 내용을 그
림으로 그리게 한 후 다시 경판으로 각을 하여 용주사에 모시게 했
는데 지금도 원형대로 잘 보존되고 있다. 또한 정조는 궁에서 쓰던
명나라 금동향로와 야월락안도, 우중어옹도, 촌중행사도, 산중별
장도, 고주귀범도, 산사삼배도, 강촌심방도, 효천출범도와 용을 정
교하게 양각한 팔면 사각의 청동 향로를 하사하고 능이 있는 인근
수원에 화성을 쌓아 소경으로 승격시키는 등 비명에 가신 부왕을
위해 할 수 있는 일은 다했다. 정조는 기일뿐 아니라 평소에도 자
주 용주사를 찾았다. 어느 초여름 날이었다. 능을 참배하던 정조는
능 앞 소나무에 송충이가 너무 많아 나무들이 병들어 가고 있음을
보았다.

"허허. 이럴 수가 내 땅에 사는 송충이로서 어찌 임금의 아버님
묘 앞에 있는 소나무 잎을 갉아 먹는단 말이냐. 비명에 가신 것도
가슴 아픈데 너희들까지 이리 괴롭혀서야 되겠느냐."

임금은 이렇듯 독백하며 송충이 한 마리를 잡아 이빨로 깨물어
죽였다. 그 이후로는 이 일대에 송충이들이 감쪽같이 사라졌다. 지
금도 용주사 주변과 용건릉 지역은 송림이 울창하여 장관을 이루
며 특히 용주사 주변과 회양목은 천연기념물 제 10호로 지정돼 있
다. 어느 가을날 용주사로 향하던 임금의 행차가 수원 못 미쳐 군
포를 지나 고개 마루를 오르느라 속도가 좀 떨어졌다. 가마 안에서

임금은 속이 타는 듯 호령을 내렸다.

"여봐라, 어찌 이리 더디단 말이냐?"

"언덕을 오르느라 좀 더디옵니다."

부왕을 그리는 정이 몹시 사무쳐 빨리 절에 다다르고 싶었던 왕의 심정을 기려 주민들은 이 고개를 '지지대'라고 불렀다.

거만한 태수를 교화한
문수보살

경상남도 지리산 쌍계사는 신라 제46대 문성왕 2년에 진감국사가
지은 절이다. 그 절에서 조금만 올라가면 칠불암이 있고 그 암자
가운데 '아자방(亞字房)'이라는 곳이 있다. 암자는 신라 제5대 바사왕
23년 김수로왕의 일곱 아들들이 이곳에서 출가하여 불도를 이루었
으므로 칠불암이라 이르게 된 것이다.

그런데 그 암자 가운데 있는 아자방이 유명한 것은 방 자체도 크
지만 방의 형상이 버금 아(亞)자 형식으로 되어 그 높이가 12척이나
되는데 높은 데도 사람이 앉고 낮은 데도 사람이 앉아도 불을 때면
똑 같이 덥기 때문이다. 설계는 담공(曇空)선사가 직접 한 것으로 어
떻든 동양 유일의 대(大)선방으로 유명하였다.

그러므로 이 방은 오직 참선하는 방으로만 사용되어 왔으므로 큰
절인 쌍계사에서는 물론, 당시 전국의 모든 사찰들은 아자방의 관

리에 심려를 기울였을 뿐만 아니라 참선하는 사람 이외에는 절대로 관람을 허락하지 아니했다. 그런데 이조 중엽 하동군수로 온 사람이 쌍계사에 순시하러 왔다가 칠불암 아자방을 보러가겠다고 요청했다.

스님이 이렇게 말했다.

"그 곳은 볼 것이 없는 곳이 오니 그냥 가도록 하십시요."

군수는 고집을 꺾지 않았다.

"내 여기까지 왔다가 그 유명하다는 칠불암을 보지 않고 간대서야 말이 되겠는가. 잠깐 구경이라도 하고 가겠습니다."

하는 수 없이 군수일행은 칠불암으로 안내되었다. 군수는 아자방을 가리키며 명령조로 말했다.

"스님 이 방을 보고 싶으니 문을 열어주세요."

"군수님, 지금은 대중들이 공부하고 있어서 열어 보일 수 없습니다."

"그러면 언제 보여줄 수 있습니까?"

"이제 막 참선을 시작하였으니 서너 시간은 족히 기다리셔야 합니다."

"내가 이 고을 군수인데 아자방을 보기 위해 한참을 기다려야 한다는 말인가?"

화가 벌컥 난 군수는 곧 나졸들에게 명령하여 방문을 열라고 하였다. 한 스님이 가로막았다.

"죄송한 말씀이오나 조정의 영상께서도 그러하셨고 본도의 관찰사도 그러하였습니다. 옛날부터 규정이 그러하오니 이 방만은 절대로 안 됩니다."

스님은 나졸들에 의해 내동댕이쳐지고 방문은 활짝 열려 구경거리가 나타났다. 때는 마침 늦은 봄이라 점심공양을 마치고 선방에 들어간 스님들은 오수에 한참 몰려 앉은 자세가 엉망진창이었다. 어떤 스님은 하늘을 쳐다보며 졸았고, 어떤 스님은 머리를 푹 숙이거나 몸을 좌우로 흔들며 졸고 있었다.

군수는 속으로 이렇게 생각했다.

"기껏 공부한다는 사람들의 자세가 이것인가?"

군수는 안볼 것을 보았다는 듯 입맛을 쩍쩍 다시며 가만히 문을 닫고 나서면서 단단히 별렀다.

"요놈들 한번 혼을 내놓아야겠군."

고을로 돌아온 군수는 삼일 만에 편지 한 장을 쌍계사 주지 앞으로 보냈다. 내용은 이러했다.

"절에 도인이 많은 듯 하니 나무말[木馬]을 만들어 가지고 와서 동헌마당에서 한번 타고 돌아보라. 만일 목마를 잘 타면 큰 상을 내리겠거니와 그렇지 못하면 큰 벌을 내리리라."

스님들은 당황했다. 산 말을 타라 해도 시원치 못할 터인데 나무말을 타고 동헌마당을 돌라 했으니 당황하지 않을 수 없었다. 그렇다고 그냥 넘길 수도 없는 일, 쌍계사 큰방에서는 각 암자 스님들과 함께 대중공사가 벌어졌다.

"군수 영감의 비위를 건들지 않고 이 일을 맡아 해결할 대중이 없습니까?"

주지스님이 말하였으나 모두가 꿀 먹은 벙어리라 대중공사는 전혀 진전이 없었다. 이때 탁자 밑에서 12~13세 가량 된 사미동자가 일어나며 말했다.

"스님, 그 일은 제가 맡겠습니다. 스님들은 아무 걱정 마시고 싸리나 엮어서 목마 한 마리 만들어 주세요."

"네가 무슨 재주로 그렇게 하겠느냐."

"염려 마세요. 제가 기필코 법당의 환난을 모면하게 하오리다."

설사 사미가 이 일을 감당하지 못한다 할지라도 이 일은 어쩔 수 없는 일, 스님들은 각오한 듯 싸리를 베어 목마를 만들기 시작했다. 사미는 부목에게 목마를 가지고 가라 하고 하동 군청 동헌 마당으로 갔다. 군수는 이 모습을 보고 어이가 없었다.

"네가 목마를 타려고 가지고 왔느냐?"

"그렇습니다. 소승이 군수님의 소망을 풀어 주려고 가지고 왔습니다."

너무나도 당당하고 막힌 데가 없었다.

"그렇다면 목마를 타기 전에 몇 가지 물어볼 말이 있다."

"무엇입니까?"

"내가 전날 칠불암에 갔을 때 아자방에는 도인들만 있다는 말을 들었는데 그들의 앉아 있는 폼이 전혀 도인답지 않았다."

"영감님도 원. 별 구신(構莘)이 있는가요."

"그렇다면 하늘을 쳐다보고 졸고만 있는 스님은 무슨 공부를 하는 것이지?"

"그것은 앙천성숙관(仰天星宿觀)입니다."

"앙천성숙관이라니?"

"하늘을 보고 무량한 별들을 관하는 공부입니다."

"별은 왜?"

"상통천문(上通天文)하고 하달지리(下達地理)해야만 천하만사를 다 알게 되고, 천상에 태어난 중생을 다 제도하게 되는 까닭입니다."

"그럼 머리를 푹 숙이고 땅을 들여다보고 졸고 앉아 있는 사람은?"

"예, 그것은 지하망명관(地下亡命觀)입니다. 사람이 죄를 짓고 죽으면 지하의 지옥으로 들어가 죄를 받기 마련입니다. 그러므로 지옥에 있는 중생을 제도하기 위해서입니다."

"그럼 몸을 좌우로 흔드는 것은 무슨 공부인가?"

"예, 그것은 춘풍양유관(春風揚柳觀)입니다. 공부하는 도승은 유(有)에 집착해도 못 쓰고 무(無)에 집착해도 못 쓰고, 고락성쇠 그 어느 것에 집착해도 못 쓰기 때문에 버드나무가 바람에 휘날려도 좌우 그 어느 것에도 걸리지 않듯 공유(空有), 선악, 죄복에 걸리지 않는 관을 공부하는 것입니다."

"그건 그렇다 치고 방구를 풍풍 뀌고 앉아 있는 사람은?"

"그건 타파칠통관(打破漆筒觀)입니다. 사람이 무식하여 남의 말을 듣지 않고 제 고집대로만 하려는 사또와 같은 칠통배(漆筒輩)를 깨닫게 하는 공부입니다."

군수는 앉아 있는 여러 스님들을 흘끔 쳐다보며 무안한 듯이 말하였다.

"아직 입에서 젖 냄새도 가시지 않은 너의 식견이 이러할진댄 그곳에 있는 도승들이야 더 말할 것이 있겠느냐. 이제 더 물어볼 것 없으니 어서 목마나 한번 타보라."

사미승은 불끈 일어나서 싸리로 엮어 만든 목마 위에 얼른 올라앉더니 고사리 같은 손으로 말 궁둥이를 내리쳤다.

"어서 가자 목마야, 미련한 터주 대감의 칠통같은 마음을 확 쓸어버리고 태양 같은 밝은 빛이 그 안에도 비치게 하자."

발을 한번 내구르니 목마가 터벅터벅 동헌마당을 5, 6회나 돌더니 둥실둥실 공중으로 떠 연기처럼 사라지고 말았다.

군수와 육방관속들은 하도 어이가 없어서 입을 딱 벌리고 허공만 쳐다보고 있었다. 그 순간 군수는 발심하여 불교를 독신하고 또 쌍계사와 아자방을 산 부처님 모시듯 살피니 하동 군민이 다 그리하여 일시에 하동은 불국토를 이루고 화장세계를 제현 하였다. 지금도 칠불 주변에 화현했던 문수동자를 상징하며 돌로 만든 동자상이 세워져 있다.

생을 포기했던 법사 이야기

한국불교에 정운모 포교사라는 분이 계셨다. 어느 날 그는 갑자기 음식을 먹을 수 없는 병에 걸렸다. 물만 먹어도 온몸이 부어오르고 서 있거나 앉아 있지도 못하고 누워 있을 수도 없어 도저히 잠을 잘 수가 없었다. 그는 매일 뜬 눈으로 불면증에 휩싸였다.

의사의 진단은 간경화증이었다. 그는 값비싼 외제약은 물론이고 온갖 치료는 다 받았지만 병세는 악화될 뿐, 의사들도 불치병이라고 손을 놓은 상태여서 그는 생사(生死)의 갈림길에 서게 되었다.

그는 '이래 죽으나 저래 죽으나 마찬가지이니 불교수행에 몰두해 보자'는 생각에서 다니던 직장을 그만 두고 오직 염불에만 매달렸다. 설령 죽는다 해도 내생에는 도움이 좀 되겠지 하는 생각이 들었기 때문이었다.

그리하여 그는 어느 선지식의 지도를 받아 참선을 하고 불경(佛

經)을 깊이 탐독하기 시작하였다. 그가 깨달은 것은 '인간은 영원한 생명체'라는 것이었다. 예전에 불교서적을 많이 읽었기 때문에 상식적으로는 불교를 알고 있었지만 실천하진 못하고 있었다. 사람이 생명의 위협을 받으면 오히려 근본으로 돌아가기 쉬운 탓인지 부처님 말씀이 예전과는 달리 자신에게 절실하게 사무쳐 왔다.

"그래 이 허망한 현상계에 매달리지 말자. 오늘 죽어도 좋고 내일 죽어도 좋다. 다만 부처님께 가까이 가자. 죽는 순간까지도 오직 정진(精進)하는 것만이 내가 할 일이다."

그는 그 순간 모든 공포심을 버리고 마음을 고쳐먹었다. 갑자기 마음이 아주 편안해졌다. 문병 온 사람들이 이구동성으로 몸은 비록 환자이나 얼굴은 죽을 상이 아니라고 말할 정도였다. 일말의 희망과 자신감을 얻은 그는 약도 완전히 끊어버리고 오직 참선에만 몰두하기 시작했다.

'의사가 병 못 고치고 약이 사람을 못 살린다.'

그렇다. 그는 오직 부처님께만 의지하겠다는 생각으로 하루 종일 자기에게 잠재되어 있는 불성이란 무한능력이 나타나게끔 정신을 집중하여 오직 참선공부에 들어갔다.

심지어 그는 시간조차 잊고 열심히 참선을 하였더니 병세가 호전되어 가고 있는 것을 분명히 알 수 있었다. 이 개월이 지났다. 현대의학이 불치병이라 선고했던 병은 씻은 듯이 사라지고 그는 다시 직장에도 복귀할 수 있었다. 참으로 신기한 일이었다. 부처님의 은혜로 다시 살아난 그는 일생을 부처님께 바치고자 발원하고 정년 퇴직 후에는 질병에 시달리는 사람들을 지도하는 일을 계속 해나 갔다. 여러 사람들이 그와 만나 부처님의 공덕으로 암 등의 불치병을 고칠 수가 있었다고 한다.

그러던 중 명륜동에 사는 80세 되는 한경임이라는 보살을 만났다. 그분도 어려서부터 몸이 허약하였는데 정법사를 만났던 것이다. 몸이 많이 부어 있었고 얼굴에는 병색이 역력하였다.

심장과 자궁이 안 좋았고 앉아 있기도 힘들 정도로 몸이 자유롭지 못했다. 치료는 할 만큼 해보았으나 이젠 신앙을 통해 치료해 보는 길 밖에 없다는 일말의 기대를 가지고 그를 찾아왔던 것이다. 보살은 불교공부에 들어가 부처님 위대한 설법인 삼법인을 알게 되었다.

'흐르는 물은 썩지 않고 살아 움직이며 변화하는 것들은 어떤 고정된 실체가 없음으로 무아인데 서로 간에 대립할 현상적 모양이 없고 상호작용함으로써 조화를 이루게 된다. 대생명의 입장에서 보면 서로가 조화를 이루고 사는 것이다. 또한 열반적정은 안정이다. 우주의 참모습은 평온한 것이다. 아무리 겉의 파도가 요란스러워도 바다 밑은 늘 고요하듯 내 참모습은 언제나 여여한 것이다. 그러한 삼법인이 우리의 참모습이다. 언제나 생생하게 살아 움직이면서도 남과 조화를 이루며 사는 것이 본래의 모습이다.'

보살은 선교(禪敎)를 잘 아는 사람이 볼 때는 빤한 내용이겠지만 삼법인을 통하여 대승불교가 제시한 우리생명의 상락아정의 당체를 볼 수 있었다고 한다.

보살은 며칠 안 되어 격렬한 반응이 오더니 얼마 후에 감기도 안 걸리는 건강한 삶을 살게끔 되었다고 한다. 그러나 이 역시 별다른 것은 아니었다. 현대 심리학에서도 잠재의식은 병을 만드는 힘은 물론, 병을 고치는 힘도 있다는 학설을 제시하고 있다.

실제로 그림을 이용하여 병을 고칠 수도 있다고 한다. 사람이 성공한다는 생각을 계속 가지면 현실도 그렇게 된다는 실증을 보여주고 있었던 것이다. 물론 정신분석학적 측면에서 보면 잠재의식이란 불교의 제 7식에 지나지 않는 것이지만 여하튼 질병에 대한 공포심을 버리고 질병 따위에 침과 약발을 받을 수 없는 존재임을 믿고 오직 부처님 성품만을 생각하고 인정하면 병은 사라지게 마련이라는 것이다.

밝은 것만 보는 자에겐 어두움이 올 수 없다. 부처님 말씀대로 우리 생명은 햇빛보다 밝음으로 어두움은 원래 없는 것이다. 다만 우리가 헛된 망상을 하고 있음을 나타내는 감정기계 역할을 할 뿐인 것이다. 그러므로 어두움에 끄달리지 말고 현상을 포기하면 밝은 참모습이 현전(現前)하게 된다는 것을 정운모 법사는 깨달았던 것이다.

고정스님과 경산사

경산사 고정(古鼎)스님은 태어날 때부터 난장이에 입술은 위로 뒤집혀 있어 이와 잇몸이 드러나 보이고 목소리는 맑지 못하고 피부는 늘 거칠고 메말랐다.

어느 관상쟁이가 그의 얼굴을 보고 이렇게 말하기도 했다.

"네 가지 천한 모습이 난장이의 몸에 모여 있으니 이 사람 일생은 말하지 않아도 알 만하다."

스님은 이 말을 계기로 마음에 맹세한 후 관음보살님에게 매일 기도를 드렸는데 낮에는 관음보살의 이름을 헤아릴 수 없이 외우고 밤에는 보살 앞에 몇 천 배를 올리면서 이십 년 동안을 이렇게 수행하였다.

어느 날 갑자기 천한 모습이 복스러운 모습으로 바뀌어, 입술은 펴지고 이는 보이지 않았으며 목소리는 부드럽고 피부는 윤택하게 되었다. 그 후 지난날의 관상가를 또다시 만났더니 축하하였다.

"스님의 이제 모습은 옛 모습이 아닙니다. 더구나 벼슬할 수 있는 주름이 생겨났으니, 머지않아 높은 자리에 올라 선풍을 크게 떨칠 것입니다."

그 해에 융교사의 주지가 되어 세상에 나갔으며 다시 융교사에서 보타사로 옮겨갔고 보타사에서 또다시 증축 경산사의 주지로 승진되어 오 년이 채 안 되는 사이에 세 차례나 주지를 옮겼고, 경산사에서 십이 년 간 주석하다가 칠십구 세에 입적하였다.

스님의 수행과 기도의 효험은 복과 수명을 더하였을 뿐만 아니라 그의 모습마저도 변화시킬 수 있었다. 마치 남의 집 창고에 물건을 맡겨 두었다가 찾아오듯 쉽사리 이런 일을 해내 우리처럼 게으른 자를 격려했다고 할 만하다.

반야심경으로 암을 치료한 거사

현상계의 변화는 물거품 같은 것이어서 죽었다가 다시 살아나고 살았다가 별안간 죽는다고 하여도 하등 이상할 것이 전혀 없다. 우리들이 본래면목을 잃었을 때 나타나는 현상계의 모양이 불행, 질병 등이다.

불행이라는 것은 본래부터 존재하기 때문에 이것이 나타나는 것은 이상한 일은 아니다. 오히려 사람은 그것을 통해서 생명본연의 제자리로 돌아가는 계기를 마련하는 역할을 하기도 한다.

종교에 대해 전혀 관심 없이 지내던 사람이 질병을 계기로 독실한 신앙인이 되는 경우가 많은 것도 바로 이러한 이유 때문이다. 사람이 본래의 자리를 잃었을 때 나타나는 현상계의 변화가 많지만 이것들 중에 우리가 가장 빨리 느끼는 것은 건강문제이다.

한서교통 이사 조영하 거사님과 아주 인연이 깊은 어느 중년 부인이 삼십 년 전에 유방암에 걸려 한쪽 가슴을 제거하는 수술을 받았다. 그리하여 허약하게 지내오다가 이 년 전 가을에는 늑막염에 걸리게 되었다. 마침내 더 이상 손을 쓸 수가 없을 정도로 병세는 악화되었다.

조영하 거사는 그 소식을 듣고 마냥 걱정을 하면서도 형편이 못 되어 전전긍긍하고 있을 때 전혀 가망이 없어 병원에서 퇴원을 했다는 말을 듣고 동생을 찾아보게 되었다. 그녀는 암이 전신으로 퍼질 만큼 악화되어 있었다. 피골이 상접한 채 초췌하게 누워있는 모습을 보고 가슴을 에어내는 듯한 슬픔이 밀려왔다.

집안 식구들은 물론이거니와 주변 사람들도 모두 포기한 상태여서 그녀는 죽을 날만 기다리고 있었다. 차마 눈으로는 볼 수 없었다. 그렇다고 마냥 그저 있을 수도 없고 해서 하룻밤만 묵고 올라오려 하였으나 영 마음이 불안하여 견딜 수가 없었다. 지금 헤어지면 영영 이별할 것 같은 불길한 예감이 머리를 스치고 지나갔던 것이다.

환자는 태연하려고 무척 애를 썼다. 그런 그때 조거사는 문득 그녀에게 『반야심경』을 읽으라고 권해야겠다는 생각이 들었다. 어쩌면 병이 나을 것 같은 희망적인 생각이 떠올랐던 것이다. 그리하여 저녁을 먹은 후 마주앉은 자리에서 조거사가 그녀에게 말하였다.

"사람이 죽어도 좋은 거고 살아도 좋은 거니 너도 걱정 뚝 끊어 버리고 반야심경이나 외워 보아라. 부처님이 어찌 우리를 속이겠느냐.”

“하지만 아프고 꼼짝 못할 정도로 죽겠는데 어떻게 합니까. 이 세상 부귀영화가 부러운 것이 아니라 젊은 나이에 죽을 것을 생각하니 억울해서 그래요.”

그녀는 살고 싶다고 호소하였다. 사람이 죽음에 임박하여 죽지 않으려고 기를 쓰는 필사적인 노력은 이루 헤아릴 수가 없다. 그녀는 일말의 희망을 가지고 죽기 싫어 혹시나 하고 틈틈이 『반야심경』을 외웠다. 많이 아플 때엔 밤새도록 경을 외우며 시간을 보내기도 하였다. 그럴수록 그녀에게 위로가 되었다.

조거사는 그녀에게 말했다.

“이 경을 계속 외우면 내생의 고생을 덜게 될 것이다.”

그녀가 말했다.

“하지만 뜻도 모르고 외우니까 답답하여 견딜 수가 없네요. 뜻을 풀이해 주세요.”

조거사는 밤새도록 반야심경을 강의하여 주었더니 다음날 그녀는 오히려 그를 위로하였다.

“뜻을 알고 나니 이젠 죽는 것도 두렵지 않네요.”

그녀의 눈에 눈물이 맺혔다. 백척간두에 진일보하는 이야기를 꽤 받아들이는 눈치였다. 그는 병문안을 마치고 그나마 가벼운 마음으로 상경하게 되었다.

서울에 올라온 그는 7년 동안 법우들에게 강의해 온 여러 가지 설법과 반야심경을 강의해온 녹음된 테이프를 그녀에게 보내주었다. 그 뒤 한 달쯤 있다가 그녀가 오빠를 무척보고 싶어 한다는 소식을 듣고 그는 모든 약속을 취소하고 즉시 내려갔다.

그런데 저녁에 도착했을 때 마중 나온 사람 중에 그녀가 끼어 있어 놀라지 않을 수 없었다. 사실 주사기로 계속 물을 뽑아 왔는데 십여 일 전부터는 물을 뽑지 않고도 견뎌오고 있다는 것이었다.

그와 그녀는 마주앉아 반야심경이야기를 하며 시간을 보냈다. 그녀는 반야심경 읽기를 하루도 빼놓지 않고 계속해왔다고 했다. 그러나 모르는 것이 하도 많아서 해설을 들어야만 답답한 마음이 풀리겠노라고 하였다. 조거사는 그녀에게 아주 긴 당부를 했다.

"그래, 없는 것 뒤에 정말 우리의 참모습을 보는 수행을 하자. 입으로만 반야심경을 외우지 말고 그 뜻을 알고 체득하라. 우리의 참된 모습은 경의 말씀대로 불생불멸하며 영원히 사는 생명체인 것이다.

또한 있는 것은 불성(佛性)뿐이며 원래 우리에게 병이란 없는 것이다. 오직 건강, 행복, 조화, 번영만 있다. 그런데 자신이 본래 지닌 부처님의 완전 원만한 생명력을 모르기 때문에 병이 나타난 것이다. 오히려 이 병은 너에게 참뜻을 알기 위한 계기를 마련해 준 것이며 결코 두려워 할 만큼 힘센 존재는 아니다. 오직 네가 지닌 찬란한 부처님의 광명과 위대한 힘만을 보아라. 마하반야바리밀이라는 참뜻은 이미 다 갖추어져 있다는 말이다. 너는 아득한 옛날부터 이미 부처인 것이다. 이 가르침을 확고히 믿어야 한다. 오직 부처만 볼 뿐이며 부족하고 못난 것을 인정치 말아라.

시어머니가 밥을 차려주는 것도 미안해하지 말라. 우린 모두 서로를 돕는 보살인 것이다. 일체유심조의 원리대로 부처만 인정하면 그러한 세계가 너에게 전개되기 마련이다. 이제까지 형식적으로 불교를 믿었지만 지금부터는 불교의 진리를 직접 체험토록 하여라. 기왕 이렇게 된 바에야 죽기를 각오하고 정진하라."

그녀는 자리에서 일어나 한 발짝씩 걸음을 옮기고 몸을 움직이더니 다음날 아침에는 그의 세숫물까지 떠다 주었다. 밤새 반야심경을 독송하며 수행을 하였건만 얼굴은 아주 편안해 보였다.

그는 상경할 때 아주 홀가분한 심정으로 돌아왔다. 그녀는 죽다가 살아났다. 그런 덕분인지 그녀는 지금도 일심으로 정진하고 있다. 그리고 설령 세련이 다해 어느 때 죽는다 해도 여한은 없으리라고 다짐하며 살고 있다. 오히려 병 덕분에 그녀는 부처님의 가피력을 체험할 수 있어 행복하다고 말하고 있다.

징관스님의 무애

옛날 지리산 선운사(禪雲寺)의 설파스님은 희성스님의 제자로 19세에 출가, 내외경전에 다 통달하였는데 특히 『화엄경』 공부를 많이 하셨다. 스님은 평소 오랫동안 옷을 입고 있어도 때가 잘 묻지 않아 사람들은 스님을 '화엄이구보살(華嚴離垢菩薩)'이라 하였다. 하루는 길을 떠나 주막에 머물게 되었는데, 웬 총각이 찾아와 주모에게 부탁하였다.

"배가 고프니 우선 술과 돼지고기를 조금 주시오."

총각이 술과 고기를 먹더니 저녁식사를 한 후 담배를 열 대나 넘게 피우고서는 방에 들어가 앉았다. 스님은 이 광경을 보고 측은한 생각이 들어 혼자서 중얼거렸다.

'이 세상에 참으로 불쌍한 사람이 많구나.' 그 총각은 밤이 깊이 지자 잠을 자다가 일어나더니 갑자기 『화엄경』을 한 자도 빠짐없이 외웠다.

설파스님은 놀라 일어나 그 총각이 유숙하는 방문 앞에 가서 절하고 말하였다.

"소승이 너무 우매하여 보살님을 알아 뵙지 못했습니다."

총각은 그저 말없이 경만 읽더니 온 방안에 광명이 꽉 차자 그만 나가려 하였다.

"원컨대 성호를 알고자 합니다."

"중원 청원산 대화엄사에 사는 징관(澄觀)입니다."

돌아보니 간 곳이 없었다. 그래서 설파스님은 주모에게 물었다.

"지금 그 분이 종종 오십니까?"

"3~4개월 만에 한 번씩 왔다 갑니다."

설파스님은 자기의 수행이 터무니없이 부족한 것을 느끼고 열심히 공부하여 더욱 훌륭한 스승이 되었다.

기도로써 곱사등을 고친 사람

충남 공주에서 미곡상을 하는 임선달(林先達)이라는 사람이 있었다. 그에게는 수동(壽童)이라는 아들이 있었는데 어릴 때부터 척추병을 앓더니 안팎곱사등이 되고 말았다. 임씨는 이러한 아들을 위해 좋다는 약은 다 써 보았으나 백약이 무효였다. 임씨는 아들을 볼 때마다 가슴이 매우 아팠다. 부모는 부모려니와 당자의 고통은 더 말할 나위도 없었다. 외척 되는 지월(指月)스님이 어느 날 공주에 왔다가 수동이에게 지성으로 기도를 해보라고 말을 건넸다.

"아버지께서 허락만 하여 주신다면 무슨 일이라도 해보겠어요. 안팎곱사등이어서 난장이를 면하지 못하고 있으니 병신의 신세로 살아가면 무슨 즐거움이 있겠습니까."

수동은 눈물을 흘렸다. 지월스님은 보기가 딱해서 임선달에게 권유하여 삼십 일 간 기도하여 주시기로 하고 차비를 준비한 뒤에 수동이를 데리고 화계사 뒤 삼성암(三聖庵)으로 올라가서 기도법사는 지월스님이 하고 수동이는 간절한 마음으로 나반존자만 부르며 독성님께 열심히 기도를 하기 시작했다. 삼성암은 옛날부터 기도처로서 유명하여 기도손님이 끊이지를 않는 곳이었다. 여러 사람들은 불구자인 병신을 데리고 와서 기도하는 지월스님을 보고 깔깔 웃고 혀를 차며 조롱을 했다. "스님도 염체가 없소. 이만저만한 병도 아니고 이십 년이나 되었다는 불구자를 데리고 와서 고쳐달라고 하니 그게 될 말입니까" 그러나 지월스님은 굳건히 오십 일 동안 목탁이 부서지도록 '나반존자'만을 불러댔다. 지월스님은 당시 염불소리가 좋기로 유명하여 기도를 하러온 많은 사람들이 지월스님의 염불에 도취되어 무어라 말을 하는 사람이 없었다. 수동이는 기도 회향 날에 그대로 정근을 하다 잠이 깜박 와서 엎드려 졸았다. 비몽사몽 간에 어떤 동승이 나타나 어디론가 가자고 했다. 그래서 따라갔더니 기암괴석이 널려 있고 이름 모를 화초가 만발한 선경(仙境)인데 그곳에는 백발노승이 앉아 있었다. 노승은 수동이를 보고 말했다. "거기 앉아라. 너의 신체가 그렇게 불편하니 가엾구나" 노승은 장삼소매 속에서 금침과 은침을 꺼내더니 금침으로는 수동의 앞가슴을 찌르고 은침으로는 등뼈를 찔렀다. 그러고는 이렇게 말하였다.

"앞으로 한 달만 지나면 완쾌될 것이니 속히 집으로 가도록 하여라."

수동이는 꿈속의 일이지만 어찌나 고마운지 인사를 했다.

"노스님! 감사합니다. 이 은혜를 무엇으로 갚겠습니까."

수동이는 절을 하고 나오다가 깨고 보니 꿈이었다. 수동이는 꿈을 꾼 뒤로 삼성암에서 한 달 더 기도를 했다. 매일 같이 눈에 띌 정도로 몸이 자유로워지면서 나아지더니 한 달 뒤에는 외과병원에서 수술을 받은 것 이상으로 몸이 펴졌다. 곱사등이 펴져서 키도 날씬하게 커지고 뚱뚱하게 부은 것 같던 앞가슴도 홀쭉하게 들어갔다. 심지어 언제 곱사였던가 싶게 성한 사람이 되었다. 지월스님께 조롱하던 사람들도 머리를 갸웃거렸다.

"이건 참 성현의 영험이요, 기적입니다. 두통이나 가슴앓이나 체증 같은 내과의 병이라면 모르지만 안팎꼽추가 펴져서 나아버린다는 것은 고금에 없는 기적입니다."

모두들 성현의 일이라도 이럴 수가 있나 하고 감탄했다. 수동이는 몸만 병신이었지 얼굴은 잘 생겼는지라 병이 낫고 보니 아주 미남이었다.이때 삼성암으로 기도 왔던 신도들은 누구도 놀라지 않는 사람이 없었다. 그의 아버지인 임선달도 아들을 데리러와서 보고 기쁨을 감추지 못하였다. 이런 소문이 인근 동네에 퍼져서 삼성암에서 나올 때는 구경꾼이 수없이 모여들어 수동이를 보고 모두 감탄을 하였다. 수동이는 그 길로 결혼하여 행복하게 잘 살았다고 한다.

노국공주의 기도

홍건적의 침입으로 송도를 빼앗긴 고려 공민왕은 피난길에 올랐다. 왕비 노국공주는 물론 조정의 육조 대신들과 함께 남으로 내려오던 공민왕 일행이 충청북도 영동군 양산면을 지날 때였다. "딩~잉" 어디선가 아름다운 범종소리가 울려 왔다. 신심이 돈독한 왕은 행차를 멈추게 하고 말에서 내렸다. 해질녘 인적 드문 계곡에 메아리치는 범종소리는 마음이 착잡한 공민왕을 더욱 숙연하게 했다.

"오! 참으로 성스러운 종소리로구나. 어디서 울리는 소리인지 알아보도록 해라."

"저 종소리는 아마 인근에 위치한 국청사에서 울려오는 소리인듯하옵니다."

"국청사란 어떤 절인고?"

"일찍이 신라 진평왕 30년 원광법사가 창건한 의천 대각국사께서 천태교를 개설하고 일승법을 설파한 절입니다."

공민왕은 문득 대각국사가 주석했던 국청사에 가서 위기에 처한 나라의 안녕과 백성들의 평안을 기도하고 싶었다.

"짐은 이 길로 국청사에 들어가 기도를 올릴 것이니 행선지를 돌리시오."

"국청사가 있는 마니산 쪽으로 가려면 큰 강을 건너야 하는데 가마를 메고 강을 건너기는 어렵습니다."

"내 꼭 저 종소리가 울리는 절에서 기도하고 싶은데 좋은 방법이 없겠느냐?"

"전하의 뜻이 정 그러시다면 강의 양쪽에 누대를 짓고 밧줄로 임시 다리를 놓도록 하겠습니다."

대신들은 신하들을 시켜 곧 칡넝쿨과 가죽을 섞어 튼튼한 밧줄을 꼬게 했다. 양쪽강가를 이은 밧줄다리가 놓아지자 임금이 탄 가마를 밧줄에 매단 다음 가마를 끌어당겨 임금은 무사히 강을 건넜다. 이 일로 인하여 누대를 높이 세우고 다리를 놓았다 하여 지금도 이 강마을을 누교리라고 부르며 또 육조대신이 쉬었다 하여 육조동이라 부른다. 국청사에 도착한 왕은 옥새를 왕비에게 주었다. 그 봉우리는 경사가 심해 누구나 쉽게 올라갈 수 없었다. 그러나 왕비를 몹시도 사랑했던 공민왕은 하루도 왕비를 안 보고는 지낼 수가 없었다. 궁리 끝에 왕은 소가죽을 이용하여 망탑봉과 왕비가 있는 봉우리를 왕래할 수 있도록 다리를 놓게 했다. 공민왕은 왕비가 보고플 때면 언제든지 가서 만날 수 있도록 해놓은 후 육조 대신들과 함께 백일기도에 들어갔다. 왕비도 처소에서 기도입재를 하고는 나라의 안녕을 간곡히 기원했다.

"대자대비하신 부처님이시여! 부처님의 크신 가피력으로 북쪽의 오랑캐를 물리치시어 이 나라 백성들이 평안케 하여 주옵소서. 나무 관세음보살."

공민왕도 왕비도 육조 대신 그리고 신하들까지 모두 한결같은 마음으로 기도를 올렸다. 왕은 왕비가 잘 있는지 궁금할 때면 왕비의 처소를 찾았는데 간곡히 기도하는 왕비의 모습에 감탄하곤 했다.

"마마, 이 곳 걱정은 하지 않으셔도 되오니 너무 심려치 마옵시고 기도에만 충실하옵소서."

"고맙소. 잘 지낼 줄 알면서도 과인의 마음이 놓이질 않아 이렇게 눈으로 확인하고 가야만 기도가 잘 되는 걸 어찌하겠소. 내 오늘부터 기도가 끝날 때까지 왕비의 말씀대로 해보리다."

백일기도가 끝나는 밤 왕비의 꿈에 대각국사가 나타났다.

"중전마마의 극진하신 기도에 부처님께서 감동하시어 오랑캐를 물리쳐 주시겠다는 수기를 내리셨습니다. 대왕마마와 중전마마께서는 북쪽 오랑캐가 쳐들어온 곳을 바라보시면서 염주를 한 알씩 돌려주십시오."

붉은 가사를 입은 대각국사는 큰 단주를 굴리며 지긋하게 눈을 감은 채 정중히 아뢰고는 왕비의 손에 염주를 들려줬다. 왕비는 손에 들려 있는 염주를 돌리면서 북쪽을 바라보았다. 아, 그랬더니. 이게 웬일인가 마치 콩알이 손톱에서 튕겨나가듯 염주를 돌릴 때마다 홍건적이 한 놈씩 한 놈씩 북쪽의 구름 속으로 튕겨 들어가는 것이 아닌가. 왕비는 너무 기뻐서 꿈속에서 열심히 염주를 돌리며 북쪽을 바라보았다. 어느덧 홍건적이 다 물러가고 기쁨을 감추지 못해 왕의 손목을 잡는 순간 왕비는 꿈에서 깨었다. 기도를 마친 왕은 회향식이 끝나자마자 왕비에게 달려갔다. 왕비는 간밤 꿈 이야기를 왕에게 했다. 이야기를 다 들은 왕은 기뻐하면서 말했다.

"중전, 참으로 고마운 일이구려. 틀림없이 부처님께서 이 나라를 지켜주실 징조가 아니고 무엇이겠소."

그 길로 공민왕은 정세운을 총지휘관으로 삼고 홍건적을 토벌하라고 명을 내렸다. 홍건적은 그때 개경을 포위하고는 눈이 많이 와서 더 이상 쳐들어오지 못하고 방비가 해이해져 있었다.

"적병들의 방비태세가 아주 허술한 상태입니다."

"음, 수고했다!"

적의 형세를 염탐한 정세운은 그날 새벽 사방에서 일제히 적을 공격하는 작전으로 홍건적을 물리쳤다. 고려의 군사력을 얕본 홍건적들은 잠자리에서 옷도 제대로 입지 못한 채 도망치다 대부분 얼어 죽어 압록강을 제대로 건넌 적병은 불과 몇 명 되지 않았다. 난이 평정됐다는 소식을 들은 공민왕은 한없이 부처님께 감사드렸다. 왕비를 대동하고 다시 환궁을 서두르던 왕은 국청사 부처님 가

피로 나라가 위기에서 벗어나게 되었다고 하여 절 이름을 국청사에서 '영국사'로 바꾸도록 하고는 친히 편액을 써서 내렸다. 그 후 왕비가 거처하던 봉우리는 옥새를 무사히 보관한 곳이라 하여 옥새봉이라 불리우고 있다.

앉은뱅이가 걷고
장님의 눈을 뜨게 한 불심

고려 제7대 목종 때 일이다. 강원도 철원 보개산 심원사라는 절에서는 큰 대종불사를 하고 있었다. 스님들은 경향 각지로 다니면서 시주를 받고 있었는데 각 고을의 부인네들은 돈뿐만 아니라 쌀과 깨어진 가마솥과 주발대접, 부러진 젓가락 등을 찾아내서 열심히 시주하였다. 이때 보개산 밑 대광리에 사는 이덕기라는 장님과 박춘식이라는 앉은뱅이가 있었다.

이들은 어려서부터 죽마고우였는데 덕기는 열병을 앓다가 열이 과해 눈이 멀었고 춘식은 소아마비로 다리가 오그라져 앉은뱅이가 되었다. 그들은 항상 자리에 모이기만 하면 신세 한탄을 하였다.

"무슨 죄가 많아서 우리는 이런 몸을 받았을까?"

"남 못할 일을 많이 했겠지. 금생에 받는 것을 보면 전생의 업을 알 수 있고 금생에 하는 짓을 보면 내생의 업을 알 수 있다 하지 않던가."

"그래, 우리는 전생에 죄가 많아 이 지경이 되었을 거야. 그러니 금생에 좋은 일이나 많이 하세."

두 사람은 서로 위로하고 다짐했다. 그로부터 그들은 남을 못되게 하는 일은 되도록 하지 않고 남을 위해 봉사할 수 있는 훌륭한 사람들이 되어 갔다.

그런데 하루는 어떤 스님이 그들을 보고 불렀다.

"여보시오, 시주님네. 적선공덕 많이 하소. 한 물건 시주하면 만 배가 생기는 일, 부처님 가피로 모든 재앙이 소멸되고 현생에 복을 얻어 수명장수를 이룰 수 있네"

덕기가 이 소리를 들었다.

"스님, 그럼 우리 같이 죄 많은 사람들도 부처님께 정성을 바치고 시주하면 복을 받을 수 있습니까?"

"있구 말구요. 부처님께서는 일체중생을 내 자식과 같이 대하시므로 병신자식 둔 부모가 그 병신을 더욱 불쌍히 여기듯이 부처님도 그와 같은 마음으로 보살펴 주실 것입니다."

"그게 틀림없습니까?"

춘식이가 물었다.

"부처님은 거짓 말씀을 안 하십니다. 사람의 마음이 여리고 희박하여 의심하므로 공을 이루지 못하는 것이지 철석같이 믿고 기도하면 안 되는 것이 없습니다."

덕문대사라고 하는 이 화주승의 말씀을 들은 덕기와 춘식은 눈이 번쩍 뜨이는 것 같고 다리가 곧장 펴지는 것 같았다. 그러나 그들은 가난하여 돈도 없고 쌀도 없고 또 보탤 만한 쇠붙이도 없으니 어떻게 할 것인가. 그들은 궁리에 궁리를 거듭했다.

"우리는 전생에 죄를 짓고 불구자가 된 것도 원통하지만 박복중생이라 오늘날에 시주할 물건 하나가 없으니 슬프지 않는가. 이렇게 앉아서 궁상을 떨 것이 아니라 우리도 저 화주승과 같이 길거리에 나서 시주를 걷도록 하세." 그러나 다리가 오그라져 펴지 못하는 춘식은 낙심했다.

"말은 옳은 말이다만, 너는 앞을 보지 못하고 나는 걸음을 걷지 못하는데 어떻게 그런 일을 할 수 있겠느냐?"

"좋은 방법이 있다. 두 몸이 한 몸이 되면 되지 않겠느냐. 너는 걸음을 걷지 못하여도 눈이 성하고 나는 보지 못하여도 다리가 성하니 내가 너를 업고 다니면 네가 가르쳐 주는 대로 다니면서 화주승과 같이 문전구걸을 하면 곧 시주를 거둘 수 있지 않겠니?"

"정말 그렇구나, 난 참 미련하기도 하지…."

춘식은 스스로 그 머리를 한번 두들겨 대었다. 그리고 그들은 거리로 나섰다. 이렇게 해서 시주 모으기를 3년이 되었다. 방방곡곡을 다니면서 쇠붙이를 모아 화주승에게 바쳤다. 화주승도 감격하여 그들을 더욱 격려하고 감싸주었다. 대종불사는 마침내 이루어지고 절은 중수되어 모년 모월 모일에 중수 회향재와 대종 준공식을 한다는 소식이 들려 왔다. 두 사람은 이 소식을 듣고 평지도 아닌 태산준령을 넘어 보개산 심원사를 찾아가기 시작했다. 연천으로 가자면 계곡을 끼고 가기 때문에 고개가 없지마는 물을 건널 수 없었으므로 대광리에서 바로 태산준령을 넘어 오르기로 하였다.

산에 오르니 재는 가파르고 힘은 모자라 몸에서는 구슬 같은 땀방울이 떨어지고 입에서는 불꽃처럼 달구어진 숨결이 가슴을 쿡쿡 막았다. 그러나 화주승이 가르쳐준 나무불 나무법 나무승 나무대자비대관세음보살을 한없이 부르며 간신히 그 산마루에 올랐다. 그때 춘식이가 외쳤다.

"저기 저 부처님을 보아라."

그리고 그는 덕기를 등허리에서 내려 곧 그 부처님 곁으로 뛰어가려는 듯 몸부림을 쳤다. 순간 자신도 모르게 두 다리가 쭉 펴졌다. 그때 덕기가 "어디, 부처님이 어디 있어…."

두 눈을 부비며 크게 뜨자 두 눈이 죽 찢어지면서 그만 눈이 뜨이고 말았다. 부처님은 오색구름에 싸여 둥실둥실 큰 빛을 그들이 사는 마을에 쏟으며 하늘 높이 올라갔다.

덕기와 춘식이는 날이 밝도록 부처님께 절하며 서로 붙들고 울었다. 그래서 그 뒤부터 그 큰 재를 부처님을 뵌 고개라 하여 '불견령'이라 부르게 되었다고 한다.

보조국사와 천자

16국사 중 제 1세인 불일 보조국사가 운수납자로 행각을 하던 때의 일이다. 어느 날 깊은 산중에서 날이 저물자 스님은 하룻밤 쉬어갈 곳을 찾던 중 산기슭에서 숯 굽는 움막을 발견했다.

"주인계십니까?"

"뉘신지요?"

움막 안의 노인은 스님을 맞게 됨이 영광스러운 듯 내다보지도 않던 종전과는 달리 허리를 구부려 합장하며 정중히 모셨다.

"이런 누추한 곳에 스님을 모시게 되다니 그저 송구스러울 뿐입니다."

노인은 감자를 구워 저녁을 대접하고 스님을 푹 쉬게 했다.

"영감님은 무얼 하시며 사시나요?"

"그저 감자만 심어 연명하면서 숯이나 굽고 산답니다."

한참 신세타령을 늘어놓는 노인에게 스님은 물었다.

"영감님 소원은 무엇입니까?"

"금생에야 무슨 희망이 있겠어요. 다만 내생에 다시 태어난다면 중국의 만승천자가 되고 싶습니다. 어떻게 하면 제 소원이 이뤄질 수 있을까요?"

"선업을 쌓고 열심히 참선을 하시면 됩니다."

스님은 공부하는 방법을 자상하게 일러줬다. 그 뒤 삼십 여 년간 수도에 전념하던 스님은 길상사에 주석하시게 됐는데 당시만 해도 길상사는 이미 퇴락할 대로 퇴락돼 외도들이 절을 점거하고 있었다. 하루는 스님께서 외도들에게 길상사 중창의 뜻을 밝혔으나 외도들은 물러나려 하지 않았다.

"여보게. 우리 오늘은 저 스님이나 곯려 주세."

"그거 재미있겠는데…."

외도들은 절 앞 냇가에 나가 고기를 잡아 한 냄비 끓여 놓고 먹다가는 그 앞을 지나는 스님을 불러 세웠다.

"스님께서 이 고기를 먹고 다시 산고기를 내놓을 수 있다면 우리가 절을 비워 주겠소."

스님은 어치구니가 없었으나 말없이 고기를 다 잡수셨다. 그리고는 물로 가서 토해내니 고기들은 다시 살아 꼬리를 흔들며 떼지어 푸드덕 거렸다. 스님의 도력에 놀란 외도들은 즉시 절을 떠났다.

지금도 송광사 계곡에는 그 고기가 서식하고 있는데 토해낸 고기라 하여 '토어(吐魚)' 또는 '중택이', '중피리'라고 부른다. 그 후 스님은 길상사를 크게 중창하고 절 이름을 수선사라 개칭하는 한편 정혜결사문을 선포하여 납자들을 제접하고 선풍을 드날렸다.

그러던 어느 날 중국 천태산에서 16나한님이 금나라 천자의 공양청장을 받고 스님을 모시러 왔다. 스님은 거리가 너무 멀고 승려 신분으로 왕가에 가는 것은 불가하다며 사양하셨다.

"큰스님께서는 과거의 인연을 생각하시어 눈만 감고 계십시오. 우리가 모시고 갈 것입니다."

꼭 모셔 가야겠다고 작정한 나한님들은 간곡하면서도 강경하게 권했다. 스님이 조용히 눈을 감고 입정에 드니 순식간에 중국 천태산 나한전에 도착했다. 절에서는 막 백일기도를 회향하고 있었다. 법회가 끝난 뒤 대신들은 스님께 아뢰었다.

"천자께서 등창이 났는데 백약이 무효입니다. 이곳 나한님께 백일기도를 올렸더니 나한님들의 신통력으로 스님을 모셔오게 된 것입니다."

순간 스님의 뇌리엔 산중에서 숯 굽던 노인이 떠올랐다. 스님은 천자의 환부를 만지면서 이렇게 생각했다.

"내가 하룻밤 잘 쉬어만 갔지. 그대 등 아픈 것은 몰랐구먼. 이렇게 고생해서야 쓰겠는가. 어서 쾌차하여 일어나게."

천자의 등창은 언제 아팠냐는 듯 씻은 듯 완쾌되었다. 천자는 전생의 인연법을 신기하게 생각하며 스님을 스승으로 모셨다.

"스님, 그냥 가시면 제가 섭섭하여 아니되옵니다."

천자는 사양하는 스님에게 보은의 기회를 청하면서 금란가사와 많은 보물을 공양 올리고는 아들인 세자로 하여금 스님을 시봉하게 했다. 보조스님께서는 중국 세자의 시봉으로 수선사로 돌아오셨다. 보조스님과 함께 온 금나라 세자는 현 송광사가 자리한 조계산 깊숙한 곳에 암자를 짓고 수도에 전념하니 그가 바로 담당국사이다. 담당국사는 그 후 얼마 전까지 효봉, 구산선사가 주석하던 지금의 삼일암에 내려와 영천수를 마시면서 공부하다가 단 3일 만에 견성했다고 한다. 이 때문에 그 방을 '삼일암'이라 명명했고 약수는 '삼일천수'라고 부르고 있다. 지금도 조계산내 암자 중에서 가장 먼 거리에 자리한 천자암 뒷뜰에는 보조국사와 세자가 짚고 와서 꽂아둔 지팡이가 뿌리를 내려 자랐다는 향나무 두 그루인 쌍향수(천연기념물 제 83호)가 전설을 지닌 채 거목으로 서 있다. 천자암은 불일국제선원의 모체라는 설도 있다. 보조국사는 경신년(1210) 3월 우연히 병을 얻었다. 스님은 7일후 열반에 드실 것을 미리 알아 목욕하신 후 27일 아침 법복을 갈아입으시더니 설법전에 나가 대중을 운집시켰다. 법상에 오른 스님은 제자들에게 물었다.

"대중은 일간 자를 남김없이 물어라. 내가 마지막으로 설파하리라."

제자가 물었다.

"옛날 유마가사가 비야에서 병을 보였고 오늘 스님께선 조계에서 병이 나셨으니 같습니까, 틀립니까?"

"너는 같은가 틀린가만 배웠느냐?"

스님은 주장자로 법상을 두 번 치시고는 다시 할을 하시고는 조용히 열반에 들었다.

"천 가지 만 가지가 여기에 있느니라."

문도들은 향화를 공양 올리고 7일 후 다비하니 얼굴이 생시와 같았으며 수염이 자라 있었다. 송광사에서는 매년 음력 3월이면 재를 지내 스스로 목우자라 불렀던 보조국사 종재를 봉행하며 그 유덕과 가르침을 기리고 있다.

경허스님의 코뚜레 없는 소

경허(鏡虛)스님의 성은 송(宋)씨이고 이름은 동욱(東旭)이다. 일곱 살에 수원 청계사 계허스님에게서 출가하고 동학사 만화화상에서 경을 배워 이십삼 세에 동학사 강사가 되었다.

하루는 출가 본사인 청계사에 가기 위해서 길을 떠났다가 도중에서 열병을 얻어 다시 돌아왔다. 스스로 생사에 무력한 자신을 매우 부끄럽게 생각하고 학인들을 해산하게 한 뒤 문을 꼭꼭 걸어 잠그고 밤낮을 가리지 않고 공부에 들어갔다. 그때 마침 시봉하던 사미의 스승이 찾아와 다년 간 참선하여 깨친 바가 있다는 처사와 대화를 하는데 "중이 시주한 것을 먹고 방일하면 죽어 소가 되어도 콧구멍 없는 소가 된다." 하는 말을 듣고 홀연히 깨달았다.

홀문인어무비공(忽聞人語無鼻孔)

돈각삼천시아가(頓覺三天示我家)

유월연암하산로(有月淵岩山下路)

야인무사태평가(野人無事太平歌)

콧구멍 없는 소가 된다는 말을 듣고

갑자기 삼천세계가 내 집임을 알았다.

유월 연암산 내리는 길에

야인은 일 없이 태평가를 부른다.

스님은 어느 날 상좌 한 사람에게 짐을 잔뜩 지게 하고 자신은 법
장 하나만 들고 총총 걸어갔다. 상좌는 한없이 도망쳤다. 안 죽을
만큼 두들겨 맞고 겨우 몸을 일으켜 상좌를 따라가니 상좌는 이미
시오 리도 넘어 되는 길을 가서 쉬고 있었다.

"스님, 아프지 않습니까?"

"이놈, 남의 색시 입 맞추고 그만큼도 안 맞겠느냐. 그래 너는 지
금도 무거우냐?"

두 스님은 서로 쳐다보고 껄껄대고 웃었다.

오씨부인의 기도와 이공의 효도

우리나라 남단에 자리 잡고 있는 진도는 사방이 바다로 둘러 싸여 있는 적막한 섬으로서 옛날에는 주로 유배지였다. 특히 조선시대 선조 때는 동·서 간의 당쟁이 매우 심해 모함을 받아 유능한 사람이 몰락하거나 혹은 유배를 당해 이곳 진도로 보내지곤 하였다. 이응(李應) 또한 좌천되어 진도군수로 명을 받았다. 그는 생각하되 관직을 박탈당하고 귀향을 가는 것보다는 스스로 낫다고 위안하였다. 그는 이곳의 백성들에게 많은 도움을 주려고 애를 썼다.

어느 날, 진도는 거센 태풍이 불어서 많은 가옥이 파괴되고 전답들은 침수가 되어 피해가 막심하였으며 특히 해안의 배들이 많이 소실되거나 부서졌다. 이응은 피해조사도 할 겸 백성들을 위로하기 위해 포구로 나갔다. 마침 일본 배 한 척이 풍랑에 밀려서 표류하다가 진도에 닿게 되었다. 아전들은 그들을 포박하여 옥에 가두고 재물마저 빼앗으려고 하였다. 이를 본 군수 이응은 그들을 보고 꾸짖었다.

"산 짐승도 난을 만나서 민가의 집안으로 들어오면 해치지 않고 잘 보호하였다가 살려 보내주거늘 하물며 사람을 이렇게 대접할 수 있느냐. 비록 왜인일지라도 그들이 조난을 당하여 내 나라에 온 사람인데 죄 없는 사람들을 포박하여 옥에 가두고 그들의 재물을 빼앗으려 하는 것은 천부당한 일이다. 옥에 가둔 왜인들을 빨리 풀어주고 정결한 객사에 안내하여 친절하게 영접 위문하고 후하게 식사대접을 하라. 관명을 어기고 너희 마음대로 하면 큰 벌을 주리라."

이응은 왜인들에게 사과를 한 뒤 치료도 해주고 음식물을 제공하는 등 친절하게 대해 주었다. 십여 일이 지난 후 날이 좋아지자 왜인들이 타고 온 배를 수리하고 먹을 양식까지 주어서 후하게 돌려보냈다. 왜인들은 이응에게 고두백배하면서 은혜가 뼈에 사무친다고 하며 고마워하며 그들 나라로 돌아갔다. 그 뒤에 세월이 흘러 이응의 손자인 창해(蒼海)가 제주도 목사가 되어 부임하기 위해 배를 타고 가다가 태풍을 만났다. 이십여 명이 바다에 익사하고 목사 창해와 세 사람만이 살아서 깨진 배의 널빤지를 붙들고 표류하다가 일본 땅인 지마도(志摩島)섬에 닿았다. 지마도에 사는 왜인들은 그들을 포박하여 섬의 도주에게 데리고 갔다. 서로 말이 통하지 않아서 도주는 붓으로 써서 필담으로 목사 창해에게 물었다.

"너희는 어느 나라 사람이냐?"

"우리들은 조선 사람이다."

"어찌하여 이 일본 땅에 왔느냐?"

"우리 네 사람 가운데, 이 분은 이창해란 분으로 제주도 목사로 부임하게 되었는데 도중에 태풍을 만나서 이십여 명의 관속들은 바다에 빠져죽고 겨우 우리들만 천우신조로 살아서 표류하다가 이곳에까지 온 것이다."

"정말이냐? 거짓말을 하면 용서하지 않는다. 너희가 장사꾼이나 해적이 아니냐?"

"절대로 그런 사람이 아니다."

"그렇다면 창해란 사람이 제주도 목사로 가다가 이렇게 조난을 당하였다고 하니 조선국의 양반인 모양이로구나. 네가 양반이라면 몇 해 전에 진도군수로 있던 이응(李應)이란 사람을 아느냐."

"그분은 바로 나의 조부모님이시다."

문초를 하던 도주는 은인을 만난 듯이 반가워하며 결박한 오랏줄을 손수 풀어주고 관아로 안내해 옷을 갈아입히고 차를 권하면서 말하였다.

"그대의 조부 이응이란 분은 나의 은인이다. 우리도 몇 해 전에 항해를 하다가 폭풍을 만나 조선의 진도에까지 표류되어 갔는데 우리가 꼭 죽게 된 것을 그대의 조부를 만났기 때문에 융숭한 대접과 보호를 받다가 식량도 얻고 돌아온 사람이다."

도주는 이렇게 말하고 식구를 대하듯이 친절하게 대해 주는 것은 물론, 날마다 잔치를 베풀고 융숭한 대접을 해주었다. 보름이 지나 서먹서먹함이 사라졌다.

　창해는 조선으로 돌아가려 하여도 쉬운 일이 아니었다. 타고 갈 배도 없을 뿐더러 도주가 선심을 베풀어 배를 마련하여 사공까지 끼어서 태워 보내주기 전에는 어떻게 할 도리가 없는 일이었다. 설사 돌아간다고 하더라도 떳떳한 일이 아니었다. 같이 배를 타고 제주도로 가던 관속들은 모두 죽었는데 목사인 자기만 살아서 돌아갈 면목이 없었다. 그런 가운데 도주가 제안을 했다.

　"이곳은 육지에서 아주 외롭게 떨어진 섬이 되어서 독립된 나라나 다름없고 조정의 지배도 받지 않아 내가 이곳의 왕이나 다름없는 권세를 누리고 사는 곳이오. 네 사람에게 이곳 여자에게 장가를 들게 하여 줄 터이니 나를 보필하여 섬 백성들을 가르치고 지도하여 주시기 바라오."

　창해 일행은 어안이벙벙하였다. 독 속에 든 쥐의 신세라 반대할 말이 없었다. 창해와 세 사람은 도주의 제안을 받아드렸다. 도주에게는 무남독녀로 둔 외딸이 있었는데 미인이었다.창해도 호걸이며 장부인지라 그 여자가 싫지 않아 서로 연모하고 있었다. 어느 날 도주가 말하였다.

　"창해는 나의 사위가 되어 주오. 아들이 하나도 없고 딸 하나만 있소. 저것을 남의 집으로 시집보내고서는 우리 내외가 허전해서 살 수가 없소. 데릴사위를 얻으면 이곳 풍속은 옛날부터 양자란 법이 있어서 사위가 장인의 성을 따르고 아들 대신 자식이 되는 법이니 그리 알고 나의 대를 이어가게 해주시오."

청천벽력이었다. 차라리 바다에서 빠져 죽은 것만 같지 못한 신세였다. 그는 속으로 '내가 왜놈이 되다니, 내가 왜놈이 되다니.' 하고 몇 번이고 뇌까려 보았으나 어찌 할 도리가 없었다. 그런 가운데 도주의 딸 모습이 눈앞에 어른거렸다. 그는 '될 대로 되라' 하고 승낙하였다. 도주는 나를 구명하여 주신 은인이요, 또한 조선으로도 돌아갈 수도 없는 사정이었다. 설사 돌아간다 하더라도 면목이 없는 일이니 모든 일을 인연의 소치로서 생각하고 그는 체념했다. 도주는 그런 그를 받아드렸다.

"참 잘 생각하였소."

날짜를 가려서 결혼식을 거행하였다. 창해는 열두 살 때에 부모가 시키는 대로 나이가 한참 많은 열여덟 살 되는 처녀와 이미 결혼을 한 적이 있었다. 하지만 부부의 정을 모르고 살다가 그만 색시가 병으로 죽는 아픔을 간직하고 있었다.

그런데 도주의 딸은 남편에 대한 예절과 공경을 다하였으므로 부부애도 깊었다. 처음엔 말이 통하지 않아 거북한 점이 많았으나 1년 여에 걸쳐 열심히 배워서 못하는 말이 없었으며 다른 세 사람도 다 장가를 들어 행복하게 살아갔다. 창해는 이(李)라는 성을 고쳐서 도주의 성인 '모찌모도(一持元)라는 성을 따라 '지원창해(持元蒼海)'

라고 했다. 창해는 한 자를 잘해 도민 자제들에게 글을 가르쳤는데 꽤 유능한 서생으로 불렸다. 또한 장인의 일을 거들면서 지마도내의 행정과 치안 등 일체를 맡았다. 몇 해가 지났다. 도주가 이미 나이가 많고 몸이 늙어서 정사를 볼 수가 없게 되어 모든 권한을 창해에게 맡기고 물러났다. 급기야 창해가 도주가 되어 도민들을 다스리게 되었다.

지마도 근처에는 다른 섬도 적지 않게 있었는데 도주끼리 세력 다툼으로 무법천지의 노략질이 자주 일어났다. 창해는 군사를 조련시켜 그들을 평정하였다. 창해와 같이 갔던 세 사람도 역시 그의 부하가 되어 요직을 맡아보며 서로 옛날을 기억하면서 살아갔다.

"도주님, 제주도 목사로 가신 것보다 낫소이다. 목사야 이내 갈리고 마는 거요. 관찰사니 판서니 하는 중앙정부의 요직이란 것은 승차하기가 그리 쉽지 않은 것인데 이 섬의 도주는 만년장군이요, 만년도주가 아니겠습니까. 영토가 적어서 유감이지 제왕이 된 거나 다름이 없습니다."

그들은 서로 치하하며 술잔을 나누는 일도 있었다. 창해가 이 섬의 도주가 되고 영주가 되어서 이웃 섬을 평정하고 선정을 베풀며 삼십 년을 지나는 동안 아들 형제도 매우 컸다. 그 가운데 장자인 의충(義忠)은 뛰어난 맹장이 되었고 더구나 도량이 넓어서 자신의 대를 이을 만했다. 나이가 벌써 예순이 넘었던 것이다. 그가 노경에 이르자 도주의 권한을 의충에게 물려주고 쉬면서 도민자체 교

육에 힘쓰고 오직 고문격으로 섬의 큰일만을 보아주고 있었다.

한편, 고국에서는 창해의 어머니 오씨(吳氏)가 강원도 고성에 살고 있었는데 불교신자로서 관음신앙에 더욱 철저하였다. 그는 아들이 제주도 목사로 떠날 때부터 관세음보살을 염송하거나 대비주(大悲呪)를 외우며 기도하였다. 그런데 풍랑을 만나서 목사일행이 몰사했다는 전갈을 듣고 실신 졸도까지 하였다.

오씨는 '천하 사람이 다 죽어도 내 아들은 죽을 리가 만무하니까 안 죽고 살았거든 돌아오너라.' 하면서 부처님께 축원을 하고 있었다. 뿐만 아니라 해마다 아들이 제주도 목사로 떠나간 날에는 양양 낙산사에 가서 관음보살기도를 드리고 돌아왔다. 그러나 어머니 오씨는 끝내 창해가 돌아오는 것을 보지 못하고 세상을 떠났다. 남양(南陽)이란 동생이 있었는데 그가 조부모와 부모의 상을 다 치르고 농사를 지으면서 고성에서 살았다.

어머니가 유언을 남겼다.

"내가 죽더라도 너의 형 창해를 위해 떠난 날에 반드시 낙산사(洛山寺)에 가서 관음기도를 올려주어라."

남양 역시 부모에 대한 효성이 지극한지라 어머니의 유언을 잊지 않고 1년에 한번씩 형이 떠난 날이면 낙산사로 불공기도를 하러 갔다. 하루는 창해가 지마도 바닷가에서 혼자 배를 타고 낚시질을 하고 있었는데 별안간 바람이 일더니 무서운 파도가 휘몰아쳐 왔다. 창해가 탄 배는 어디론가 떠밀려갔다.

창해는 '이제는 영락없이 죽었구나.'하고 체념했다. 그 순간 어렸을 적에 어머니가 관세음보살을 부르며 염불하던 모습이 눈앞에 나타났다. 그는 '나무관세음보살'을 지극한 마음으로 불렀다.

'제가 바다에서 고기밥이 되더라도 영혼은 극락세계로 인도하시어 온갖 죄를 다 소멸시키고 다시 좋은 세상을 만나서 인간으로 태어나게 하여 주소서.'

그는 어머니와 동생을 보지 못하고 죽는 것이 한이 되었다. 태풍에 밀려 배가 닿은 곳은 강원도 통천(通川)땅의 총석정이었다. 그런데 창해는 의복만 젖었을 뿐 몸에는 아무런 이상이 없었다. 그는 어려선 관동(關東)팔경을 구경한 일이 있었기 때문에 기억이 났다. 창해는 배에서 내려 고국산천을 바라보니 감개무량하였다.

'내가 왜의 땅에서 죽을 줄 알았더니 어찌하여 고국에 돌아왔는가. 이게 꿈인가 생시인가.' 창해는 이렇게 외친 뒤 한참 앉아서 쉬고 있다가 갑자기 어머니 생각이 났다.

'이곳에 왔으니 어머니가 다니시던 낙산사에 가보리라.'

창해는 낙산사를 향해 걸었다. 동생 남양은 낙산사에서 기도를 마치고 집으로 돌아가는 중이었다. 그 순간 두 형제가 만나게 되었다. 그러나 서로 헤어진 지 사십여 년이 되었으니 서로가 알아볼 수 없었다. 남양이 지나치면서 보자하니 의표가 수상한 늙은이로 보였다. 더구나 고화에서 본 일본사람 옷이 분명하였다.

"여보 노인, 당신이 입은 옷이 일본사람 같은데 혹시 일본 땅에서 온 사람이 아니오?"

"나는 비록 일본 옷을 입었지만 조선인이오."

고향에라도 온 사람 같은 표정이었다.

"그렇다면 당신은 뉘시오?"

"나는 40년 전에 제주 목사로 가던 이창해 라는 사람이오."

"아이구, 형님 이게 웬일이십니까."

"당신은 누구인데 나를 형이라고 하오."

"제가 남양이에요. 남양!"

"네가 남양이냐, 청춘 홍안은 간 데 없고 호호백발이 되어 만나니까 서로 마주 보아도 알 수가 없구나."

형제는 서로 껴안고 울었다. 노변에 마주 앉아서 파란만장하고 기구한 지난날의 이야기를 털어놓았다. 창해는 조부모와 부모님이 돌아가셨다는 말을 남양으로부터 듣고 길바닥에 뒹굴면서 땅이 꺼지도록 통곡을 하였다. 그의 슬픔은 쉽게 가라앉지 않았지만 동생 남양을 만난 것도 기적이었다. 관음보살의 가피였다. 남양은 친지의 집을 찾아가서 전후의 경위를 말하고 새 옷을 빌려 형 창해에게 갈아 입혔다. 형제는 해우의 벅찬 기쁨을 안은 채 낙산사를 찾아 관음보살께 감사기도를 올렸다. 한편 그들은 제주도로 갈 때 바다에서 익사한 20여 명의 고혼과 함께 조부모와 부모의 천도기도를 올렸다. 그리하여 이들 형제는 고성(高城)땅에서 함께 살면서 관음보살을 일심으로 염송하면서 여생을 마쳤다. 진도군수 이응(李應)은 해난으로 표류해온 왜인을 구제해주니 그 선업(善業)이 손자 이창해의 선과(善果)로 나타난 것이다. 제주목사로 부임하던 이창해 역시 해난을 당하여 흘러 당도한 곳이 뜻밖에 왜인의 땅이고 또 그곳(志摩島) 도주는 조부 이응에 의해 구제받은 장본인이라는 것과 함께 창해가 이응의 손자라는 것도 확인되었다. 이러하여 마침내 이창해는 그 도주의 딸과 결혼하고 새 도주가 되어 선정을 베풀어 선업을 지었으며 그 후 창해는 배를 탔다가 다시 풍랑을 만나 표류되어 이번에는 고향에 돌아오는 몸이 되었다. 인과응보(因果應報)의 신묘한 현현이라 하겠으니 여기에는 이창해의 어머니 오씨의 한평생을 일심으로 관음을 염송하였던 유연자비(有緣慈悲)의 가피에 의한 것이었다. 자업자득(自業自得)의 이치를 깨우쳐 주는 영험이라 할 것이다.

도안스님의 공부

진(晋)나라 도안(道安)스님은 12세 때 출가하였는데 그는 매우 총명하였으나 화를 자주 내고 성품(性品)이 그다지 좋지 않아 스승이 공부를 시키기는커녕 3년 동안 거친 밭일만 시켰지만 조금도 스승을 원망하지 않고 열심히 밭을 일구었다.

3년이 흘렀다. 어느 날 도안은 스승에게 공부할 경전을 비로소 청했다. 그때 스승은 『변의경(辯意經)』 1권을 주었는데 무려 5천 자나 되었다. 도안은 밭일을 하면서도 쉬는 시간에는 경전을 보고 열심히 공부를 하였다. 저녁에 돌아와 스승에게 다시 다른 경전을 청하자 말씀하셨다.

"어제 준 경전도 다 읽지 못하였을 텐데 어찌 다시 구하느냐?"

"스승님, 다 읽고 외웠습니다."

스승은 도안이 경전을 벌써 다 외웠다고 하니 그를 달리 보았으나 믿진 않았다. 다시 1만 단어나 되는 『성구광명경(成具光明經)』 한 권을 그에게 주었다. 도안은 이를 가지고 처음과 같이 다 외우고 저녁에 다시 그 경전을 돌려 드렸다. 그날 스승은 이상한 생각이 들어 도안에게 그 경을 모두 외우게 했다. 그런데 놀랍게도 한 글 자도 틀리지 않았다. 스승이 이를 보고 비로소 칭찬하였다.

찬탄하노라.
도안스님은 나라의 보물이다.
농사일에 내버려두어도 복종하고 부지런해
그 어떤 원망함도 없었다.
요즈음 제자들은 한 치 잘난 것만 자랑하면서
스승이 조금이라도 소홀히 하면 곧 가버린다.
하물며 거친 밭일을 하겠는가.
더욱 그 일을 오래 하겠는가.
내 어찌 몇 번이고 찬탄하지 않으리.

진나라 법우(法遇)스님은 도안법사(法師)를 스승으로 섬기다가 그 후 강릉 장사사(長沙寺)에 머물러 여러 법전들을 강설(講說)하였는데 배우는 사람들이 4백여 명이나 되었다. 그때 한 스님이 술을 마신 것을 알고 법우스님이 벌을 주었으나 쫓아내진 않았다.

도안법사가 그 사실을 알고서는 대나무 통에 가시나무 회초리를 넣고서 봉하고 법우스님에게 보냈다. 대나무 통을 열자 가시회초리가 보인 순간 법우스님은 "은사스님이 가시회초리를 보낸 것은 바로 술을 마신 나의 제자 때문이다. 내가 가르치고 다스리기를 게을리하여 멀리서 근심해 주시는 은혜를 입었다"고 생각했다.

법우스님은 곧 북을 울려 대중스님들을 모이게 하고 대나무 통을 앞에다 놓고 향을 사르고 멀리 계시는 스승 도안스님께 예배를 올리고 그 자리에서 엎드려 유나에게 가시회초리로 자신을 세 번 때릴 것을 명령했다. 그리고 눈물을 흘리면서 제자를 제대로 다스리지 못한 자신을 책망했다.

이를 보자 경내의 승려나 속인들은 크게 탄복하여 행업(行業)을 가다듬고 찬탄하는 자가 많았다고 한다.

찬탄하노라.
요즘 사람들에게
도안스님의 회초리 상자를 열게 한다면
대무나 통을 부수고 가시회초리 꺾으며
불경한 말을 하지 않은 자 적으리라.
이러한 성스러운 스승과 훌륭한 제자는
천년이 지나도
오히려 두 분도 많다고 여긴다.

3장

기적은 가까운 곳에 있다

해탈화상

해탈(解脫)화상은 수나라 대주(代州)에 살던 형씨(荊氏)이다. 부모님을 일찍 하직하고 오대산 소과사(昭果寺) 지소(志昭)선사에게 가서 출세간의 도를 배우고 있었다. 지소선사는 해탈을 유망하게 여겨서 하루는 대중에게 말하였다.

"해탈은 참선하는 공부가 투철하여 너희들은 미칠 수 없으니, 예사 대중과 같이 일을 시키지 말라."

해탈은 얼마 후 소과사로 돌아와서 낮에는 대승경전을 읽고 밤에는 참선공부에 열중하였다. 한번은 동대(東臺)에 갔다가 풀옷을 걸친 비구가 반석 위에 가부좌를 틀고 앉아 있는 것을 보고 앞에 나아가 절을 하고 여쭈었다.

"문수보살을 뵈려 하오니 그 길을 가르쳐 주소서."

비구는 금련화가 핀 곳을 가리켰다. 그러나 해탈이 머리를 돌린 사이 그 비구는 눈앞에서 사라져 버렸다. 해탈은 반석 곁에서 문수보살을 부르짖고 사모하면서 밤낮으로 예배하며 부지런히 정진하였다. 시간이 지난 뒤에 다시 비구를 보았는데 뚜렷한 광명 속에 반신을 나타내고 말씀하셨다.

"해탈은 제가 하는 것인데, 어찌 다른 사람에게서 구하랴."

비구는 다시 이렇게 말하고는 간 곳이 없었다. 해탈은 그때부터 산란하던 마음이 없어지고 무생법인(無生法忍)을 깨닫게 되어, 큰 법열(法悅)을 얻고는 다음과 같이 서원을 세웠다.

"내가 이 법을 얻었으니 혼자만 기뻐할 것이 아니라, 일체중생과 함께 하리라."

해탈은 발원을 하고 곧 삼매에 들었다. 그 순간 여러 부처님이 몸을 나타내고 게송으로 말씀하셨다. "부처님 적멸(寂滅) 뒤 매우 깊은 법 여러 겁을 수행하여 지금 얻었네. 능히 네가 법안(法眼)을 이제 떴으니 우리들도 너를 따라 기뻐하노라."

해탈은 이 게송을 듣고 다시 물었다.

"부처님 적멸의 법을 어떻게 설명하여야만 남을 제대로 가르칠 수 있겠나이까?"

부처님들은 말씀하셨다.

"방편의 지혜로 등불을 삼아 마음의 경계를 비춰 보라. 진실한 법의 성품을 궁구(窮究)하려면 모든 것은 볼 바가 없느니라."

방거사 이야기

중국의 방거사, 인도의 유마거사, 한국의 부설거사는 3대 불교 거사로 불린다. 방거사는 은봉화상과 같은 시대 사람으로 청원(清原) 문하의 석두희천(石頭希遷)화상과 남악(南嶽) 문하의 마조(馬祖)대사 문하에서 도를 깨친 사람이다. 어느 날, 방거사가 석두희천(石頭希遷)을 찾아가서 물을 긷고 나무를 옮기다가 먼 산을 바라보며 어떤 것이 신통인가 하고 스스로 물었다.

일용사무별(日用事無別) 유오자우해(唯吾自偶諧) 두두비취사(頭頭非取捨) 처처물장괴(處處勿張乖) 주자수위도(朱紫誰謂道) 구산경점애(丘山經點埃) 신통병묘용(神通並妙用) 운수급반시(運水及搬柴)

날마다 분별없이 자기 일에 충실하여 취사심을 일으키지 않고 때와 장소에 임한다. 주홍자색을 누가 도라고 하였는가, 높은 산에는 점애가 끊어졌다. 신통묘용이 별 것이던가. 물 긷고 나무 나르는 것이 그대로 신통이라네.

사람들은 방거사가 읊은 이 글을 두고 '여래선(如來禪)'을 깨달은 도리라고 말하고 있다. 그 뒤로도 방거사는 마조회상에 모인 많은 제자들이 모여 무위를 배우고 난 뒤 선불장에 나아가 급제한 것을 보고 다음과 같은 시를 또 지었다.

시방동취회(十方同聚會) 개개학무위(箇箇學無爲) 차시선불장(此是選佛場) 심공급제귀(心空及第歸)
시방세계 가운데서 같은 뜻을 가진 사람들이 모여 낱낱이 무위를 배우고 있는데 이것이 곧 부처님을 선발하는 곳, 빈 마음만 깨달으면 곧 급제할 것이다.

참으로 간결하고 멋있는 시이다. 방거사는 그 후 과거를 보러 가다가 석두 희천화상과 마조대사를 만나 깊이 생각한 후 세상벼슬을 내팽개쳐 버린 뒤, 가족들과 함께 화롯가에 앉아 고구마를 구워 먹으며 도에 관한 대화를 나누며 살았다.
그 후 방거사는 병석에 있는 아버지가 세상을 뜰 때까지 수발을 들며 산간계곡에 들어가 부인과 딸 그리고 아들, 며느리와 함께 황무지를 개간하며 탈속도인(說俗道人)처럼 살았다. 도를 깨달은 후에는 약산(藥山)스님과 단하(丹霞)스님 등 여러 선사들과 친교를 맺고 뒷날 공안이 될 만한 갖가지 문답거리를 남겼는데 이러한 그의 가족이 남긴 '안빈낙도(安貧樂道)'의 일화들은 많은 재가 수도인들에게 오늘날에도 본(本)이 되고 있다.

이것은 그의 일화이다. 방거사가 말년에 호북 양주 땅 바위굴을 집 삼고 공부할 때의 일이다. 그의 딸 영조(靈祖)에게 심부름을 시켰다.

"애야, 밖에 나가 해를 잘 지켜보고 섰다가 정오가 되거든 애비에게 알려다오."

영조는 아버지 말씀을 듣고 밖에 나가 기다리다가 들어와서 말했다.

"아버지 정오가 되었습니다. 그런데 오늘은 일식(日蝕)을 하는군요."

"그래, 그럼 내가 보고 와야겠구나."

방거사가 밖으로 나가자 딸 영조는 그의 아버지가 앉아 공부하던 장소에서 세상을 그대로 버렸다. 그때 아버지가 돌아와서 보고 말했다.

"이놈 보아라."

자리가 바뀐 것이다. 아버지가 갈 자리에 앉아서 딸이 먼저 가버렸으니 말이다. 영조는 어려서부터 화롯가에 앉아 아버지와 선담(禪談)을 하는 가운데서 이미 선기(禪機)를 체득하고 생사를 자재할 만한 능력을 얻었던 것이다. 방거사는 딸에게 한 방망이 단단히 맞은 셈이었다.

"할 수 없군. 나보다 솜씨가 빠르니 나는 일주일 더 있다가 가야겠구나."

방거사는 딸의 시신을 거두어 다비하고 난 뒤 일주일이 되는 날, 마침 그 고을 태수 우적이 그곳을 찾아왔다.

"어서 오시오, 우적거사."

방거사는 우적을 반갑게 맞이하였다.

"참 오랜만이외다. 당신의 모습이 그리웠답니다."

"그럴 것입니다. 허공꽃[空華]의 그림자도 떨어지고 아지랑이의 파도는 물결칩니다."

"오, 그렇소. 그럼 나의 무릎 위에 앉아 편히 누우시오."

우적이 그의 다리를 내뻗었다. 방거사는 편히 그의 무릎을 베고 누워 그의 모습을 물끄러미 바라보았다.

"파도가 쉬면 물결은 저절로 가라앉으리다."

도인과 도인의 도담(道談)이다. 태수가 이렇듯 한마디 하고 나니 벌써 그는 말이 없었다.

"허허. 이 사람 벌써 갔어, 너무 빠르지 않은가."

방거사는 말이 없었다. 태수는 이미 그의 죽음을 알고 온 것이지만 너무도 허망하였다. 태수는 16나한 가운데 제5 낙거라존자의 오도송을 읊으면서 방거사를 치상(致喪)하였다.

곳을 따라 나는 것 모두 길이니 공한 길에 무슨 마음 어디 걸리리. 또렷이 밝고 통한 본래 마음은 안으로도 동요 없고 밖으로도 경계없네. 선정은 달이 되고 지혜의 해가 돌아비치는 그 곳에는 그림자 숨어 보고 찾는 그 곳에 사마(邪魔)가 없으니 번개 같은 세월마저 잊어버리소. 하늘에 비 내리니 땅이 되어서 중생을 살리는 일 그지없어라. 선한 마음 내지 않고 쓰기만 해도 여섯 갈래 헤매다가 쉼이 없네. 그대여 지난 세상 생각해 보라. 부귀와 영화가 모두 꿈이니 그 속에서 생사마저 벗지 못하면 끝없는 일 속에서 어찌 쉬리오. 3독(毒)을 굴려서 3혜(慧)를 이루고 번뇌를 굴려서 보리(菩提) 이루어 한량없는 중생들과 노래 부르라.

방금까지 자신의 무릎에 누워 희롱하던 벗이 화장을 해 놓고 보니 한 줌의 재에 불과했다. 허공에 흩어서 그의 뜻에 보답코자 하였으나 그동안 별거 중이던 아내가 있으므로 그의 유골을 보냈다. 아내 또한 딸과 남편에 지지 않게 풍격(風格)을 갖춘 인물이라 유골을 받고도 조금도 놀라는 기색이 없이 말했다.

"정신 나간 할아범, 어리석은 계집애, 한마디 말도 없이 가버려. 그러나 할 수 있나 용서할 수밖에…."

유골을 전한 태수의 심부름꾼은 너무 기가 막혀 입이 딱 벌어졌다.

부인이 말했다.

"이왕에 오셨으니 우리 아들에게 가서 부음(訃音)을 전해 주시오."

아들 있는 곳을 가르쳐 주었다. 그때 아들은 마침 황무지를 개간하느라고 흙투성이가 되어 있었다.

"아버지와 누이가 돌아가셨습니다."

"아, 그래요. 소식이나 알려 주실 일이지. 그럼, 이제 나도 가야되겠군요."

그대로 괭이를 잡고 서서 가버렸다. 고목나무처럼 말이 없는지라 가서 만져보니 빳빳하게 죽어 있었다.

"거, 참 이상한 일도 다 있구나."

그의 어머니께 이 소식을 전하니 이렇게 말했다.

"거 참, 못난 자식. 가도 분수는 알고 가야지."

시신을 거두어 화장하였다. 그리고 태수는 그때부터 각 고을에 있는 방거사의 친척을 찾아 그동안 소식을 알렸다. 그런데 그로부터 방거사의 아내조차 소식이 없었다. 그녀 또한 육신까지 자취를 남기지 않고 열반에 들었을 것이라는 추측뿐이었다.

『전등록』에는 다음과 같은 기록이 있다.

세상 사람들이 대개 부모 형제가 죽으면 불쌍하다고 울고불고 대성통곡을 한다.

"애고(哀苦) 대고(待苦) 아이고(我以苦)"

그러나 이 울음소리를 들어보면 먼저 떠난 사람을 위해서 우는 사람은 하나도 없다. 모두 제 설움에 불과하기 때문이다.

따지고 보면 '애고(哀苦)'란 '슬프고 괴로워서 어찌 살꼬' 하는 말이고 '대고(待苦)'는 '다가오는 괴로움을 어떻게 이기고 살꼬'이며 '아이고(我以苦)'는 '내가 괴로워서 어찌 살꼬' 하는 말이다. 인생 일대가 고통인 것은 누구나 다 아는 사실이지만 고통스럽다고 떠들어 보았자 별 것 아니다. 살아서도 시끄러운 사람이 죽어서까지 시끄럽게 하고 가면 생 몸을 상처낸 것과 같다. 그러니 이러한 추물을 어찌 처치할까 생각해 보라.

서너 달 흙 속에 파묻혀 벌레투성이가 된 부모 자식들의 시체를 보고 가정의 평화와 자손의 영화를 기원하는 사람 또한 불쌍하지 않다고 할 수 없다. 만약, 자손이 영화를 얻고자 한다면, 떠난 사람의 업적을 기리고 그들이 이 세상에서 다하지 못한 업을 계승하는 일이 최선이다. 그리하면 영원히 그 삶이 허공 가운데 남으리라.

운문 문언스님

운문 문언(雲文 文偃)스님은 절강성 가흥(嘉興) 장씨의 아들이다. 어릴 적에 공왕사 지증(志澄) 율사에 의해 출가(出家)하였으며 구족계를 받고 율부(律部)를 탐구하고 연구했다. 운문스님이 목주(睦州)스님을 처음 참알하는 날이었다. 목주스님이 운문스님이 오는 것을 보고는 문을 닫아버렸다.

운문스님이 문을 두드렸다.

목주스님이 이르데

"누구인고?"

운문스님이 이르데

"모갑입니다."

목주 스님이 이르되

"무엇하러 왔는가."

운문스님이 이르되

"자기의 일을 밝히지 못하여 스님의 지시(指示)를 받고자 함입니다."

목주스님이 문을 열어 한 번 쳐다보고는 또 다시 문을 닫아버렸다.

운문스님은 이와 같이 삼 일간을 연속으로 찾아가 문을 두드렸다. 제 삼일에 이르자 목주스님이 비로소 문을 열었다.

운문스님이 곧 문 안으로 밀고 들어가자 목주스님은 잡아 붙들어 머물게 하고 이렇게 말했다.

"이르되 말하라."

운문스님이 말을 하려 하자 목주스님이 밀어젖히고 이르되

"진나라 때의 도력찬*이로구나."

문을 다시 꽝 하고 닫아버렸다. 운문스님은 그 순간 한 발이 문에 치여 크게 다치고 말았다.

---

* 도력찬: 진시왕이 만리장성을 쌓을 때 돌을 실어다 나르는 수레를 고치는데 쓰는 큰 송곳이 었는데 만리장성 공사가 끝나서 쓸 데가 없는 물건이라는 말이다.

장만복과 법화경

장만복(張萬福)이라는 사람이 정관(貞觀) 연중(627~647년)에 낙주 자사(洛州刺史)가 되었다. 그는 매사에 성품이 매우 거칠고 불성실한 사람이었다. 그는 부임하여 아래 사람들에게 이렇게 물었다.

"관내에 덕행이 높은 중이 있느냐?"

"예, 묘지(妙智)라는 한 여승이 있는데 열심히 수행정진하고 있으며 또 『법화경』을 만들어 날마다 읽고 이를 사람들에게 전하고 있어, 그 법명이 이곳은 물론, 먼 지방에도 자자합니다."

만복은 시험 삼아 사람을 보내서 그 『법화경』을 가져다가 읽어보려고 했다. 그런데 묘지스님은 사군(使君, 자사를 일컬음)이 법을 보호하지 않고, 또 재계(齋戒)하지 않았기 때문에 거절하고 경전을 주지 않았다. 만복은 크게 노하여 다시 사람을 보내 억지로 『법화경』을 요구했다. 스님은 더 거절할 수가 없어서 경을 내어주었다. 만복은『법화경』을 얻기는 했으나 끝내 손도 씻지 않고 경을 펴보았다. 그러나 그것은 모두 누런 종이였고 글자는 한 자도 없었다. 만복은 화가 났다.

"그 요망한 할망구가 이럴 수가 있느냐."

만복은 관졸들에게 명하여 스님을 잡아오라고 했다. 시자가 스님에게 가서 말했다.

"스님, 큰일났습니다.『법화경』에 글자가 한 자도 없어서 자사께서 크게 노하여 스님을 잡아오라고 하셨다고 합니다."

스님은 시자를 따라 오히려 태연하게 관아의 문안으로 들어섰다. 두 금강신이 금강저를 두 손으로 받들고 스님에게 드리는 형상을 하고 있었다. 그것을 보자 스님은 한결 마음이 놓였다. 스님이 만복 앞에 서자『법화경』이 그 순간 허공으로 올라가더니 글자가 모두 금(金)자로 나타났다. 만복은 스님이 오자말자『법화경』속의 글자가 금자로 변화여 허공으로 흩어지는 것을 보고서는 그 순간 두려움이 몰려왔다. 만복은 급히 대청으로 뛰어 내려가 무릎을 꿇고 예배하고 참회를 하고서는 스님에게『법화경』을 만든 그동안의 내력을 천천히 물었다. 스님이 대답했다.

"산중에 닥나무를 심고 늘 향수를 주어 잘 자라게 했습니다. 그리하여 닥나무가 크게 자란 다음 진흙에 향수를 섞어서 종이 뜨는 집을 짓고, 닥나무껍질을 벗겨서 법식대로 향수로 깨끗하게 씻겨 직공을 고용하여 종이를 만들었습니다. 그리고 법을 보호할 수 있

는 사람을 수소문하여 모집했더니, 스물네 댓살쯤 된 양자강 남쪽
에 사는 한 사람이 모집에 응해 와서 그에게 경을 베껴 쓰게 했습
니다. 그는 진흙에 향수를 섞어서 청정하게 집을 새로 짓고, 사경
을 시작하기 전에 49일 동안 재계를 한 다음 새로 지은 깨끗한 옷
을 입고서야 비로소 경을 쓰기 시작했습니다. 또한 외출했을 때에
는 돌아와서 목욕을 하고 옷을 갈아입은 다음에야 경을 다시 썼습
니다. 쓸 때에는 소승이 손에 향로를 들고 그 앞에 꿇어앉아 서생
을 공양했습니다. 『법화경』은 이처럼 조금도 모자람이 없이 정성을
다하여 완성했던 것입니다. 그리고 승니(僧尼), 남녀 네 종류의 옷
을 각각 10벌씩 만들어 두고 경전을 빌리러 오는 사람이 있으면 미
리 이레 동안 목욕을 재계하게 하고 새 옷을 주어 입게 한 다음에
야 경전을 주었던 것입니다. 이렇게 공경하면 영원히 훼손되지 않
을 것입니다."

　스님의 『법화경』에 대한 지극한 정성을 들은 자사 장만복은 마침
내 마음을 돌려 신심을 일으켜 1천 질을 만들 것을 발원하여 널리
공양하고 자신도 경을 받아 가져 모시는데 게으름이 없었다. 그 후
만복은 임기가 차서 돌아간 뒤에도 사람들은 『법화경』 신봉에 정성
을 다했다.

임소저의 기도

임소저(任小姐)는 자신도 모르게 밤새도록 이불을 휘감고 한숨도 자지 못한 채 방안에서 이리저리 뒹굴며 혼자 거듭 되뇌이고 있었다.

'내가 왜 이래.'

고려 왕실의 외척 이자겸(李資謙)이 횡포를 한창 부리던 인종(仁宗) 3년 3월이었다. 전중내급사(殿中內給事) 임자겸(任資謙)의 딸 임소저는 그의 상관 평장사(平章事) 김인규(金仁揆)의 아들 김지효(金之孝)와 약혼하고 결혼 날이 며칠 남지 않았는데도 마음의 안정을 전혀 얻지 못하고 안절부절했다.

이유인즉 김인규는 두 딸을 임금에게 한꺼번에 바친 이자겸의 부하로서 천하의 권력을 자기 손아귀에 넣고 마음대로 해보려는 야심을 가지고 있었기 때문이다. 임금의 처남 부인이 되는데 무엇이 부러울 것이 있겠는가. 다른 사람들 같으면 기뻐할 일이었다. 그러나 임소저는 매우 영리한 사람이었다.

'권불십년(權不十年)이라는데….' 무너진 권세 집안의 꼴은 너무나도 허망한 것임을 그녀는 일찍 예견하고 있었다. 그래서 그의 어머니께 간청하였다.

"어머님, 부처님께 기도드리러 절에 가고 싶습니다."

"혼인이 임박한 아녀자가 어디를 간단 말이냐."

"거룩하신 부처님을 뵙고 싶습니다."

"너의 뜻이 그렇다면 할 수 없지."

어머니는 몸종들을 시켜서 조심스럽게 사람들 눈에 뜨이지 않게 다녀오도록 부탁했다. 임소저는 일부러 낮을 피해서 밤길을 나섰다. 법장사(法藏寺)의 장등은 유난히도 밝았다. 법당에 들어서자마자 조용히 향불을 올리고 절을 했다.

"부처님, 저는 지금 결혼을 하고 싶지 않습니다. 저의 소망이 헛되지 않게 하옵소서."

임소저는 자리에서 일어날 줄도 모르고 계속해서 염주를 굴렸다. 삼경이 훨씬 넘어서야 조심스럽게 일어나 법당에서 나왔다. 이틀이 지났다. 대례를 치르기 위해서 몸단장을 하는데 갑자기 배가 살살 아파왔다. 조금씩 아프던 배가 나중에는 통증이 커 견딜 수가 없었다. 의원을 불러 진료를 했으나 돌아오는 것은 그저 가망이 없다는 말뿐이었다. 이 소식을 들은 신랑이 아침 일찍부터 와서 서성거리다가 오후 늦게 의사의 이야기를 듣고서는 사실인가 싶어 신부의 방에 들렀다. 신랑은 하얗게 질린 입술, 쑥 들어간 눈을 하고 있는 여인의 몰골이 별로 마음에 들지 않았다. 그는 방에서 나오자마자 그 길로 장인을 찾아뵙고 파혼을 요청하였다. 일이 이 지경이 되고 보니 집안은 이미 망신살이 뻗쳤다. 그러나 애초부터 억지로 매파를 보내어서 성립된 결혼이므로 오히려 잘 되었다는 생각에서 쾌히 승낙하였다. 신랑이 파혼을 하고 길을 떠났다. 얼마 후 눈을 부비고 일어난 소저는 다행이라는 듯 한숨을 내쉬었다.

임소저와 파혼한 김지효는 두 달이 채 못 되어 한 재상의 딸과 호화로운 결혼식을 하였다. 그런데 그해 2월부터 5월 사이에 세상인심이 뒤숭숭해졌다. 김인규의 세도를 싫어하던 김찬(金粲), 안보린(安甫麟), 최탁(催卓), 고석(高碩) 등이 외척 이자겸을 죽이고 나라 살림을 바로 잡아보겠다고 할 때 이자겸 장군이 척준경에게 피살되었기 때문이다.

척준경이 이자겸을 배반하고 군기소감 최사전(催思全)과 함께 이자겸과 그의 일파 백여 명을 모조리 잡아 들였다. 엊그제 장가를 들었던 김지효 또한 자신의 아버지를 따라서 전라도로 유배를 가게 되고 그의 누님 두 분도 한꺼번에 폐비되어 쫓겨났던 일이 벌어졌던 것이다. 임소저는 큰 숨을 내쉬었다. 만일, 그 사람과 결혼했더라면 어떻게 되었겠는가. 그리고 부처님을 향해 감사의 예배를 하였다.

"부처님, 부처님께서는 저의 소망을 버리지 않으셨습니다."

그 후 궁 안이 평정을 얻고 세상이 다시 평온해졌다. 두 왕후가 폐비되어 임금의 주위가 쓸쓸해지자 다시 왕비를 고르기 위해 고심하고 있을 때였다. 어느 날 임금은 하늘에서 내려온 천사에게서 참깨 5되와 아욱씨 3되를 얻는 꿈을 꾸었다. 임금은 이를 이상히 여겨서 대신들을 불러 놓고 꿈을 해석해보라고 하였다. 최사전 대신과 척준경 대신이 말했다.

"깨는 임자(荏子)이니 임자(荏子)는 임(任)으로 통합니다. 임씨 왕비께서 왕자 다섯을 둘 꿈인가 합니다. 또 아욱은 황규(黃葵)로서 황규(皇揆)는 황규(黃葵)와 통하므로 황제의 도가 다섯 아들 가운데 세 아들을 의지해서 발전할 것 같습니다."

천하에 임씨 성을 가진 왕후를 찾는데 나이와 품성이 임소저를 능가할 사람이 없어서 결국 임소저가 임금의 계비(繼妃)로 들어갔다. 그녀는 입궐하자마자 한 탯줄에서 다섯 왕자를 낳으니 장자 현(晛), 대령후 경(大寧候 景), 왕자 충희(沖曦), 왕자 호(晧), 왕자 탁(晫)이 그들이다. 장자 현은 뒤에 의종(毅宗) 임금님이 되고 왕자 호는 명종(明宗)이 되었으며 왕자 탁은 신종(神宗)이 되었다. 그런데 이 가운데 큰아들 의종이 지나치게 불사(佛事)에 몰두하여 정치를 잘 살피지 않고 극심한 고통을 겪기도 하였다. 의종은 왕이 되자마자 불사를 핑계되고 이궁(離宮)과 정자를 짓거나 인조 산을 만들어 연못을 파는 등 백성들의 고혈을 빼앗았다. 또한 화려한 궁을 짓기 위해 백성들에게 노역을 강요했다. 그때 만든 청기와는 오늘날 거의 국보급이라고 한다. 남편의 점심밥을 마련하기 위해 머리털을 깎았던 중미정(衆美亭)의 가슴 아픈 이야기도 이때 생긴 일화이다.

왕은 궁전을 짓고 연희를 베풀 때마다 수많은 기녀들을 불러 가무를 즐겼는데 그 당시 유행한 노래가 바로 동동곡(動動曲)이다. 심지어 제석원에서 시월 한 달 동안 불공을 드릴 때는 삼만 여 명의 승려들에게 공양을 하였으며 정월과 이월 나례 연등 시회 등을 할 때에는 평균 일만 여 명의 승려들을 공양할 정도였다. 의종의 어머니인 임소저도 독실한 불자이기는 하지만 그 신행의 차원이 아들과는 너무나도 대조적이었다. 의종 24년 8월 왕이 보현원에 이르렀을 때 정중부(鄭仲夫) 난이 일어난 것도 결코 우연한 일이 아니었다. 임소저 왕후는 의종에게 간곡히 타일렀다.

"불교는 중생을 위해서 존재하지 절이나 스님을 위해서 존재하는 것이 아닙니다. 훌륭한 스님을 공경하는 것은 우리가 하지 못한 일을 그분들이 대신 하시기 때문인데 매일같이 불사를 핑계하고 유흥에만 힘쓴다면 이제 그 화가 임금과 부처님께 몰려들 것입니다."

그래도 의종은 정신을 차리지 못하였다. 오늘은 제석원에 나가고 내일은 명인전, 모래는 영통사(靈通寺), 봉은사(奉恩寺), 법왕사(法王寺) 등으로 계속해서 다니며 유흥연회를 쉴 틈 없이 계속하였다. 보다 못한 왕후는 추밀원지주사(樞密院知奏事) 정습명(鄭襲明)과 의논하여 폐위를 의논할 정도였다. 그러나 전래로 볼 때, 병신이 되지 않고 망사(亡事)를 실천하지 않는 이상에야 그럴 수까지는 없어 마지막 충간(忠諫)을 하였던 것이다. 왕의 어머니인 임소저는 늘 목욕 재계하고 부처님께 발원하였다. 부처님께 커다란 영험을 보여 주실 것을 간원하였던 것이다. 그리고 최후의 통첩을 의종에게 내렸다.

"상감, 그만 불사를 삼가시오. 토목불사 끝에는 반드시 유흥과 연회가 따르니 성덕(聖德)을 손상할 염려가 있습니다."

"어머니께서도 불사를 좋아하시지 않습니까?"

"불사는 마음과 마음으로 가난하고 병든 이들을 위해서 조용히 하는 것입니다."

의종은 태후에게 벌컥 화를 냈다.

"그래서 어머니께서는 나를 왕위에서 폐하려고까지 하신 것입니까? 그렇다면 나는 이 자리를 물려주고 절로 떠나겠습니다."

"상감 삼가시오. 불사를 아주 못하게 하는 것은 아닙니다. 연회불사와 토목불사는 오히려 백성들의 짐을 무겁게 하는 일이기 때문입니다."

의종은 그 순간 용포를 벗어던지고 임금의 단 아래로 내려갔다. 임소저는 뛰어 내려가 그의 앞에 무릎을 꿇고 하늘을 우러르며 서원하였다.

"제천신명과 선왕의 영혼이시여, 이 일을 증명하소서. 신첩은 불행하여 미망인으로서 다만 아들들의 여택을 입어서 여생을 보존코자 할 따름이온데 임금께서 모후의 마음을 아직까지 이해하지 못하고 있으니 참으로 괴롭습니다.”

임소저는 눈물을 비오듯 흘리며 통곡하였다. 그때 추밀원 정습명이 의종에게 여쭈었다.

“상감, 태후를 부축하십시오. 임금님도 사람의 아들임에는 틀림없습니다.”

의종은 어쩔 수 없이 어머님 앞에 나아가 내키지 않는 마음으로 손을 잡으려 하였다. 갑자기, “우르릉 퉁탕” 하고 천둥소리가 울렸고 “와지끈 뚝딱”하고 벼락이 내리쳤다. 옆에 섰던 천년 고목이 그대로 부러져 내려앉았다. 의종은 놀라 전각 안으로 들어갔다가 비로소 정신을 차리고 다시 어머니 앞으로 나아가 무릎을 꿇고 빌었다.

“어머님, 제가 잘못했습니다. 다시는 형식적인 불사를 삼가고 부처님의 깊은 뜻에 입각한 불사로써 중생을 이롭게 하겠습니다.”

의종이 참회하자 곧 비가 멎고 청천백일이 되었다. 이는 부처님의 신력으로 임소저의 원력에 감응한 바라고 사람들은 칭찬하였고, 훗날 임소저 태후의 품행을 사모하였다.

진건의 효도

대주(臺州) 땅에 진건(陳健)이라는 사람이 있었다. 그는 용모가 단정하고 부모님을 지극하게 잘 모셔 많은 사람들에게 칭송을 받고 있었다. 그는 또한 부모님이 현생뿐만 아니라 내생에도 복락을 누리도록 해야 한다는 생각에 높이가 3자에 이르는 지장 · 관음 두 존상을 조성하고 날마다 지성으로 예배하고 염불하며 부모님의 건강과 복락을 기원하는 기도를 하면서 지냈다.

어느 날, 그는 갑자기 몸에 병이 생기더니 금방 의식이 사라졌다. 효자가 죽은 것으로 알고 집안사람들과 이웃사람들이 모두 모여 그의 죽음을 두고 슬피 울고 있었는데 얼마 안 가서 다시 그가 죽음에서 다시 깨어났다. 진건은 그 동안에 있었던 일을 말하였다.

"내가 아파서 신음하는 중에 나는 어딘가를 가고 있었습니다. 얼마를 안 가서 성문과 같은 큰 문을 지나 어떤 큰 궁궐 앞에 이르렀습니다. 그때 생각에 여기가 염라대왕이 계신 곳이라는 것을 느낌으로 알았습니다. 그랬더니 어느덧 내 좌우에는 지장보살과 관음보살 두 보살이 와 계셨으며 내가 염라대왕 앞에 이르니 이렇게 말씀하였습니다. "이 사람은 나의 단월인데 효성이 지극하오. 효도를 아직 다 못 마치고 왔으니 대왕은 이 사람을 다시 인간으로 내보내 주기 바라오." 염라대왕은 그 말을 듣고 장부 같은 것을 몇 장 넘기면서 이렇게 말하였습니다. "이 사람의 수명은 다 되었습니다. 그러나 그의 부모들은 아직 수명이 많이 남아 있습니다." 다시 두 보살이 말하였습니다. "수명은 아직 결정된 것도 아니며 또 고칠 수도 있는 것이 아니겠습니까. 나의 단월에게 선업을 닦게 하겠다는데 어찌 그것이 안 된단 말입니까?" 염라대왕은 책을 다시 몇 장 넘기면서 살펴보더니 말하였다. "이 사람은 부모님께 효도하고 존상을 조성한 공덕이 있습니다. 그러니 수명을 40년 더 이어주겠습니다." 염라대왕 곁에 있던 관인이 말하였다. "진건에게 40년을 더 연장시켜주면 복록도 그만큼 있어야 할 텐데 어렵지 않겠습니까?" "염라대왕이 입으로 두 말을 할 수 없소. 40년 간 명을 더 이어 주겠소." 그 순간 두 보살이 저를 집까지 인도하여 주셨습니다. 이 말을 듣고 곁에 있는 사람들은 진건의 효성으로 보아 마땅한 일이라 하면서 모두가 기뻐하며 두 보살 존상 앞에 두 손을 모았다.

동굴에 사는 도인

어느 날 중국의 여 황제인 측천무후는 한 도인이 험난한 한계령 골짜기에 있는 동굴 속에서 고구마로 겨우 연명하며 수행을 하고 있다는 소식을 들었다. 측천무후는 공경하는 마음이 들어 대신(大臣)들에게 명하였다.

"여봐라. 거기 가서 그 도인을 모셔오너라."

국무대신이 사마행사(四馬行事)를 동원하여 비호처럼 날아갔다. 험난한 산길을 지나고 깊은 골짜기에 이르자 허름한 초막을 짓고 사는 한 노인을 발견했다. 그곳은 인적 없는 외진 곳이었다. 소문대로 노인은 화로에 고구마를 구워 먹으며 연명하고 있었다.

노인의 흰수염은 화로에 탔는지 드문드문 나 있고 세수는 언제 하였는지 눈에는 콩알 같은 노란 눈곱들이 주렁주렁 매달려 있고 심지어 콧물이 줄줄 입으로 흘러들어 가고 있었다. 그야말로 영락

없는 거지였다. 노인은 곁에 사람이 왔는지 모르는지 화로에서 김이 무럭무럭 나는 고구마를 꺼내 맛있게 먹고 있을 뿐이었다.

도인의 시자가 앞에 다가가 이렇게 말하였다.

"스승님, 황제의 특사가 왔습니다."

"그래, 무슨 일로 왔단 말인가."

특사인 국무대신이 시자를 밀치고 들어와 이렇게 말했다.

"황제께서 노인을 자상궁(紫上宮)으로 모셔오라는 분부가 계셔 왔습니다."

노인이 되받아치며 호통을 치며 말했다.

"허허. 자상궁이라 나에겐 궁전이 따로 없다."

한 고을 군수만 지나가도 사시나무 떨 듯 한다는 시절에 황제의 특사인 국무대신이 왔는데도 노인은 오히려 큰소리를 쳤던 것이다. 그런데 그 호령은 쩌렁쩌렁 산조차도 무너뜨릴 정도로 위엄이 가득했다. 국무대신이 아무리 달래도 노인이 꼼짝하지 않자 하는 수 없이 돌아가서 측천무후에게 보고를 했다.

측천무후가 물었다.

"무어라고 하더냐?"

국무대신이 대답하였다

"빛이 가리면 어둡고 춥다 하더이다."

측천무후는 그제야 고개를 끄덕였다. 금란가사를 두른 국사와 왕사도 적지 않았건만 우리 중국에 이러한 도인이 계시다면 결코 나라가 어둡지 않으리라 생각하고 다시는 찾지 않았다.

그리고 측천무후는 이렇게 생각했다.

"빛은 소금보다 더 강하기 마련이다. 정치와 권력으로 도인을 구속해서는 안 된다. 참된 자유와 거룩한 진리는 도인처럼 걸림이 없는데서만 나온다. 내 어찌 이를 깨닫지 못했던가."

측천무후는 그 후부터 그의 아들이 정치하는데 그림자처럼 숨은 도인의 역할을 하고자 마음을 먹었다. 말하자면 그 도인이 황제에게 이를 깨닫게 해 주었던 것이다.

노새와 친구

옛날, 어느 마을에 사는 세 명의 청년이 절에 가서 공부를 하였다. 한 청년은 하루도 빠짐없이 법당에 가서 과거에 꼭 합격하게 해 달라고 절을 하면서 기원하였다. 이를 본 두 청년은 그런 그를 보고 돌부처가 무슨 영험이 있다고 그런 생고생을 하느냐고 비아냥거렸다.

청년이 합격축원을 하는 날이었다. 두 청년은 골탕을 먹이기 위해 짜고서 한 사람이 부처님 탁자 밑에 숨어서 기다리기로 했다. 청년이 법당에 들어가 절을 하고 소원을 빌었다. 그때 숨어 있었던 청년은 "그래 내가 너를 꼭 합격토록 할 터이니 합격하려면 논어를 많이 공부하라"고 하였다.

청년은 이것을 진짜 부처님 말씀으로 믿고 부지런히 논어를 공부했다. 얼마 후 과거일이 박두하여 세 청년은 괴나리봇짐을 싸 걸머쥐고 서울로 올라가다가 날이 저물어 어느 떡장수 할머니 집에서 잠을 자게 되었다. 할머니는 떡을 만들어 선반 위에 얹어놓고 방이 좁아 같이 잘 수 없어 딴 곳에 가서 자고 올 터이니 잘들 자고 떡은 절대로 손대지 말라고 당부하였다.

그런데 밤이 늦어 두 청년이 배가 고파 그 떡을 꺼내 먹자 노새로 변하고 말았다. 그때 마침 늙은 할머니가 돌아와서 노새를 몰아다가 마구간에 매어두고 이튿날 날이 밝자 이웃사람을 시켜 그 노새를 팔아오라며 귓속말로 뭐라 하였다.

걱정이 된 한 청년은 노새로 변한 친구들을 구하기 위해 그 사람을 따라 시장으로 가다가 도중에 그 사람이 소변을 보러 가면서 노새를 잡고 있으라고 했다. 그때 청년은 이웃사람에게 "아까 집에서 할머니가 귓속말로 무어라 했느냐"고 물었더니 그 사람은 무심결에 "무밭을 조심하라"고 하였다. 청년은 두 노새를 끌고 무밭에 가서 무를 먹였더니 사람으로 변하였다.

그 길로 세 명의 청년은 서울로 올라가 과거를 보았는데 과연 시제는 논어에서 주로 나왔다. 두 청년은 스스로 말하고도 공부를 소홀히 하였음으로 낙방하고 한 청년은 합격하니 말이 씨가 될 줄 누가 알았으랴.

과거에 급제한 청년은 집에 돌아와 부모에게 효도하고 나라에 벼슬하여 대장부 살림살이를 넉넉히 하였으나 두 사람은 날로 방탕하여 패가망신하니 '적선지가(積善之家)'에 남은 경사가 있다 함은 이를 두고 한 말이리라.

옛 스님을 사모한 서은스님

중국 송나라 때의 일이다. 항주 영명사(永明寺)에 연수지각(延壽知覺) 선사가 있었는데 도(道)와 학식이 높고 또한 인자하기로 유명하였다. 그는 출가 전에 한 고을의 태수로 있었는데 마을이 한재(旱災)를 만나 가을이 되어도 거둘 곡식이 없어서 백성 중 굶어 죽는 사람들이 속출하였다. 이를 본 태수는 창고를 열어 비상용 곡식을 골고루 나누어 주고서 백성들의 목숨을 건졌다. 아무리 좋은 일이라도 조정의 결재를 받아 실행하는 것이 순서였으나 그렇게 할 겨를이 없었던 것이다. 그런데 그를 시기하는 간신이 있었다. 그는 태수가 조정의 허가도 없이 제 마음대로 관의 곡식을 개인적으로 사용하였다는 거짓상소를 올렸다. 황제는 이를 듣고 태수를 사형에 처하라고 명령하였다.

하지만 그의 곁에는 그를 옹호하는 사람이 있었다. 그는 황제에게 "비록, 그가 조정의 허가도 없이 관곡을 사용하여 마땅히 큰 죄를 지은 것은 사실이나 이는 오직 백성을 속히 살리기 위해 절차를 밟는 것이 조금 늦어진 것뿐입니다. 제가 듣기로는 그는 군자이며 정직한 사람이므로 한번쯤 용서를 해 주십시오"라고 탄원서를 올렸다.

황제는 곰곰이 생각하다가 "그를 사형에 처하되 형장에 끌고 가서 교수대에 목을 달아도 태연자약하여 저항하거나 두려워하는 눈빛이 보이지 않거든 집행을 중지하고, 만일 두려워하고 근심스러운 얼굴빛을 하거든 극형에 처하라."고 금부도사에게 명령을 내렸다. 황제의 명령을 받은 금부도사는 그를 끌고 가서 갖은 문초를 시작했다. 태수는 한마디의 변명도 없었다. 마침내 형장에서 목을 베려고 해도 그는 그 어떤 공포심과 수치심도 없이 그저 태연자약하면서 마지막으로 한마디를 하였다.

"비록 죄를 지었더라도 이는 오직 백성을 위하여 지은 것이요, 그렇기 때문에 양심에는 죄 되는 것이 없습니다."

그 순간 금부도사는 사형을 멈추고 조정에 보고를 하였다. 황제는 오히려 죽음 앞에서도 당당한 모습을 보인 태수를 사면하고 오히려 더 높은 벼슬을 주었다. 하지만 태수는 인생무상을 느끼고 벼슬을 버리고 출가하여 스님이 되었다. 그는 늦게 출가를 하였으나 열심히 경학과 선학을 공부하여 『종경록(宗鏡錄)』100권과 『유심결(唯心訣)』1권, 『심부적(心賦賊)』4권, 『산거시집(山居詩集)』1권을 남겼는데 모두 주옥같은 문장이었다.

　스님은 경학자요, 선학자로서 널리 이름이 알려졌다. 말년에는 선종과 정토종을 함께 실천하였는데 지성으로 염불하여 '서방정토 극락세계'에 나기를 발원하였다. 그의 저서에 보면 염불에 관한 내용이 들어 있다. '참선만 하고 염불을 안 하면 열 사람 중에 아홉 사람은 잘못되고, 참선은 못해도 염불만 지극히 하면 만인이 극락을 간다. 그리고 참선과 염불을 같이 하면 호랑이 머리에 뿔난 것과 같고, 참선도 염불도 모두 아니하면 구리로 만든 평상에 못 박히고 쇠기둥에 매달리는 지옥으로 가게 되느니라.' 이와 같이 연수 지각 선사는 참선보다 염불왕생 서방정토를 주창하였는데 평생 염불소리를 그치지 아니하였다고 한다. 심지어 누워서 잠을 잘 때도 몸을 서쪽으로 향할 정도였다. 또한 그의 덕행과 공부와 신심이 놀라웠던 까닭에 곁에는 늘 일백여 명의 제자들이 있었다. 그는 그런 제자들 앞에서 하루 종일 염불을 하고 독경도 게을리하지 않았는데 제자에게도 놀 틈을 주지 아니하였다.

　그런데 그 가운데 '서은(西隱)'이라는 제자가 있었다. 그는 연수스님을 처음 찾아왔을 때에는 가르침을 잘 받고 대중의 규칙도 잘 따랐다. 하지만 날이 갈수록 어찌된 일인지 생활이 엉망이었다. 심지어 스승이 하는 일이 모두 형식적이요, 위선적이며 참선을 하다가 타락한 스님이라고 비방하기 시작했던 것이다. 스님들이 정진을 하고 있는 중에도 딴 방에 가서 잠을 자는 등 대중의 규칙을 지키지 아니했다.

유나와 입승 스님이 몇 번이나 나무라고 타일러도 듣지 않고 제 멋대로 행동하기 일쑤였다. 뿐만 아니라 이간질을 일삼아 대중의 마음을 흔들어 놓거나 분열시켜 서로 싸우게 하는데 고요하던 대중들이 불안하여 하루도 편한 날이 없었다. 심지어 마을에 가서 술과 고기를 먹고 여자들과 희롱을 하다가 들어오는 일도 다반사였다. 서은이라는 제자 때문에 날마다 대중들이 골치를 앓고 있었던 것이다. 당시 총림규칙에 의하여 몰아내면 그만인데, 대중이 서은의 허물을 들어 방장스님인 연수스님에게 고하면 어찌된 일인지 그대로 두었다. 오히려 이렇게 말하였다. "그러한 악인을 우리가 선도하지 않으면 누가 하겠는가? 총림이란 것은 그러한 악인을 제도하는 장소가 아닌가? 그럴수록 더욱 더 잘 가르쳐보고 타일러 보게. 소와 말도 가르쳐서 부리고 곰도 재주를 가르쳐서 재주를 피우게 하는데 사람이야 짐승보다는 나을 것이 아닌가?" 날이 갈수록 서은의 행동은 심해져 갔다. 입승의 말은 종시도 듣지 않고 대중을 우습게 여기는 등, 날이 갈수록 악행만 더하였다. 대중은 더 두고 볼 수 없어 서은을 쫓아내기 위한 결의를 하고 연수스님에게 결재를 구하였다. 연수스님은 결국 서은을 불렀다. "내가 부덕하여 자네 같은 사람 하나를 올바로 인도하지 못하고 이곳에서 물러가게 함은 유감일세. 그러나 대중의 의사가 자네와는 동거할 수가 없다 하니 어찌하겠나. 그런즉 나보다 더 높은 덕망과 수행이 놀라운 선지식을 찾아가게나. 만일 나만한 사람도 만나볼 수 없거든 다시 찾아오게. 그렇더라도 대중의 참회를 받고 용서를 해 줘야 나도 허락하지. 그렇지 않으면 어려운 일인즉 그리 알고 자네는 오늘부터 내 곁을 떠나가게." 연수스님은 서은에게 부드러운 말로 퇴거명령을 내렸다. 서은도 하는 수 없이 영명사를 등지고 떠났다. 서은은 여러 곳의 총림을 찾아다니면서 이름난 선지식을 만났으나 연수스님과 같은 대선지식은 볼 수 없었다. 선지(禪旨)가 있으면 성질이 사납고, 성질이 부드러우면 경학과 선지가 볼 것이 없었다. 그는 연수스님이 그들에게 비하면 생불(生佛)임을 깨달았다. 막상 연수스님을 모시고 있을 때에는 몰랐다가 다른 스님을 만나보고 그제야 알게 되었던 것이다.

서은은 연수스님이 다시금 그리워졌다. "내가 그 스님의 회상에 있을 적에 무슨 악마에게 사로잡혀서 그러한 비행을 하고 쫓겨났던고…." 그는 그때마다 참회하며 회한의 눈물을 옷깃에 적셨다. 그는 전단향 나무를 구하여 심력(心力)을 다해 연수스님의 목상(木像)을 조각하기 시작했다. 그것을 바랑에 넣어 걸머지고 다니며 때를 맞추어 예배도 하고 공양하기를 게을리하지 않았다. 그러던 어느 날 서은은 길에서 도반인 지선(智善)스님을 만났다. 연수스님의 제자였다. "아, 서은이 아닌가?" "그렇소. 지선스님이 아니십니까?" "참 오래간만이오. 그래 영명사에서 나온 후 어디로 다녔소." "천하 강산을 누비고 돌아다녔지요." "그러면 선지식도 많이 친견하셨을 터인데…." "그야 물론이지요. 그렇지만 내가 박복하여 연수스님을 버리고 나왔지만, 그 스님 같은 어른은 다시 본 일이 없습니다." 서은과 지선은 날이 저물도록 그 간의 이야기를 나누다가 동숙하게 되었다. 다음 날 아침, 서은은 바랑 속에서 목상을 하나 꺼내놓고 예배를 하는 것이었다. 지선이 물었다. "그게 누구요?"

서은이 대답했다.

"연수스님입니다." 틀림없는 연수 선사였다. 지선은 그 이유를 물었다. 서은은 영명사에서 나온 뒤 겪은 지난 일들을 말하고 연수스님을 차마 잊을 수가 없어서 조각하여 모시고 다니면서 이렇게 참회를 하고 예배를 하면서 날마다 공양을 올린다고 하였다. 지선은 이를 보고 감격하였다. "그렇다면 지금이라도 스님 회상으로 돌아가는 게 좋지 않겠소?" "돌아갈 생각은 굴뚝같지만 염치가 있어야지요. 더구나 다시 받아주실 지도 알 수 없는 일이 아니겠소." "아무 걱정 말고 나와 같이 돌아갑시다. 이 목상을 스님에게 보이고 그동안의 일을 말씀드리면 스님도 감심(感心)하시고 용서하실 것입니다." 지선은 서은을 설득하여 영명사로 돌아갔다. 서은을 본 대중들은 모두 코를 찡그리며 수군댔다. "망할 녀석이 또 왔으니 큰일이네." 지선은 서은을 연수사에게 데리고 가서 예배를 한 뒤에 연수스님을 뵙게 하였다. 지선은 지난 일을 이야기하고 서은이 개심(改心) 되었으니 회상에 다시 있게 하여 달라고 애원하였다. 연수스님이 말씀하셨다. "그렇다면 나의 목상을 내어 놓아라." 서은은 기뻐하며 목상을 바랑에서 꺼내 올렸다.

그것을 본 연수스님이 말하였다. "아, 꼭 날 닮았구나. 기술로 보아서는 나무랄 데가 없으나, 이것만 가지고서는 나는 서은을 신용할 수가 없네. 나는 자네가 알다시피 누워도 서쪽으로 눕고 앉아도 서쪽을 향해 앉고 걸으면서도 서쪽을 바라보는 사람이 아닌가? 그러니 이 목상이 참으로 나를 위해서 조각된 것이라면 나와 같이 동향으로 앉혀도 서쪽으로 돌아앉고 남향을 향해 앉아도 서쪽으로 돌아앉아야 과연 나를 위한 목상이라고 할 것이니 어디 한번 그런가 시험을 해 보게나." 연수스님의 말씀은 지선과 서은에겐 청천벽력이었다. 왜냐하면 한갓 나무일 뿐더러 그렇게 시험하여 본 일도 없고 그대로 되지 않을 것이 뻔하였다. 이제 아주 쫓겨나는 꼴이 되고 말 것이었다. 그러나 못한다고 할 수도 없어서 속으로 침이 마르도록 축원을 하며 조심조심 목상을 동쪽으로 향하여 앉혔다. 그랬더니 목상은 껑충 뛰며 서쪽을 향하여 앉는 것이 아닌가. 뿐만 아니라 남향으로 해도 서쪽으로 돌아앉고 북향으로 향해도 서쪽으로 돌아앉는 것이었다. 지선과 서은은 등골에 땀이 흘렀다. "목상이 돌아앉는 것을 보니 서은은 개심한 것이 분명하도다." 연수스님은 입승과 원주에게 말하였다. "우리 대중들 중에 이렇게 할 사람이 또 있겠는가? 사람은 일시에 나쁜 사람이라도 참회하고 개심만하면 누구나 좋은 사람이 되는 것이니, 그리 알고

이 사람을 다시 대중에 들게 하라." 서은은 그 뒤로부터 대중의 모범이 되어 후일에는 연수선사의 대를 이어 크게 불법을 선양하였다.

희운스님

희운선사는 중국 당나라 때 복주 민현 사람이다. 어려서 홍주 한벽산 고령선사(古靈禪師)에게서 출가하여 봉불(奉佛) 시봉을 하다가 은사스님의 권유로 강서 마조(馬祖)스님을 찾아갔으나 돌아가신 지 이미 3일이 지나 희운은 한탄하였다.

"제자가 천 리 밖에서 스승을 찾아 왔으나 불행하게도 조사스님께서 열반에 드셨습니다. 제자의 박복이 어찌 이럴 수가 있습니까."

그 모습을 본 마조선사의 제자인 백장(百丈)스님이 옆에 있다가 말하였다.

"우리 스님께서는 열반에 드셨으나 또 다른 도우(道友)가 있어 법이 아직 동토에 남아 있으니 너무 염려하지 마십시오."

희운은 이 순간 깨닫고 그 백장스님을 스승으로 모시고 3년 동안이나 봉불시봉을 했다. 하루는 백장스님이 병을 핑계되고 방바닥에 누웠다.

"몸에 열이 몹시 나서 목이 말라 살 수가 없구나. 깊은 못의 물을 마시고 싶은데 어찌 하면 좋겠는가."

희운이 자리에서 일어났다.

"제가 뜨러 가겠습니다."

"길이 멀고 또 날씨가 추워서 가지 못한다."

"아무리 길이 얼고 날씨가 추워도 제자가 가서 물을 길어 오겠습니다."

과연 날은 말할 수 없이 차고 바람은 물결쳤다. 그런데 물을 떠가지고 돌아 올 때는 갑자기 날씨가 개이고 햇빛이 따뜻하게 비쳤다.

희운은 그 순간 게송을 읊었다.

"광풍이 오는 비를 맞고 가니 별이 밝고 달이 뜨네. 몸에 고통이 있는 것도 잊어버리고 스님 병이 낫지 않을까 걱정이네."

게송을 읊으며 돌아오는데, 백장스님은 희운의 마음을 다시 한번 시험해 보기 위해 늙은 호랑이로 변하여 그가 오는 길을 막았다. 희운이 호랑이에게 말했다.

"내가 너에게 잡혀 먹힐 전생의 업이 있다면 우리 스님의 병을 고치고 나서 다시 이 자리에 와서 너에게 몸을 줄 터이니 기다려 주면 좋겠다."

호랑이가 움찔하며 물러섰다. 희운은 절로 돌아와 백장스님께 물을 떠 드리고 말했다.

"스님의 큰 은혜를 갚지 못하고 떠나게 되어 죄송합니다."

희운은 호랑이와 약속한 장소에 나갔지만 그곳에 호랑이가 지금까지 있을 리 없었다. 희운은 다시 돌아왔다.

"가본즉 호랑이가 그곳에 없었습니다."

희운은 백장스님을 다시 시봉하겠다고 했다.

백장스님은 희운에게 그 순간 법을 전해주었다.

"희운은 과연 진실한 사람이다."

희운은 법을 받고 황벽산으로 돌아와 옛 고령스님을 뵈었다.

"그래 강서 마조의 법이 어떠하던가?"

"제자가 박복하여 강서에 가니 이미 마조선사께서는 열반에 들어 법을 듣지 못했습니다."

고령스님도 그렇게만 알고 다시 말이 없었다. 하루는 고령스님이 목욕을 하시면서 등을 밀어달라고 하였다. 희운이 등을 밀다가 등을 치며 말하였다.

"법당은 좋으나 부처가 없습니다."

"나는 비록 영험은 없으나 회광반조(廻光返照)는 할 줄 아네."

또 하루는 고령스님이 선방에서 경을 보는데 한 마리의 벌이 들어와서는 밖으로 나가지 못하고서는 온 방 안을 방황했다. 희운이 그것을 보고 게송을 읊었다.

"창문을 날아든 벌 창틀을 더듬어도 종이를 분별하지 못하니 어느 때에 빠져 가리."

고령스님은 그 뜻을 알지 못하고 문창 사이를 뚫는 즉 곧 벌이 날아갔다.

희운이 다시 게송을 읊었다.

"천안통을 열고 보니 벌은 날아 요지로 간다. 가는 소리 불법을 말하고 밝은 달이 횃불을 비추더라."

고령스님은 그제야 알아차렸다.

"네가 법을 얻어 왔구나."

고령스님은 희운에게 삼배를 올렸다. 옛 스승이 곧 제자가 되었다. 희운선사는 다시 대중을 모아놓고 설법을 하였다.

"영의 광명이 홀로 빛나고 가을 티끌 날고 있네. 몸이 당당히 들어가니 문자에 구애되지 않는다. 마음에 생각이 없으니 각자가 뚜렷이 밝다. 모든 망연 여의면 곧 진짜 불과 같도다."

희운선사는 고령스님과 문도들을 제도하고 출가 이십 년 만에 비로소 고향을 찾아갔다. 어머니는 20년 동안 아들의 소식을 몰라 몹시 걱정하다가 눈이 멀었는데 혹시나 아들소식이나 들을 수 있을까 하여 거리에 객승이 유하는 초제사(招提寺)를 짓고 내왕하는 스님들께 아들 소식을 물었다. 희운은 가만히 이 초제사에 들어가 어머니의 손을 붙들었다.

"할머니, 안녕하십니까. 아드님이 출가하셨다더니 소식이나 들으십니까?"

어머니는 눈물을 흘리면서, 스님에게 말했다.

"보지 못했습니다. 스님 발이나 씻어 드릴 테니 이리 내놓으십시오."

원래 희운은 발가락이 하나 없었다. 어머니는 그 사이 눈은 어두워져 보지 못하나 혹 발을 씻다가 아들 같은 사람을 찾아볼 수 있을까 해서 지나가는 스님들을 낱낱이 발을 씻겨 드렸던 것이다. 그런데 스님은 이를 이미 눈치 채고 한 발은 씻으면서도 한 발은 내놓지 않았다.

"그 발도 이리 내놓으세요!"

"상처가 나서 씻을 수 없습니다."

"거 참 안됐습니다."

희운선사는 한참 동안이나 어머니의 얼굴을 들여다보다가 말했다.

"할머니, 염불 많이 하십시오."

그리고선 길을 막 떠나려고 하는데 마을 사람들이 몰려왔다.

"오랜만에 아들을 만나 보시니 얼마나 반갑습니까."

"언제 아들이 왔다 갔나요."

"방금 떠난 사람이 희운입니다."

"그래요."

할머니는 몸부림치다시피 벼락처럼 문을 열고 나가며, "희운아, 희운아"하고 아들을 불렀다. 그러나 희운은 이미 강을 건너가 있었다. 어머니는 미친 듯이 아들을 부르며 강도 물도 다 잊어버리고 뛰어가다가 그만 물에 빠져 죽고 말았다. 희운선사는 어머니의 시체를 건져 강가에서 화장을 하였다.

"나는 것도 본래는 남이 없고 멸하는 것도 본래는 멸함이 없다. 생멸이 본래 비었으나 실상은 항상 머문다."

그 순간 빛이 쏟아져 무지개빛 오색광명을 수놓고 하늘 위로 뻗어 올라가는데 그의 어머니가 그 가운데 나타나 하늘로 올라가면서 말하였다.

"고맙구나. 희운아, 너의 법력으로 극락세계로 간다."

그 뒤부터 사람들은 그 개천을 복천(福川)이라 불렀다고 한다.

영생이로 나타난 문수보살

송나라(960-1126) 때 건양(建陽) 땅에 조서방이라는 사람이 있었는데 그는 돼지를 길렀다. 그중 한 마리가 유달리 특이했다. 털은 금빛이고 영생이[薄荷]만 먹어 동네 아이들은 그 돼지를 영생이라 불렀다.

사람들이 잡으려고 하면 다른 돼지들은 모두 놀라 달아나는데 영생이는 순하게 우리로 들어가곤 하였다. 그래서 조서방도 유달리 그 돼지를 사랑해 죽이지 않고 여러 해를 길렀다. 태종 태평 흥국(太平 興國, 976-983) 때에 변총(辨聰)이란 스님이 오대산 청량사에 가서 하안거를 나는데 어떤 늙은 스님이 대중 사이를 들락날락하면서 행동이 괴상하여 대중이 모두 업신여겼지만, 변총스님은 그를 존경하였다. 해제가 되어 변총스님이 그 곳을 떠나는데 늙은 스님이 편지를 주면서 서울에 가거든 영생이를 찾아 전해달라고 했다.

변총스님은 편지를 받아 가지고 오다가 도중에서 뜯어보니 이러한 사연이 담겨 있었다.

"그대가 세간에 간 지 오래인데 중생들을 조복하기에 힘이 들지 않는가? 중생이 조복되었거든 그대도 스스로 조복하고, 중생제도가 끝나면 빨리 돌아오라. 지연하다가는 나쁜 인연에 끌리어 세상일에 빠지기 쉬우니라."

변총스님은 깜짝 놀라 편지를 도로 봉하여 가지고 광제하(廣濟河)에 이르렀다. 그때 아이들이 "영생아. 영생아"하고 부르는 소리가 들렸다. 그 소리를 듣고 변총스님이 아이들에게 물었다.

"그래. 영생이가 어디 있느냐?"

아이들은 조서방네 돼지우리를 가리키면서 목에 방울을 단 큰 돼지라고 하였다. 변총스님이 돼지우리에 가서 불렀다.

"영생이!"

그 순간 돼지는 벌떡 자리에서 일어났다. 편지를 던져 주니 돼지는 그 순간 받아먹고서는 사람처럼 서서 죽었다. 그리고 문수보살로 화현을 했다.

과광태 거사

명나라 때 과이안(戈以安)거사란 사람이 살았는데 그의 법명은 광태였다. 그는 성품이 지극하고 효순(孝順)하여 평소에 선행(善行)을 즐겨 닦더니 말년에 불법을 숭신(崇信)하여 영지사(靈芝寺)의 현태(玄素)스님과 함께 춘추이사(春秋二社)를 짓고 염불(念佛)하며 『화엄경』 5권을 읽었다. 그러다가 하루는 가솔들을 모아놓고 말하였다.

나에게 큰일이 닥칠 것이니 극락세계에 가서 쓸 식량을 마련하여야겠다.

"언제 가시렵니까?"

"12월 20일이다."

날짜가 다가오자 그는 밤낮을 가리지 않고 글을 읽었다. 처자들이 둘러앉아 울었다. 과이안은 미소를 지으며 말하였다.

"사람은 나면 반드시 멸(滅)하는 것인데 무엇을 슬퍼하느냐? 나의 정신은 맑고 깨끗하니 정(情)과 사랑으로 어지럽게 하지 마라."

그는 그 순간 말을 마치고 입적(入寂)을 했다.

법신녀의 정토왕생

송나라 풍씨 부인의 이름은 법신(法身)이었다. 어려서부터 병이 많더니 시집가서는 더욱 심해져서 마을 명의들도 고칠 수가 없어 할 수 없이 유명한 수심선사(守心禪師)를 찾아갔다. 수심선사는 부인에게 『화엄경』과 『관무량수경(觀無量壽經)』을 주며 말하였다.

"육식을 피하고 채식을 먹으며 이 경을 매일 독송하시오."

스님의 말씀을 듣고 10년 동안 독송하였더니 병도 낫고 홀연히 깨달음을 얻었다. 법신이 늙어 임종에 이르렀을 때 "성인의 가르침에 어찌 헛된 것이 있으리오. 정토를 보니 화엄경과 관경에 있는 것이 조금도 어그러지지 않도다."고 말한 뒤 다음의 시를 읊었다.

"인연을 따라 지은 업대로 허다한 해에 부질없이 늙은 소가 밭을 가는 것 같이 되었도다. 몸과 마음을 다 소멸하고 일찍이 돌아가니 사람에게 콧구멍을 뚫어 꿰임을 당하는 것을 면하리라."

어족방생으로 나은 천년창

중국에 공산주의 정권이 들어서기 전인 중화민국 때 일어난 일이다. 한 고급관리가 있었다. 그에게는 과년한 누이동생이 있었는데 그곳 마을에 사는 한 남자에게 시집을 갔다. 누이동생은 시집간 지 얼마 안 되어 오른쪽 엄지손가락에 부스럼이 났다. 살갗이 부풀어 벗겨지고 군살이 물렁물렁하게 허옇게 돋아나 흉측하고 징그러울 정도였다. 돋아난 군살은 조금만 닿아도 통증이 심해 견딜 수가 없었다. 그 아픈 통증은 말로 표현할 수 없고 심지어 기절할 정도였다.

누이동생은 양의사, 한의사할 것 없이 좋다는 곳은 다 찾아가 치료를 받고 약도 먹었으나 효험은커녕 물렁살은 점점 돋아나고 통증도 더 심해졌다. 한의사는 천년창(千年瘡)이라는 업병(業病)이라고 진단을 내렸다. 이 병은 약으로도 치료하기 어렵고 인간의 힘으로는 치유가 어렵다는 것이다. 양의사를 찾아가면 손가락을 잘라야 한다고 했다. 그렇지 않으면 생명마저 위험하다고 말했다.

누이동생은 무책임한 의사들의 언행에 공포를 느끼고 어릴 때에 자기에게 오계(五戒)를 준 제한(諦閑)스님을 찾아갔다. 한의사의 말대로 과연 이 병이 업병인지 알고 싶어 갔던 것이다. 제한(諦閑)스님은 웃으면서 별로 걱정할 것 없이 관음기도를 하면 곧 낫게 될 것이라 말했다.

그녀는 그 날로 보타산 절에 가서 천수다라니를 외우며 기도를 했다. 그런데 신기하게도 일념 기도 중에는 통증을 전혀 느끼지 못했지만 이상하게도 관음정근을 하지 않으면 통증이 일어났다. 그녀는 결심했다. 손가락이 낫지 않으면 이래도 죽고 저래도 죽는다. 차라리 죽을 힘을 다해 기도나 하고 죽겠노라고 정성을 다하였다.

보름이 지났다. 옷도 갈아입고 기도준비도 다시 할 겸 집에 다녀오기로 마음먹고 보타사를 내려왔다. 조그마한 고갯마루에 이르렀을 때 늙은 노파가 맨 땅에 앉아 약을 팔고 있었다. 그 옆에는 한 젊은 남자가 서서 말했다.

"노파의 약은 명약이니 병이 있는 사람은 이 약을 먹으면 백발백중 치유가 되니 주저 말고 써보라."

그 소리를 듣고 길 가던 사람들이 모여들기 시작했다.

그녀는 흔히 시장 바닥이나 역 앞에서 늘 보던 풍경이라 잠시 걸음을 멈추고 노파 앞으로 다가가 손가락을 보이며 "이런 병에도 약이 듣느냐"고 물었다. 노파는 손가락을 자세히 보지도 않고 "전생의 업보입니다. 당신이 전생에 우렁이를 잡아다 팔기도 하고 삶아먹기를 즐겼기 때문입니다. 보시다시피 손가락의 부스럼이 우렁이 같지 않습니까?"하고 말했다.

누이동생이 다시 물었다.

"그러면 고칠 수가 없습니까?"

노파는 천수다라니를 세 번 외우더니 환약 3알을 주며 "집에 돌아가거든 이 약을 먹고 사람들이 잡아다 파는 우렁이를 5~6말 사다가 방생을 하시오. 그리고 3일간 관음기도를 하면 병이 완치될 겁니다."

누이동생은 노파가 시키는 대로 환약 3알을 먹고 집에 돌아와 우렁이 5~6말을 사다가 방생을 하고 보타사로 기도를 하러 갔다. 그런데 길에 있던 노파와 젊은이가 보이지 않았다.

3일간 기도를 마치고 집에 돌아와 인력거를 타고 외출을 했다. 맞은편에서 오는 백의여인(白衣女人)의 흰 옷자락이 펄럭이면서 그녀의 손가락을 스쳐 지나갔다. 그전 같으면 손가락에 통증이 일어나 견디기 어려웠을 것인데 이상하게도 아주 시원하게 느껴졌다. 그리고선 통증이 아예 사라지고 흉했던 상처도 온전히 아물었다. 그 무서운 천년창이 관음기도와 우렁이 방생으로 깨끗이 완쾌된 것이다.

이 영험담은 중화민국의 신문과 잡지에 연일 소개되었다. 그날 고갯마루에서 약을 팔던 노파는 관세음보살의 화신(化身)이었던 것이다.

알고도 못 만난 문수보살

고씨가 세운 제나라(高齋, 550-1619) 때에 명욱(明郁)대사는 정주(定州)사람으로 어려서부터 마음에 뜻한 바가 많았다. 그는 일찍이 『화엄경』을 읽다가 오대산에 문수보살이 계신 줄을 알고 친견하기 위해 경전을 지고 깊은 골짜기와 높은 봉우리를 찾아다녔다.

하루는 어떤 스님을 만났는데 겉모습이 남루하고 생김새가 이상하였다. 하지만 명욱대사는 깊은 산중에서 벗을 만났다고 기뻐해 서로 인사를 나누면서 사는 곳을 각자 말하고 "평생 어리석은 사람을 제도하자"고 다짐하였다. 며칠 동안 동행을 하다가 동대(東臺)에 이르렀다. 그곳에는 폐허 같은 집이 있었는데 스님 몇 분이 있었으나 한결같이 얼굴이 누추하고 남루해 보였다. 명욱대사는 날이 저물어 할 수 없이 그 집에서 자게 되었다.

한밤중이 되었다. 그때 동행하던 스님에게 병이 났다. 날이 새어도 차도가 없고 악취가 나서 코를 들 수가 없었다. 그때 스님이 말했다.

"나는 병이 심하여 동행할 수 없으니 먼저 떠나시오."

명욱대사는 함께 머무를 수도 없어서 이렇게 약속을 했다.

"내가 오대산 순례를 마치고 반드시 찾겠소."

명욱대사가 집을 나서 두 걸음을 걸었을까. 그 순간 뒤에서 '댕그랑'하는 소리가 들렸다. 그런데 돌아보았더니 집도 없고 그 스님도 없었다. 그제야 명욱대사는 성인의 소위인 줄을 깨닫고 자기의 우매함을 한탄하였으나 어찌할 도리가 없었다. 그 후 산을 헤매면서 다시 뵈옵기를 간구하였으나 모두 허사였고, 고향으로 돌아와서 큰스님께 그 사실을 말하니 큰스님은 이렇게 말했다.

"그대에게 두 가지 허물이 있다. 하나는 스님을 보고 변변치 못하다고 생각한 것이요, 또 하나는 병이 난 동행을 버린 것이다. 그래서 문수보살을 만나고도 알아보지 못한 것이니라."

명욱대사는 그 말을 듣고 일생동안 병든 이를 간호하는 것으로 수행을 삼았다.

고난 속에서 구해주신 아미타불

원나라 지정 15년(1955) 겨울, 장사성(張士誠)이 호주(湖州) 강절 지방을 침공하자 승상이 경산사의 말사 화성사(化城寺)의 승려 혜공(惠恭)에게 그 고을 백성들을 집결시켜 경계와 산마루를 방비하라고 명령하였다.

어느 날 적병이 경계를 침범하자 혜공스님은 향병(鄕兵)을 거느리고 격전을 치루어 적병은 패하여 도망가고 40여 명의 포로를 잡아 관가로 송치하는 도중 서호(西湖)의 조과사(鳥窠寺)에서 유숙하게 되었다.

동이 틀 무렵이었다. 조과사의 전 주지였던 요주(饒州) 천령사(天寧寺) 모대유(謀大猷)스님이 느린 걸음으로 행랑을 산책하였다. 그때 포로들이 스님의 우아한 모습과 쉬지 않고 염불하는 소리를 듣고서 소리쳤다.

"노스님, 우리를 구해주십시오."

모대유스님은 이렇게 말했다.

"나는 너희들을 구해줄 수 없지만 너희들이 지극정성으로 '나무 구고구난(南無救苦救難)아미타불'을 하면 아미타불이 너희들을 구해주실 것이다."

포로 가운데 세 사람은 스님의 말을 믿고서 쉬지 않고 큰 소리로 염불하였다. 이윽고 관리가 포로를 데리고 출발하려고 모두 형틀의 쇠고랑을 바꾸어 묶었다. 그런데 우연히 이 세 사람은 형틀이 없어 새끼줄로 묶어 놓았다.

관가에 도착하여 죄수를 심문할 때도 관리가 유별나게 이 세 사람만을 국문하였다. 그중 한 사람은 보리밭을 다듬다가 적병에게 붙잡혀 왔다고 진술하였고 나머지 두 사람은 원래 명주(明州) 봉화현(奉化縣)의 톱(鋸)장이었는데 이곳에 고용되어 일하다가 사로잡혔다고 말했다. 결국 이 세 사람은 풀려나게 되었다. 그들은 조과사를 찾아 모대유스님께 감사의 절을 올린 후 떠났다.

곰곰이 생각해보니 우리 아미타불은 서원이 깊으셔서 염불하는 자는 임종 때 영험을 얻을 뿐 아니라 현지에서 처형되려는 죄수마저도 그의 가피로 풀려나게 하신다. 그럼에도 불구하고 믿지 않는 사람은 나도 어찌 할 수 없는 일이다.

와룡스님과 고절

수(隋)나라(581-617) 고절(高節)은 병주(并州)사람이다. 말을 배울 적부터 "나무불(南無佛), 나무불" 하고는 다른 말은 절대로 하지 않더니, 열일곱 살이 된 때에는 세상이 싫어서 출가하려 하였다, 부모는 살림도 돌보지 않는 그런 그를 애써 만류하지 않았다.

고절은 어느 날 부모를 하직하고 오대산을 들어가서 험한 길도 가리지 않고 돌아다녔다. 그러던 중 북대(北臺) 골짜기에서 고행(苦行)하는 한 스님을 만났다. 그는 오막살이에서 풀뿌리를 캐어 먹으며 살고 있었다. 고절은 기쁜 마음으론 선지식을 만났다 생각하고 나아가 절을 했다.

"스님, 저를 좀 제도해 주십시오. 평생 스승으로 모시고 살겠습니다."

스님은 이렇게 말을 했다.

"너도 내가 먹는 것을 먹고 지낼 수 있다면 중이 될 수 있다."

"물론입니다."

고절은 풀뿌리와 나뭇잎을 따서 먹고 샘물을 마시면서 여러 날 지내다가 득도하기를 청하였다.

스님이 말하였다. "『법화경』을 모두 외우면 스님으로 만들어 주리라."

고절은 또 이레 만에 『법화경』을 모두 외우고 다시 스님이 되기를 간청하였다. 스님은 또 이렇게 말했다.

"네가 지난 2년 동안 고요히 앉아서 산란한 마음을 거두어들이면 득도하게 되리라."

고절은 나뭇잎을 배부르게 먹고 2년 동안 열심히 좌선했다. 그 순간 몸과 마음이 경쾌하고 법열(法悅)이 무량함을 크게 느꼈다. 고절은 스님 앞에 나아가 절을 하고 여쭈었다.

"거룩하시어라. 스님이여, 제가 이제 법력을 얻었사오니 대자대비로 저를 출가시켜 주십시오."

스님은 이렇게 말했다.

"나는 늙어서 너를 제도하여 도를 얻게 할 수 없다. 장안(長安)에서는 지금 계산림(戒山林)이 열리고 있다. 너는 빨리 그곳으로 가서 와륜(臥輪)선사를 찾아 의지하라."

고절은 물었다.

"스님의 당호를 일러 주소서. 제자로서 받드오리다."

스님은 또 이렇게 말하였다.

"내 이름은 해운(海雲)이다. 그렇게 알라."

고절은 눈물을 흘리면서 하직하고 장안에 가서 와룬선사를 찾아 뵈었다. 와룬이 물었다.

"어디서 오느냐?"

"오대산에서 옵니다. 저희 스님의 말씀을 듣고 찾아왔나이다."

"너의 스님이 누구냐?"

"스님은 해운화상이올시다."

와룬 선사는 깜짝 놀라면서 말했다.

"해운비구는 『화엄경』에 나오는 선재동자의 셋째 선지식이다. 만 겁에 공덕을 쌓지 않고는 만나지 못한다. 네가 그런 대성인물을 모르고 나에게 왔으니, 그것은 대단한 잘못이로다."

고절은 그제야 깨닫고 가슴을 치면서 한탄하고, 오대산을 향하여 다시 뵈옵기를 원하면서 와룬 선사를 하직했다. 오대산에 다시 들어가 오막살이를 찾았으나 흔적도 없고 다만 잡목만이 우거져 있었다.

한산자와 습득

한산자(寒山子)의 이력은 자세히 알 수 없었으나 천태산에 살고 있는 그를 보고 옛날 사람들은 머리가 약간 돈 가난뱅이라고 손가락질을 하였다. 그는 당흥현(唐興縣)의 서쪽 고을, 한암이라는 토굴에 살면서 가끔 국청사라는 절에 끼니를 때우기 위해 찾아갔다. 국청사에는 습득이라는 부엌일을 맡은 이가 음식 찌꺼기를 대나무통에 넣어 두면, 한산자가 가져가곤 하였다. 한산자와 습득은 절간을 이리저리 다니면서 '애달프다. 온 세상이 쳇바퀴 돌 듯 하는구나.'하고 중얼거리다가도 노래를 불렀는데 그런 그를 보고 스님들이 꾸짖으면 돌아서서 손뼉을 치면서 한참 웃기도 하였다.

몸은 여위었으나, 행동과 내뱉는 한마디 말 속에는 미묘한 뜻이 들어 있는 것 같기도 하였다. 어떤 때는 마을에 들어가서 소치는 아이들과 더불어 웃고 떠들고 노래하면서 스스로 즐기며 살았는데 철인(哲人)이 아니고서는 그 속을 도저히 알 수가 없었다. 누더기를 걸쳐 입고 나무껍질로 관을 만들어 쓰고, 나막신을 신고 다녔지만 마치 그 모습이 보살이 자취를 감추고 중생을 교화하는 모습 같기도 하였다.

여구윤이 해주의 단구(丹丘) 목사가 되어 도임(到任)길을 떠나려는데 갑자기 두통이 나서 의사들을 불러 치료하였으나 효험이 없었다. 마침 풍간 선사가 천태산 국청사에 있어 찾아가서 병을 말하였더니, 선사는 웃으면서 이렇게 말하였다.

"사대(四大)로 된 것이 몸이라 병도 날 수 있는 것이니, 그 병을 치료하려면 깨끗한 물이 필요하오."

깨끗한 물 한 대접을 떠다 주었더니 선사는 그 물을 여구윤의 머리에 뿜었다. 그 순간 두통은 씻은 듯이 사라졌다.

선사가 여구윤에게 말했다.

"해주는 해도라 남독(南毒)이 심하니 가시는 대로 조심하시오."

"그 곳에 가면 스승으로 받들 만한 사람이 있겠습니까?"

"선사는 보고도 알지 못하며, 알고도 보지 못하오. 반드시 보려거든 형상에 집착하지 말아야 합니다. 한산자는 문수보살의 화현으로 국청사에 숨었고, 습득은 보현보살인데 모양이 비렁뱅이 같습니다. 미친 사람처럼 왔다 갔다 하면서 국청사에서 부엌일을 합니다." 이렇게 말하고서는 선사는 가버렸다.

여구윤은 그 길로 해주에 도임하여 절에 가서 물어보니, 과연 선사의 말과 조금도 틀리지 않았다. 당흥현(唐興縣)에 사람을 보내어 한산자와 습득이라는 사람이 살고 있는지 조사를 하였는데 그 고을 서쪽 70리 되는 곳에 한암(寒巖)이란 굴이 있는데 그곳에 한산자라는 가난뱅이가 살고 있다고 하였다. 또한 국청사 부엌에 한 행자(行者)가 있는데 이름이 습득이라 한다고 하였다.

어느 날 여구윤은 한산자와 습득을 만나기 위해 국청사를 찾아가 물었다.

"이 절에 풍간 선사가 있었다는데 그가 있던 방은 어디며 또 습득과 한산은 지금 어디 있습니까?"

도교라는 스님은 대답하였다.

"풍간 선사가 있던 방은 장경각 뒤에 있는데 지금은 비었고, 가끔 호랑이 한 마리가 왔다 갔다 할 뿐이며, 한산자와 습득은 지금 정재소에 있습니다."

여구윤은 풍간 선사의 방에 가서 문을 열어 보았는데 호랑이 발자국뿐이었다.

"선사가 계실 적에는 무슨 일을 하였습니까?"

"그 스님은 낮에는 쌀을 찧어 대중에게 공양하였고, 밤에는 노래만을 하였습니다."

정재소에 가 보니 아궁이 앞에 두 사람이 불을 쪼이면서 웃고 있었다. 여구윤이 엎드려 절을 하였다. 두 사람은 손을 잡고 허허 웃더니 소리 높여 꾸짖으면서 이렇게 말을 했다.

"풍간이 또 부질없는 말을 한 게지. 아미타불은 전혀 모르는데 어찌 지체 높으신 분께서 저희들에게 절은 하시는가?"

이 모습을 본 국청사 스님들이 몰려와 놀라면서 여구윤에게 물었다.

"어찌하여 대관께서는 한갓 거렁뱅이들에게 절을 하시는 겁니까?"

그 순간 한산자와 습득은 절을 떠나버렸다. 여구윤은 사람을 보내 모셔오라고 하였지만 이미 한암(寒巖)의 토굴로 가버렸던 것이다. 여구윤은 도교스님에게 이렇게 당부하였다.

"어서 그 두 분을 도로 모셔 깨끗한 방을 비워 계시게 하세요."

그는 고을로 돌아가 새 옷 두 벌과 향과 약을 갖추어서 국청사로 보내어 공양하려고 하였지만 끝내 두 사람은 국청사로 돌아오지 아니하였다. 할 수 없이 한암으로 가서 옷을 공양하려고 하였다. 이때 한산자가 그것을 보고 큰소리로 말하였다.

"이 도둑놈, 도둑놈들아 모두 잘 있으시오."

그 순간 한암의 토굴은 막혀 버렸고 한산자와 습득은 어디로 갔는지 알 수 없었다. 여구윤이 도교스님으로 하여금 지난 날 그들이 남긴 행적을 찾아보라고 하였다. 한산자가 토굴 주위의 나무와 돌에 새겨 놓은 시(詩)와 고을 담에 쓴 게송이 무려 3백 여 수가 되었으며 또 습득이 성황당 벽에 써 놓은 게송이 엄청나 나중에 여구윤은 이를 모아 책을 엮어 세상에 전하였다고 한다.

지옥에 있는 어머니를 구한
진도독의 딸

당나라 진도독(陳都督)에게는 귀한 딸이 있었는데 어머니가 병으로 죽고 난 뒤 보고 싶은 생각에 밤낮으로 식음을 전폐하고 울고만 있었다. 진도독은 딸을 그대로 놓아두면 죽을 것만 같아 여러 방법을 통해 달래보았지만 소용이 없었다.

"나도 아버지가 아니냐. 어머니가 비록 돌아가셨지만 나를 생각하고 그만 슬픔을 거두고 마음을 잡아보아라."

딸은 음식을 제대로 먹지 못했다. 진도독은 이러다가 딸자식마저 잃게 되는 것은 아닌지 가슴이 터질 것만 같았다. 생각 끝에 딸을 붙들고 또 달랬다.

"네가 죽은 어머니를 생각하는 것도 당연하다. 그렇다고 음식을 먹지 않으면 너도 죽을 것이니 너의 어머니를 생각하는 도리가 아니지 않느냐. 네가 참된 효녀라면 너의 어머니를 위하여 부처님께 정성을 드리는 것이 좋겠다. 집에 지장보살님의 성상을 모실 터이니 네가 어머니를 위하여 기도를 드리도록 해라."

진도독은 그림을 제일 잘 그리는 화공(畵工)에게 부탁하여 5백 냥을 들여서 높이가 세 자가 되는 지장보살 성상을 조성하였다. 완성되자 그의 딸이 아버지 앞에 나와 청하였다.

"아버지, 이번에 모신 지장보살님은 어머님께서 계셨던 자리에 모시고 싶습니다. 어머니 생각이 날 때마다 지장보살님을 우러러보고 지장보살님 염불도 함께 하려고 합니다."

진도독은 딸이 마음을 돌린 것이 기뻐 딸에게 어머니가 머물던 침실을 비워 거기에 존상을 모시게 해주었다. 밤낮으로 예배 공양을 하고 염불도 쉬지 않고 어머니의 명복을 빌었다. 지장보살님에 대한 딸의 정성은 대단하였다. 딸의 마음도 어느덧 안정되고 텅 비어 쓸쓸한 바람이 부는 듯했던 집안에도 차차 훈기가 도는 듯했다. 그러던 어느날 밤, 딸은 꿈을 꾸었다. 꿈속에서 한 스님이 말씀하는 것이었다.

"갸륵하다 효녀여, 너의 어머니는 초열(焦熱) 지옥에 있느니라. 나도 옛날 너와 같은 딸이 되었을 때가 있었는데 그때 나의 아버지는 이름이 시라선견(尸羅善見)이었고 어머니의 이름은 열제리(悅帝利)라고 하였었다. 나의 어머니가 돌아가시어 태어난 곳을 몰라 애태우다가 마침내 부처님의 자비하신 인도를 힘입어 어머니가 지옥에 빠져 한없는 고통을 받고 계시는 것을 알고는 그때에 다시 부처님께 발원하고 기도하여 어머니로 하여금 천상에 나게 하였느니라. 그때부터 내가 보리심을 발하여 일체 중생의 고통을 없애주기로 맹세하였었다. 너의 효심을 보니 옛날 생각이 나는구나. 너의 효성이 장하다. 내가 마땅히 초열지옥에 들어가 빛을 놓고 설법하여 너의 어머니를 죄의 고통에서 건져내어 천상에 나게 하여 주겠노라."

말씀을 마치자 스님은 갑자기 사라져 보이지 않았다. 잠시 후 스님이 다시 나타나서 밝으신 얼굴에 자비하신 웃음을 머금고 딸에게 가까이 오셨다. 얼핏 보니 스님의 옷자락이 불에 타 있는 것이 보였다. 그래서 이유를 물으니 초열지옥에 들어갔을 때 불꽃에 탄 것이라고 하시며 스님이 다시 사라졌다.

순간 도독의 딸은 꿈에서 깨어났다. 그러나 어머니가 천상에 태어난 것을 의심할 수 없었다. 애달픈 마음, 그리운 마음, 안타까운 마음, 괴로운 마음, 가슴 터질 듯이 슬픈 마음, 그 모든 것이 단번에 사라지고 가슴 속이 환히 열리는 것 같았다. 그의 가슴에는 기쁜 마음이 피어오르고 있었던 것이다.

지장보살 공덕으로 살아난 스님

당나라 화주(華州) 혜일사(慧日寺) 법상(法尙)스님은 사냥꾼으로 있다
가 서른일곱 살, 늦은 나이에 출가했다. 하루는 여느 때와 같이 사냥
길에 나서 산을 누비고 다니는데 숲속에서 빛 같은 것이 쏟아져 나
왔다. 그는 이상한 생각이 들어 그곳에 가보았는데 길이가 한 자 남
짓한 썩은 나무토막 하나밖에 보이지 않았다. 기이한 생각이 들어
나무토막을 가지고 집으로 돌아왔다. 그 뒤에도 사냥하러 갔다가 썩
은 나무 있던 곳에서 똑 같은 빛이 흘러나왔다. 역시 그곳에 가보니
아무 것도 없고 다만 먼저 주워갔던 썩은 나무의 속심만 있을 뿐이
었다. 그는 나무의 속심만 주워 아무 일 없었다는 듯 말등에 얹어 집
으로 돌아가던 중 호랑이를 만났다.

　법상은 말을 타고 있었지만 호랑이의 힘과 속력을 이겨낼 수 없
었다. 그나마 가지고 있던 활시위마저 늘어져 쏠 수가 없었다. 호

랑이는 법상 앞에 서서 노려보고 있었다. 순간, 법상은 그만 당황하여 말에서 떨어졌다. 꿈같은 의식 속에서 홀연히 한 스님이 나타나 자기 앞에 서서 호랑이와 맞서 싸우는 것이 보였다. 스님이 호령을 하니 호랑이는 어디론가 사라졌다. 그 광경을 보고 있던 법상은 꿈속인 듯 안도의 한숨을 내려 쉬고 스님을 쳐다보았다. 옷은 남루하고 추한 얼굴을 가진 스님은 그지없이 초췌해 보였다. 법상이 물었다.

"스님은 누구십니까? 목숨을 이렇게 구해주시니 이 은혜를 어찌하면 다 갚을 수 있겠습니까. 참으로 고맙습니다."

"나는 지장보살이다. 네가 주워온 숲 속의 썩은 나무가 곧 나의 몸이다. 옛날 너의 증조부가 이 곳에 절을 짓고 부처님을 조성하여 모셨었는데 세월이 흐르는 동안에 절은 퇴락하여 다 없어지고 그 당시의 내 모양도 썩어 오직 속만 남아 있었는데 네가 그 후손으로 인연이 있어 나의 빛을 보게 되었으므로 그 인연으로 내가 너를 구해주는 것이다."

이 말씀을 듣고 법상은 깨어났다. 그의 곁에는 말이 울고 서 있었으며 호랑이는 없었다. 다시 살펴보니 그곳은 바로 자기가 썩은 나무를 주웠던 곳이었다. 호랑이에게 쫓겨 자기도 모르게 그 곳에 와 있었던 것이다. 법상은 깊이 생각에 젖어 들었다. 이제까지 사냥을 업으로 삼던 과거를 뉘우쳤으며 절을 짓고 부처님을 모셨던 증조부님의 후손이라는 것과 오늘 호랑이에게서 살아날 수 있었던 기특한 인연을 거듭 생각하였던 것이다. 법상은 큰 결단을 내렸다. 빛을 발하던 그 곳에 절을 짓고 거기서 주운 썩은 나무에 향으로 이긴 진흙을 발라 지장보살 존상을 조성하여 모시고 절 이름을 혜일정사(慧日精舍)라 불러 증조부의 정신을 이어받아 부처님 법을 닦게 되었다. 법상은 출가하여 수도를 게을리하지 않았고 그의 수행은 한결 같았다. 78세가 되는 2월 24일에 입적하였는데 곁에 있던 도반들에게 이런 말을 남겼다.

"좀 전 지장보살께서 나에게 이런 말씀을 하셨다. 너는 자씨여래(慈氏如來-미륵불)의 3회 설법 중에 제 2회에서 도를 깨칠 사람이다. 이제 네가 죽게 되면 곧 도리천에 나게 될 것이다."

그래서 나는 지장보살에게 이렇게 말씀드렸다.

"천상에 나면 오욕락의 즐거움이 비할 데 없다고 하오니 천상에서 쾌락을 받다가는 보리심을 잊기 쉽다고 하옵니다. 그렇게 되면 부처님 뵈올 날이 멀지 않겠습니까."

지장보살이 말씀하셨다.

"그렇다면 너의 소원대로 하라. 네가 만약 극락정토에 가서 나고자 하거든 마땅히 아미타불을 하룻밤만 전심전력 생각하라. 그러면 극락세계에 날 수 있으리라. 그리하여 나는 곧 아미타불을 전심전력으로 생각하여 극락세계에 왕생하기를 원하였더니 이제 원을 이루어 정토세계로 떠나게 되었다."

법상은 합장하고 앉아서 가벼운 미소를 머금은 채 조용히 극락왕

부용병의 사연

원나라 최영(崔英)은 아내 왕씨와 함께 배를 타고 영가(永嘉)의 원(員)으로 부임하기 위해 길을 떠났다. 그가 가진 행장의 기물(器物)에는 금은(金銀)과 재화가 많았다. 뱃사공들은 그것을 탐내어 최영을 물에 집어던지고 노복들도 살해했다. 뱃사공의 두목은 왕씨를 며느리로 삼으려고 했다. 왕씨는 우선 위급한 궁지를 모면할 속셈으로 거짓 승낙했다. 도적들은 중추가절(仲秋佳節)에 술에 취해 인사불성이었다. 왕씨는 그 틈을 타 비구니가 있는 암자로 도망가서 그곳에서 머리를 깎고 출가하여 이름을 혜원(慧圓)으로 바꾸었다. 왕씨는 암자에서 관세음보살께 예경하고 은밀하게 천추에 맺힌 한의 심곡(心曲)을 사뢰었다. 어느 날 우연히 암자에 있는 부용병의 그림 안에 새겨진 글을 보니, 분명히 최영의 필적(筆迹)이었다. 혜원은 거기다 글을 한 구절 써넣었다.

소병(素屏)*은 적막한데 몸이 마르도록 참선에 정진하였네 [枯禪] 금생의 인연은 이미 끊어졌지만 재생(再生)하는 인연이나 맺어보기 원이로다.

그 뒤, 소병은 팔려 시랑(侍郎)인 고린(高麟)의 집으로 들어갔다. 그때 물에 빠진 최영은 헤엄을 쳐서 살아나왔는데, 떠돌이 방랑객이 되어 글씨를 써서 팔면서 근근이 살아가고 있었다. 고린은 최영을 선생으로 초청하여 서관(書館)에서 묵게 하였다. 최영은 마침 부용병(扶蓉屏)에 써진 글씨와 글귀를 보고 그것이 자기 아내의 필적임을 알고 고린에게 그동안 겪은 일들을 말하였다. 고린은 자기 부인에게 수소문하여 결국 부부는 만나게 되었다. 그러나 아내 왕씨는 이미 출가의 몸이었다. 부부는 한없이 부둥켜안고 울었다.

그리고 비밀히 탐문하였는데 그 병풍은 뱃사공 고아수(顧阿秀)가 암자에 시주한 것임을 알아내었다. 그를 잡아 가두고 최영은 다시 임지(任池)로 가게 하였다. 왕씨는 관세음보살님의 음덕에 감격하여 평생을 장재(長齋)하며 관음경을 지송하였다.

---

* 소병: 글씨나 그림이 없이 흰 종이만 발라서 꾸민 병풍

절을 창건한 머슴

보구는 나이 마흔이 넘도록 장가를 들지 못하고 마을 좌장 집에서 머슴살이를 하며 혼자 살고 있었다. 거느린 식구 없이 혼자였지만 그는 외로운 줄 모르고 성실히 일하며 주위 사람들에게는 늘 웃음을 보내는 착한 사람이었다. 그런데 웬일인지 더운 여름이 가고 찬 바람이 불기 시작하면서 보구는 전보다 말수가 줄고 뭔가를 골똘히 생각하는 듯했다.

"자네 요즘 무슨 걱정이라도 생겼는가?"

"아닙니다." 이상히 여긴 좌장 어른이 물어봐도 보구는 신통한 답을 들려주지 않았다.

그렇게 며칠이 지난 어느 날 나들이를 다녀오던 좌장은 자기 눈을 의심했다. '보구가 이웃마을에 와서 빈 집을 헐고 있다니. 그러나 저건 분명 보구 모습인데….' 좌장은 가던 길을 멈추고 가까이

다가갔다. 틀림없는 보구였다.

"여보게, 자네 거기서 뭘 하고 있나?"

"예, 절을 지으려고 헌집을 사서 헐고 있습니다."

좌장은 기가 막혔다. 장가도 못간 머슴주제에 절을 짓고 있는 보구가 한심했던 것이다.

"이 사람아 이제 나이 들어 머슴살이도 얼마하지도 못할 신세인데 절을 짓다니."

좌장은 보구가 자신의 분수를 모르는 것만 같아 심하게 나무랐다. 옆에서 이 말을 듣고 있던 좌장의 동생이 말을 거들었다.

"형님, 말씀이 너무 과하신 듯합니다. 평생 머슴살이하여 알뜰히 모은 돈으로 절을 지으려는 보구의 마음이 갸륵하지 않습니까. 형님 우리가 도와주도록 합시다."

이때 언제 그런 노래를 익혔는지 염불하듯 보구가 노래를 불렀다.

"좌장 어른 좌장 어른, 그런 말씀 마세요. 나무아미타불 관세음보살 어영땅 김수로왕은 무엇이 모자라서 높고 높은 봉우리에 허어이 허어이 아버지를 위로하여 부운암을 짓고 어머니를 위로하여 모운암을 지었나요. 나무아미타불 관세음보살."

노래를 들은 좌장과 동생은 보구가 예사 머슴이 아니라는 생각이 들었다.

"형님, 보구를 도와줍시다. 절이 다 이뤄지면 우리도 저승가신 부모님 위해 기도하고 자손들도 얼마나 좋습니까."

"음, 그렇게 하자. 내 잠시 보구를 업신여긴 것이 미안하구먼."

마을에 돌아온 좌장은 온 동네 사람들에게 한 사람도 빠짐없이 보구가 절 짓는 일을 도와주도록 일렀다.

"말이 씨가 된다더니 보구가 정말 절을 짓나 보네."

"평소 절하나 짓는 게 소원이라고 입버릇처럼 말하더니 잘 됐군."

마을 사람들은 너나없이 착한 보구를 도와주러 갔다. 그런데 좌장집 머슴 중 가장 기운이 센 큰머슴만 빠져 있었다. 평소 심술궂어 주인에게 꾸지람을 많이 들으나 기운이 센 덕에 내쫓기는 신세를 면한 그는 아침이면 늦잠을 자는 게으름뱅이였다. 그날도 큰머슴은 주인어른에게 부역갈 것을 채근 받았지만 배가 아프다고 핑계를 대고 있었다.

"흥, 같은 머슴인데 누구는 절을 짓고 누구는 부역을 가다니."

큰머슴이 샘이 나서 더욱 늑장을 부렸으나 좌장의 눈이 무서워 할 수 없이 지게를 지고는 어슬렁어슬렁 불사현장으로 갔다. 사람들은 모두 열심히 일하느라 큰머슴이 오는 줄도 몰랐다. 아무도 쳐다보지 않자 큰머슴은 지게에 짐을 지고 몇 걸음 옮기다 말고는 심술이 나서 칡덩쿨 속에 짐을 쳐 박고는 벌렁 누워 하늘에 떠가는 구름을 보며 신세한탄을 했다. 마침 마을사람을 대접하려고 주막에 가서 술 한 통을 사서 지고 오던 보구가 먼 발치서 이 광경을 보았다. 보구는 시치미를 뚝 떼고는 큰머슴이 누운 숲가에 와서 노래를 불렀다.

"오늘 이 부역 해주는 사람 소원 성취한다니 소원을 말해보소. 장가 못 든 사람은 장가를 들고 시집 못간 사람은 시집을 가네. 나무아미타불 관세음보살. 고대광실 높은 집 네 귀퉁이 풍경 달고 아들을 낳으면 귀동자를 낳고 딸을 낳거들랑 옥동자를 낳으시라. 까마귀야 까마귀야 헤에이 헤에이 나무아미타불 관세음보살."

누워 있던 큰머슴은 어디선가 들려오는 노래에 귀가 번쩍 뜨였다.

"뭐 장가도 들고 고대광실 높은 집에서 아들·딸 낳고 잘산다고…."

머슴은 벌떡 일어나 지게를 지고는 보구를 따라 일터로 가며 노래를 부르기 시작했다.

"가자 가자 부역가자 보구대사 절을 짓네 헤에이 부역 가자 절을 지으러 가자 까마귀야 까마귀야 갈까마귀야 너도가자 보구대사 절을 짓네 나무아미타불 관세음보살."

큰머슴은 보구에게 "대사님 대사님." 하면서 신명나게 일했다. 사람들은 큰머슴을 보고는 "이제 철이 들었다."며 웃었다. 보구 혼자 지으면 몇 달이 걸릴지 모른 절이 순식간에 완공됐다.

회향날이었다. 좌장을 비롯한 동네사람들은 모두 마음속으로 한 가지씩 부처님께 소원을 빌었다. 그랬더니 그 소원이 모두 이루어졌다. 물론 착한 사람이 된 큰머슴도 장가를 들어 아들·딸을 낳고 행복하게 살았다. 경상북도 월성군 외동면에 세워진 이 절을 멀리

서까지 와서 소원을 비는 절이라 하여 원원사라 불리어지고 인근
주민들의 발길도 끊이지 않았다고 한다.

할아버지의 신앙으로
되살아난 선비

형주(荊州)에 사는 한 선비가 있었다. 그는 글보다는 오히려 사냥을 즐기면서 살았다. 특히 기러기 잡는 데는 명수여서 기러기 영웅이라고 해서 그의 별명인 안웅(鴈雄)만이 전해지고 있다. 사냥을 업으로 이럭저럭 살다보니 벼슬은커녕 나이가 오십이 되어서는 열병을 앓다가 그만 죽고 말았다. 그의 아내는 풍습에 따라 슬피 울면서 시체를 산에다가 내다버렸다. 호랑이 밥이나 되라는 의미였다. 그런데 삼 일 만에 그가 살아나 비실비실 집에 돌아왔다. 죽어서 산에 버렸던 사람이 자기 발로 걸어서 돌아오니 아내와 가족들은 "귀신이 돌아왔다"고 몹시 놀랐다. 그런데 가족들은 얼굴이 새파랗게 질려서 오들오들 떠는데 정작 안웅이의 거동은 귀신으로만 보이지 않았다. 비록 초췌한 얼굴이었으나 화색이 돌고 거동이 정상적이었기 때문에 가족들은 겁에 질렸다가 놀라움으로 바뀌고 순식간에 기쁨으로 바뀌어 야단법석, 일대 소동이 일어났다. 그런데 안웅이 하는 말은 정말 놀라운 일이었다.

"내가 산에 누워 있는데 누군가가 나를 어서 가자고 소리치면서 집안에 들어왔다. 자세히 보니 그 모습이 우악스럽기가 형용할 수 없었다. 내 곁에 오더니 다짜고짜 어서 가자고 방망이로 얼러댔다. 하는 수 없이 그에게 끌려 문밖을 나섰다. 문밖에는 수레가 기다리고 있었는데 거기에는 불이 이글이글 타고 있었다. 그런데 방망이를 든 사나이는 나를 불수레에 타라고 호령하였는데 아무리 발버둥을 쳐도 역부족이었다. 수레에 막 실린 참인데 그때 어디서인지 한 스님이 나타나서 물을 불수레에 퍼부었다. 불길은 단번에 잡혔고 타서 죽는 것을 면하게 되었다. 그 순간 스님은 보이지 않았다. 방망이를 든 사자는 나를 데리고 몇 개의 대문이 달린 집을 지나 염라대왕 앞에 꿇어 앉혔다. 거기에는 멧돼지 · 노루 · 염소 · 토끼 · 꿩 그밖의 여러 가지 새들이 수천 마리 모여 있었다. 또한 기러기도 여러 마리 있었다. 그런데 저들 짐승들은 일제히 목을 빼고 눈알을 부라리며 나를 노려보았다. 그리고서 일제히 염라대왕에게 무엇인가를 호소하고 있었다. 나는 저 짐승들이 하는 말이 모두 사람의 말임을 역력하게 알 수 있었다."

'대왕님, 저놈이 우리를 죽이고 우리 자식을 죽인 안웅이입니다. 저놈을 엄하게 다스려주십시오.' 하기도 하고 '저놈 때문에 우리 신세가 이 지경이 되었습니다.' 하기도 하였다. 대왕이 그 말을 듣더니 말하였다.

"너희들 말이 맞다. 안웅이는 틀림없이 나쁜 사람이다. 그러나 한 가지 그의 조부가 지장보살님에게 귀의했으므로 나로서는 저 안웅이가 그 사람의 손자인 것을 아는 이상 고초를 면해 줄 수밖에 없다" 하였다.

나는 귀가 번적 띄었다. 꼼짝없이 이제는 지옥으로 가나보다 하였는데 지장보잘님 공덕으로 살게 된 것이다. 나는 감격해서 일심으로 지장보살을 소리 높여 불렀다. 그랬더니 뜻밖에도 뜰 가운데 있던 모든 짐승들이 금시에 사람의 모습으로 변하였다. 그때 염라대왕이 나를 놓아 주면서 "어서 가라" 하였다. 그래서 그 말을 듣고 금방 돌아오게 되었다" 그 일이 있은 후부터 안웅의 생활은 급변하였다. 그는 자칭 "부처님의 종이다"고 돌아다니면서 부처님을 찬탄하고 부처님 일이면 무엇이든 하였다. 그리고 많은 사람들에게 자신이 죽었다가 살아난 경위를 말하면서 지장보살을 일심으로 기도할 것을 권하고 다녔다고 한다.

선행 복으로 왕생극락한 우상치

청나라 우상치(禹尙治)는 대동부(大同府) 혼원주(渾源州) 서쪽 수마탄촌(水魔誕村) 사람으로서 평소 선행을 닦고 보시하기를 좋아하여, 그 고을에서 절을 중건하는 곳이 있으면 힘을 다해 보시하였다.

수마탄촌 남쪽에 큰 길이 있는데 그는 군데군데 찻집을 세우고 전답을 기부하여 오고 가는 이에게 언제나 차를 마시게 하였으며 세밑이 되면 여러 절에 향촉을 보시하기를 해마다 잊지 않고 하였다. 하루는 우상치가 병이 나서 누웠는데 꿈에 보니 광명이 뻗치고 광명 속에 어떤 보살의 등상이 낙수(落水)에 전신이 젖는 것을 보았다. 병이 쾌차한 뒤, 오대산에 들어가 각지를 순례하더니, 동대 뒤에 있는 나라굴(那羅蘿)에서 보살의 동상을 발견했는데 꿈에 보던 바와 꼭 같았다. 측은한 마음을 금치 못하고 집에 돌아와 무쇠로 불당을 만들어 나라굴에 보내 보살상이 물에 젖지 않게 하였다. 그 후 임종할 때에 아들과 손자들에게 이렇게 게송을 읊었다.

"여러 가지 나쁜 일을 하지 말고 모든 착한 일을 받들어 행하라. 큰일을 다 마치었으니 나는 극락세계로 가노라."

송나라 주방국의 환생기

옛날 중국 송나라 전당호(錢唐湖-池名)에 주방국(周防國)이라는 사람이 살고 있었다. 그는 어려서부터 삼보를 신앙하고 『관음경』을 독송했으며 매달 관음재일에는 꼭꼭 잊지 않고 관세음보살님께 공양을 올렸을 뿐만 아니라 틈만 있으면 스님들을 집으로 청해 공양하고 법문을 들었다. 때론 집 뒤에 있는 관음사에 올라가 며칠씩 지성껏 기도를 드리곤 하였다.

주씨 집안에는 골치 아픈 일이 한 가지 있었다. 선조께서 사람을 죽인 일이 있었고, 그 후손들이 어떻게든 복수하여 주씨 일족을 멸하려 했던 것이다. 그런 중에도 주씨는 항상 부처님 말씀을 잊지 않았는데 특히 『법구경』에 있는 말씀을 가슴에 새겼다.

"원망으로써 원망을 갚으면 마침내 원망은 쉬지 않는다. 오직 참음으로써 원망은 쉬나니 이 법은 영원히 변하지 않는다."

그는 이와 같이 부처님 말씀을 되뇌이며 될 수 있는 한 무력으로 투쟁하지 않고 원수의 복수를 방지하려고 노력하였다. 하지만 상대방이 워낙 깡패 족속들이라 주씨의 이같은 마음을 알고는 더욱 미친 듯이 발광했다. 하루는 주방국이 관청에 갔다 오는데 후미진 길목에서 원수 일당이 숨어 있었다. "이놈 잡아라" 그놈들은 소리를 지르며 번개처럼 달려왔다. 주씨는 안간힘을 다해 말을 채찍하여 달렸다. 그러나 30여 명에게 포위된 주씨는 독 안에 든 쥐와 같았다. "이놈 네가 달아나면 어디로 갈 테냐." 활과 창으로 말을 찔러 주씨를 말 위에서 떨어뜨렸다. 종들은 모두 혼비백산 도망치고 오직 주씨 혼자만 잡혔다. "이놈, 내 조상의 원수를 내 이제 갚으리라." 원수들은 독기를 품고 떼로 달려들었다. "이놈들아. 들어보아라. 조상 때의 원수가 우리 대에 무슨 상관이 있느냐. 너희들이 조상의 원수를 빙자하여 나의 재물을 약탈하려는 것이 아니냐" "이놈, 주가 놈아, 주둥이를 닥치고 내 손에 죽어보라" 한 놈이 달려들어 칼로 주씨의 목을 쳤다. 그 순간 유혈이 낭자하고 천지가 캄캄해졌다. 놈들은 죽은 주씨의 옷을 벗겨 포를 뜨고 배를 갈라 찢어진 몸을 나뭇가지에 걸어두고 짐승의 밥이 되게 하고 달아났다. 그러나 얼마 후 깨어나 몸을 움직여 보니 아무 데도 다친 데가 없고 아픈 곳도 없었다. 다만 주씨는 말 위에서 떨어져 두들겨 맞고 목이 베어진 것만 기억할 뿐 그 다음 일은 전혀 기억할 수 없었다. '이상하다. 내가 분명히 목이 잘려 죽었었는데….' 사방을 돌아보니 사람의 그림자는 하나도 볼 수 없고 오직 애마(愛馬)만이 쓰러져 있었다. 집안사람들은 종들의 말을 듣고 밖에 나갔다가는 식구마저 몰살당할 것을 두려워하여 벌벌 떨고 밖으로 나와 보지 못했다. 그런데 뜻밖에도 늦은 밤 주씨가 멀쩡하게 집으로 돌아왔다.

"아이쿠 어찌된 일입니까. 칼을 맞아 돌아가신 줄만 알고 있었는데?"

"나도 모르겠다. 혼만이 돌아온 것인지 정말로 육체가 있는 것인지 어디 한번 만져보라."

가족들이 온 몸을 만지니 비록 상처는 있고 의복이 갈기갈기 찢어지긴 하였으나 혼령만 온 것은 아니었다.

"분명 아버지의 몸입니다. 그런데 이렇게 상처가 났는데도 아프지 않으십니까?"

"아픈 곳은 아무데도 없다. 다 관음사 부처님 덕인 줄 안다."

사람들은 모두 놀라 소문은 잠깐 사이에 온 동네에 퍼졌다.

"그거 모두 거짓말이네. 분명 내가 그를 죽여 나뭇가지에 걸어놓고 오는 것을 보았는데 죽은 사람이 살아나는 수도 있는가."

"혹 죽은 사람이 살아나는 수는 있다 해도 갈기갈기 찢어진 몸이 어떻게 다시 붙어 성한 사람이 될 수 있단 말인가."

"그러고 저러고, 살았다고 하니 우리 함께 가보세."

동네 사람들은 떼를 지어 주씨의 집으로 몰려왔다. 주씨는 조금도 다름없었다. "내가 원한 있는 집에 태어나 이런 곤욕을 당하긴 하였지만 이를 계기로 다시 이런 일이 없었으면 좋겠다" 참으로 신기한 일이었다. 마을 사람들은 그를 죽였던 사람 집에 찾아가 이 사실을 알렸다. 그의 얼굴이 새파랗게 질렸다.

"아, 내가 잘못했구나. 주방국은 하늘이 낸 선비인데 내가 어리석게 잘 모르고 그랬구나."

그는 크게 후회하며 그 집 가족들을 모두 거느리고 주씨를 찾아가 사과를 하였다.

"다시는 이런 일이 없도록 맹세하고 다짐합니다."

"감사하네. 부처님 말씀에 사해동포(四海同胞)라 하였으니 우린 이제부터 한 형제로 살아가세."

며칠 후 주씨가 밤에 잠을 자다 꿈을 꾸었는데 노스님이 한 분 나타나 말을 하였다.

"내가 너를 살려주었다. 너 대신 몸에 깊은 상처를 입었으니 네가 알고 싶거든 관음사를 찾아와 보라."

꿈이 너무나 역력하여 주씨는 곧 관음사로 달려갔다. 과연 법당에 모셔져 있는 십일면관음보살의 전신이 칼자국으로 난자되어 있고 목과 팔다리에 빨갛게 핏방울이 맺혀 있었다. 주씨는 너무나도 황송하고 감격하여 마루에 쓰러져 울면서 한없이 관음보살을 염불하다가 울음을 그치고 일어났다. 그리고 보수공사에 착수하여 부처님으로 장엄하고 그의 원들과 한 자리에 모여 일심으로 참회하였다.

승찬대사의 입적

삼조 승찬대사는 이조 혜가(慧可)스님의 제자이다. 승찬대사는 어려서부터 불치병에 들어 고통을 받고 있다가 인도의 달마대사에게 팔을 끊어 바치고 도를 얻었다는 혜가스님을 찾아갔다. 혜가스님이 물었다.

"어디서 무엇을 하러 왔는고?"

"숙세의 죄업으로 불치병(不治病)에 걸려 있습니다. 법으로써 이 목숨을 구해주시옵소서."

"그래, 그렇다면 그 죄업을 이리 가져오너라. 그리하면 내가 그대의 죄업을 없애 주리라."

승찬대사는 말씀을 듣고 그 죄업를 찾기 위해 온몸을 뒤져 보았으나 찾을 수 없었다.

"죄를 찾으려 하여도 찾을 수 없습니다."

"그렇다면 내가 이미 그대의 죄를 다 없애 주었노라."

생각해 보니 참으로 허망한 일이었다. 찾으래야 찾을 수 없는 죄업을 가지고 지금껏 짊어지고 다니면서 온갖 고생한 것을 생각하니 기가 막혔다. 승찬대사는 마침내 무병장수의 법을 깨닫고 해탈하였다. 그런데 당시만 해도 중국은 혼란기라 법을 얻기는 하였어도 편히 법을 전할 수는 없었다. 동서 양위(兩魏)와 후주(後周)·북제(北齋)·수(隋)·진(陳) 등 밤하늘의 별빛처럼 빛나는 군웅이 할거하는 시대였다. 더구나 시대는 변천무상 흥망성쇠를 보이고 긴박한 전운(戰雲) 속에 폭도적인 불교탄압은 말로 형언할 수 없었다. 심지어 절을 보기만 하면 불을 지르고 스님을 만나기만 하면 잡아 죽였다. 그리하여 뜻있는 수행자들은 모조리 깊은 산 험한 골짜기로 들어가 풀뿌리와 나무, 과일로 주린 창자를 달래며 세상 밖으로 나아가지 않았다. 승찬대사도 처음에는 법난을 피하여 대호현에 있는 사공산을 거쳐 여러 산 깊은 곳을 유람하다가 그 후 수나라가 천하를 통일하여 세상이 안정되자 개황(開皇) 12년 때 4조 도신(道信)에게 법을 전하였다.

화종수인지(華種雖因地)
종지종화생(種地種華生)
약유인하종(若有人下種)
화지진무생(華池盡無生)

꽃과 열매가 비록 땅을 의지해 있으나
땅은 종자로 인해서 꽃과 열매를 맺나니
만일 사람이 종자를 심지 아니하면
꽃과 땅이 모두 종자를 내지 못하게 되느니라.

삼조 승찬대사는 이렇게 법을 전하고 북으로 깊이 업렬(業烈)에 들어가 삼십 년 동안 전법하였다. 만년에는 서주로 돌아가 민중을 멀리 하고 홀로 정진하였다. 소식을 듣고 전국지방에서 도속(道俗)들이 몰려오자, 다시 감로법우(甘露法雨)를 밤낮없이 전해 주었다. 하루는 스님께서 법회 중에 뜰 앞에 있는 큰 나무 아래로 내려가셨다. 대중들이 묵묵히 따라가니 고요히 서서 사방의 풍경을 두루 바라본 후 두 손을 모아 가지런히 합장하고 그냥 그대로 서서 영원한 대선정(大禪定)에 들었다. 때는 수나라 양제 대업(大業) 2년 병인(丙寅) 10월 15일이었다.

오달국사의 인면창

중국 당나라 때 지현(智顯)이란 스님이 있었다. 그는 계행(戒行)이 청정하고 정혜(定慧)를 남달리 닦아 대중 가운데 뛰어났다. 자비심이 깊어 화를 내지 아니하므로 대중 스님들은 그를 추천하여 환자를 간호하는 간병(看病) 일을 보게 하였다.

하루는 성질이 포악하고 험상궂은 노스님이 찾아왔는데 그는 시키는 대로 하지 않으면 마구 횡포를 부렸다. 문둥병으로 피와 고름이 흘러 간병하는 스님을 항상 옆에 불러 앉혀 놓았다.

"노스님의 병이 만성이 되어 신경질을 더욱 부리니 내 그를 더욱 어여삐 여기고 어떻게든지 낫도록 해 주어야겠다."

그런 그를 지현스님은 오히려 가엾게 여기고 멀고 가까운 데를 가리지 않고 약을 구하는 것은 물론 밥과 죽을 하고, 약을 다려 드렸다. 하지만 노스님은 밥그릇과 죽그릇을 내던지기도 하고 약이 쓰다고 짜증을 내기도 하였다. 지현스님은 뜨거운 그릇을 뒤집어 쓰고도 화 한번 내지 않고 극진히 간호하였는데 그 덕택으로 문둥병이 삼 개월만에 완치되었다. 노스님도 사람인지라 떠날 때 지현을 극구 칭찬하였다.

"가히 현세의 보살이다. 복을 짓는 가운데는 간병(看病)보다 더 나은 것이 없는데 네 가지 정성으로 간호하여 내 병이 이렇게 나았으니 네 나이 마흔이 되면 나라의 국사로 뽑혀 천왕의 존경을 받으리라. 만일 그때 천하제일의 음식을 먹고 천하제일의 의복을 입어 황제와 나란히 봉연을 타고 돌아다녀도 마음에 허영을 놓지 아니하면 크게 고통 받는 일이 있으리라. 그때에는 꼭 나를 찾아야 할 것이니 잊지 말아라."

지현은 이 소리를 듣고 부끄러워졌다.

"스님은 별 말씀을 다 하십니다. 저 같은 사람에게 나라의 국사는 다 무엇이며 천하일미가 무슨 상관이 있겠습니까? 오욕을 버리고 오직 출가하여 수도를 하는 것은 견성성불을 하여 무량중생을 제도코자 하는데 목적이 있는 것이니 설사 그러한 지위가 나에게 부여된다 하더라도 초근목피(草根木皮)와 현순백결(顯順白潔)의 누더기를 떠나지 않겠습니다."

"허어, 그 사람 장담은 이제 두고 보면 알게 아닌가."

"그렇다면 스님의 주소나 알아야 찾아가지 않겠습니까."

"그렇구나. 참 나도 망령이로구나. 다룡산 두 소나무 아래 영지 옆에 산다. 그리로 오면 만날 수 있다."

"감사합니다. 만일 그런 일이 있으면 꼭 찾아뵙겠사오니 부디 버리지 마십시오."

"그런 걱정은 말고 너무 늦지 말라."

노스님과 지현은 이렇게 다짐을 하고 아쉬운 작별을 하였다.

그리고 그는 과연 마흔 살이 되었을 때 국사가 되었다. 나라에서는 훌륭한 도인을 찾아 스승으로 모시고자 전국총림에 조서(詔書)를 내렸는데 이구동성으로 지현스님을 추천하니 결국 국사 자리에 앉게 되었던 것이다. 지현스님은 몇 번이나 사양을 하고 거절하였으나 어찌할 수 없었다. 마침내 왕명으로 오달조사(悟達祖師)라는 법명을 받았다. 금빛 찬란한 비단장삼에 금란가사를 두르고 천하에 제일가는 음식을 먹었다. 천하의 백성들이 부러워하는 만조백관들이 그의 앞에서는 꼼짝 달싹도 못했다. 뿐만 아니라 황제는 항상 그를 자기와 똑같은 봉연에 태우고 정치를 자문하니 세상에 그보다 더 높은 사람은 없었다. 오달조사는 자기도 모르는 사이에 어깨가 으쓱해졌다. 그래서 지난날의 계행은 간 곳이 없고 그동안 길들여온 오후불식(午後不食)도 하지 않았다. 그러던 중 하루는 이상하게도 넓적다리가 쓰리고 아파 만져보니 난데없는 혹이 하나 났는데 시시각각으로 커져 사람의 머리만 하였다. 이상한 것은 혹에는 머리도 나고 코도 있고 눈도 생겨 필시 사람의 얼굴과 꼭 같았다. 걸음을 걸으면 씻기고 아파 견딜 수가 없으므로 저절로 얼굴이 찡그려졌다. 일국의 국사로서 항상 자비의 상호를 떠나지 않았으므로 그가 국사에 추대된 것인데 국사가 되어 얼굴을 찌푸리고 험상궂은 상호로 만조백관을 대하게 되니 세상에 그보다 더 괴롭고 아픈 일은 없었다. 좋다는 약은 다 써 보아도 낫지 않았다. 그런데 하루는 이상하게도 그 아픈 곳에서 사람 소리가 났다. 밤중이 되어 가만히 옷을 벗고 들여다보니 어쩌면 그렇게도 사람의 얼굴과 꼭 같은 창(瘡)인지 알 수 없었다. 그래서 인면창(人面瘡)이라 부르게 되었는데 하루는 인면창이 말했다.

"오달아, 너만 그 좋은 음식을 먹지 말고 나도 좀 다오. 그리고 걸음을 걸을 때는 제발 조심조심 걸어 나를 좀 아프지 않게 해다오. 네가 다리를 절뚝거리지 않으려고 하면 억지로 걸음을 걸을 때마다 나는 얼굴이 씻겨 아파 견딜 수가 없구나."

오달은 깜짝 놀랐다.

"네가 도대체 누구인데 나를 이렇게 괴롭히는 거냐? 도대체 말이나 해 보아라."

인면창은 입을 꼭 다물고 말하지 않았다. 오달조사는 왈칵 소름이 끼치고 창피하여 견딜 수가 없었다. 명색이 한 나라의 국사로서 이러한 병을 가졌다면 얼마나 창피스런 일인가. 오달은 부귀영화도 다 싫고 황제를 대하는 것도 만조백관을 대하는 것도, 천하총림의 대덕들을 대하는 것도 다 싫고 부끄러워 견딜 수가 없었다. 어느 날 밤, 그는 갑자기 자신이 간호를 해주었던 그 노스님의 말이 생각났다.

"네 나이 마흔이 되면 나라의 국사로 뽑혀 천하의 존경을 받고 천하제일의 음식을 먹고 천하제일의 의복을 입어 황제와 나란히 봉연을 타고 다니리라. 그러나 마음에 허영을 놓지 아니하면 크게 고통 받는 일이 있으리니 그때는 마땅히 나를 찾아오라. 나는 다룡산 두 소나무 아래 영지 옆에 산다."

순간 오달조사는 부귀영화고 뭐고 다 팽개치고 야반도주를 기도하였다. 다룡산 두 소나무 사이에 이르니 안개가 자욱이 끼었는데 어디서 풍경소리가 들려 가보니 정자(亭子)에 그 노스님이 앉아 계셨다.

"오늘 너를 기다리고 있었다."

오달은 인면창을 보여주며 말하였다.

"스님, 이놈이 나를 잡아먹으려 합니다."

"그래, 내 이르지 않았더냐. 네가 국사가 된다 하더라도 초근목피와 현순백결의 누더기를 떠나지 않는다고 하였었지, 인면창은 바로 너의 원수이니 어서 저 영지로 내려가 말끔히 씻어 버려라."

오달은 영지가 있는 곳으로 가자 인면창이 그에게 말했다.

"내가 너에게 할 말이 좀 있다."

"무슨 말이냐?"

"네가 나를 알겠느냐?"

"내가 어찌 너를 알 수 있겠느냐?"

"그럴 것이다. 그러나 나는 너를 잊지 않고 있었다. 나는 옛날 한 나라 경제(景帝) 때의 재상 착조이다. 네가 오나라의 재상인 원익으로 있을 때 우리나라의 사신으로 왔다가 무슨 오해를 가졌던지 경제왕께 참소하여 나를 무고하게 죽게 하였다. 이것이 철천지 원수가 되어 기회만 있으면 복수를 하고자 하였다. 그런데 네가 세세생생에 중이 되어 계행을 청정히 지니고 마음 닦기를 게을리 하지 않아 좀체 틈을 얻지 못하였으나 마침 네가 국사가 되어 계행이 해이해지고 수도에 구멍이 나 모든 선신이 너를 버리고 떠나가는 바람에 내 너를 괴롭히려고 인면창으로 변하여 오늘에 이르렀다. 그러나 너는 불심이 장해 많은 사람을 구제해 온 까닭으로 오늘 저 스님의 은혜를 입어 네 병이 낫게 되었으니, 이 못은 해관수(解寬水)라는 신천(神泉)으로 한 번 씻으면 만병이 통치되고 묵은 원한이 함께 풀어지는 까닭이다. 저 스님은 말세에 화수로 다룡산에 계시는 빈두로존자(賓頭盧尊者)이니 보통 사람이 아니니라. 이러한 성현의 가피를 입어 너와 내가 세세에 원수를 풀고 도(道)를 구해 나아가게 되었으니 어찌 다행한 일이 아니냐. 그럼 잘 있거라."

인면창은 이렇게 말하고 감쪽같이 사라졌다. 오달국사는 그 동안의 해이해 졌던 계행과 거만한 마음을 참회하고 목욕하니 병은 사라지고 몸은 날아갈 듯하였다. 해관수에서 나와 빈두로존자를 뵙고자 그 곳을 찾았으나 소나무는 여전한데 정자와 사람은 간 곳이 없었다. 과연 성현의 영적(靈跡)임에 분명했다. 오달조사는 곧 나라에 사표를 내고 그 곳으로 가서 자비수참(慈悲水懺)이란 정자를 짓고 아침저녁으로 부지런히 참선을 행하니 만수행인(萬修行人)의 본이 되었다. 그리고 모든 시방제불(十方諸佛)을 찬탄하였다.

오비이락과 인과

중국 천태산 지자(智者)대사는 양무제 때의 선지식으로 본명은 지의인데 천태산에 오래 있었으므로 흔히 천태대사라고 부른다.

어느 날 지자대사가 지관삼매(止觀三昧)에 들어 있는데 산돼지 한 마리가 앞으로 지나간 뒤 사냥꾼이 활을 들고 쫓아와 물었다.

"산돼지가 이리로 지나갔는데 못 보셨습니까?"

지자대사는 그를 잠시 앉게 해서 이렇게 권했다.

"엽사(獵師)여, 어서 그 활을 던져버리시오" 그리고 지자대사는 문득 게송을 읊었다.

"까마귀 날자 배가 떨어져 뱀 머리 부서지니 뱀은 죽어서 돼지가 되어 파헤친 돌에 꿩이 다쳤다네. 꿩은 죽어서 포수가 되어 다시 돼지를 쏘려 하니 한 대사가 인연을 말해 맺힌 원수 풀어주도다."

지자대사는 선정에 들어 혜안으로써 이들의 과거 인연을 '관(觀)'

하였던 것이다. 과거 삼생(三生)에 까마귀가 배나무 가지에 앉아 놀다가 무심코 날아가는 바람결에 배가 하나 떨어져서 배나무 아래에 있던 뱀의 머리를 때려 죽어버렸다. 그 뱀은 까마귀 때문에 죽었으므로 까마귀의 원수를 갚으려고 돼지가 되어 풀뿌리를 캐먹고 다녔는데 까마귀가 죽어서 꿩이 되어 산골짜기에서 봄에 풀잎 나오는 것을 뜯어먹다가 돼지란 놈이 땅을 뒤지는 바람에 돌이 굴러 내려가 꿩을 치어 죽였다. 살해하려는 마음이 없이 까마귀가 무심코 뱀을 죽인 인과인 까닭에 돼지도 꿩을 죽이려 해서 죽인 것이 아니고 땅을 뒤지는 바람에 저절로 굴러간 돌에 치어 죽었던 것이다. 그래서 그 꿩은 죽어서 이번에는 활 쏘는 사냥꾼이 되어 일부러 돼지를 잡으려고 하니, 이번에는 그대가 돼지를 쏘아 죽여 버리면 원한을 품고 죽은 돼지이기 때문에 또 다시 무서운 과보를 받을지 모를 일이니 사람이 되었을 때에 쾌히 활을 던져버리고 악의 인연을 다시 짓지 말라고 사냥꾼에게 삼세인과를 말하였던 것이다. 포수는 그 순간 크게 깨닫고 발심하여 그 자리에서 활을 꺾고 지자대사의 제자가 되어 도를 닦았다.

양가 부모를 섬긴 존금

조계형(趙桂馨)은 중국 안휘성(安徽省) 합비(合肥)사람으로 낮에는
일을 하고 밤에는 독경하는 것을 낙으로 삼았다. 부부가 다 같이
오십 살이 되었어도 자손이라고는 아들 하나 존금(存金)뿐이었다.
그러나 존금이 서당에 들어가 글을 배운 기미년 가을에 병이 들어
손 쓸 사이도 없이 삼일 만에 죽었다. 계형 부부는 넋을 잃었다. 하
나 밖에 없는 아들이 약도 변변히 써보지 못한 채 졸지에 죽어버렸
으니 살 생각마저 사라지고 너무도 원통하여 부부는 아주 몸져 누
워버렸다. 며칠이 지난 어느 날 저녁 꿈에 계형은 지장보살님을 만
났다. 지장보살님은 그를 위로하면서 말하였다.

"너무 상심마라. 너의 아들은 명이 없었다. 그러나 네가 너무도
애통해서 아들의 혼신을 잠시 붙들어 두었다. 어떤 사람의 죽은 아
들을 존금의 혼신으로 바꾸어 두었으니 금년 겨울에 구화산(九華山)

으로 가 보아라. 그러면 만나게 될 것이다."

꿈을 깬 다음 놀랍기도 하고 기쁘기도 하고 의심도 났다. 평소 부처님을 공경하던 계형이어서 불보살님의 위신력이라면 무슨 일이라도 있을 수 있다고 생각한 나머지 그 해 겨울, 계형 부부는 함께 구화산에 가서 참배하였다. 막 법당에 올라가려 하는데 죽은 존금이만한 아이가 이쪽으로 내려오고 있었다. 그리고 부부를 보더니 큰 소리로 말했다.

"아버지, 어머니." 아이는 달려와 계형에게 안겼다.

부부는 하도 이상하여 물었다.

"너의 이름이 무엇이며 집은 어디냐?"

아이의 집은 거기서 멀지 많은 곳이었다. 그런데 그의 목소리며 또렷또렷한 말씨가 죽은 존금이 그대로였다. 얼굴과 모양은 달랐어도 분명 그의 혼신은 존금인 것이 틀림없어 보였다. 계형은 눈물을 흘리며 반가워하면서 꿈에서 들은 바와 같이 지장보살님의 신통력으로 자기들 부부를 구해주신 것을 의심하지 않고 지장보살님께 수없이 절을 하였다. 그리고 계형 부부는 아이를 데리고 집에 돌아왔는데 그의 부모가 아이를 빼앗아 갔다고 관가에 송사를 하기에 이르렀다.

그런데 아이는 이렇게 말하였다.

"나는 존금입니다. 내 몸은 지금의 어머니에게서 났으나 혼신은 조씨의 아들인 이상 조씨 아버지와 살겠습니다."

아이는 육신의 집에 돌아가지 않겠다고 했다. 그러나 친 부모도 매한가지였다. 혼신이야 알 바 아니고 분명한 자기 자식이니 양보할 수 없다는 것이다. 결국 존금은 두 집을 왔다 갔다 하며 두 집의 자식 노릇을 하기로 하였다. 그 후부터 계형은 슬픔을 잊고 경전공부를 열심히 하여 부처님 법을 찬양하는 게송과 불법의 오묘한 이치를 책으로 만들어 널리 폈다.

독경 기도로
창병이 나은 설재

설재(雪才)는 오현 사람이다. 그의 어머니가 3-4년 동안이나 병을 앓더니 무진년 봄에 더욱 심해지고 전신에 종창이 퍼졌다. 의원들은 모두가 이렇게 말하였다.

"이 병은 기운이 허약하고 또한 피부에 물이 말랐으니 어찌 할 수 없다."

아들이 먼 신강(申江) 땅에 가 있다가 돌아와 보니 어머니는 위독했다. 아들은 의원도 소용이 없고 믿을 것은 오직 부처님뿐이었다. 고민하다가 불자인 친구를 찾아갔더니 『지장경』을 독송 하라는 권유를 받고 집에 돌아와서 그날부터 석 달 동안 매일 재계를 지키고 독송을 했다.

어머니의 병은 차도가 있더니 기도 회향을 하던 날, 밤을 지내고 나니 종창은 말끔히 사라졌고 건강도 완전히 회복되었다. 의원들도 포기한 어머니의 병세였는데 그의 아들이 친구의 말을 믿고 열심히 『지장경』을 독송한 결과 지장보살님 신통력으로 어머니의 병을 고쳤던 것이다.

지장보살님께 기도하고
폐병이 나은 고존신

고존신(顧存信)은 허원조(許圓照) 학장의 외손자다. 그는 두 살 때부터 결핵이 들어 삼 년이 지나자 속수무책에 이르렀다. 허 학장은 원래 학문이 깊은 사람으로 의술로 고치지 못할 때는 부처님께 의지하는 길이 있다는 것을 스스로 깨닫고 있었다.

그래서 외손자가 소중히 여기는 것들을 팔아서 그 돈으로 자그마한 지장보살님 존상 한 분을 집안에 조성하게 하고 아침저녁 지성으로 예배 공양하였더니 고존신의 병은 어느 날부터 점차 나아갔고 나중에는 몸이 더욱 튼튼해졌다고 한다.

우란분재

부처님 당시 대목건련은 지극한 효도로 어머니를 섬기다가 어머니가 돌아가시자 출가하여 부지런히 도를 닦아 육신통을 체득하였다. 돌아가신 어머니가 아귀 가운데 태어난 것을 보고 밥을 가지고 가서 드렸으나 음식이 맹렬한 불로 변해 버렸다. 목련이 통곡하며 이 사실을 부처님께 고하자 부처님께서 말씀하셨다.

"너의 어머니는 죄가 지중하여 너 한 사람의 힘으로는 어찌 해볼 수가 없다. 반드시 여러 스님들의 위신력을 빌어 7월 15일 부처님의 환희일과 스님들의 자자일(自恣日)에 맞추어 어머니를 위해 우란분재를 베풀고 부처님과 스님께 공양해야만 비로소 아귀의 고통에서 구제할 수 있으리라."

목건련이 부처님 가르침대로 재를 베풀자 그의 어머니는 이 날로 아귀의 고통에서 벗어났다. 또한 천도해 준 덕분에 드디어 천상에까지 태어나게 되었으니 이로 인해 수승한 우란분재 법회가 만세에 유통하게 되었던 것이다.

찬탄하노라.

살아서 봉양하고 죽어서 장례 지내는 것은 작은 효도이며

살아서 기쁘게 해드리고 죽어서 그 이름을 빛나게 하는 것은 큰 효도이다.

살아서 올바른 믿음으로 인도하고 죽어서 그 영혼을 천도함은

큰 효도 가운데 가장 큰 효도이니 목건련의 효도가 이러하더라.

보살의 공양과
효소왕의 교화

장수(長壽) 원년 임진(壬辰; 692)에 효소왕(孝昭王)이 즉위하여 처음으로 망덕사(望德寺)를 세워 당나라 제실(帝室)의 복을 받들려 했다. 그 후 경덕왕(景德王) 14년(755)에 망덕사 탑이 흔들리더니 이 해에 안사(安史)의 난(亂)이 일어났다. 신라 사람들은 말했다.

"당나라 제실을 위하여 이 절을 세웠으니 마땅히 그 영험이 있을 것이다."

8년 정유(丁酉)에 낙성회(落成會)를 열고 효소왕이 친히 가서 공양하는데, 한 비구(比丘)가 몹시 허술한 모양을 하고 몸을 움츠리고 뜰에 서서 청했다.

"빈도(頻度)도 또한 이 재(齋)에 참석하기를 바랍니다."

왕은 이를 허락하여 말석(末席)에 참여하게 했다. 재가 끝나자 왕은 그를 희롱하여 말했다.

"그대는 어디 사는가?"

비구승이 대답한다.

"비파암에 있습니다."

왕이 말했다.

"이제 가거든 다른 사람들에게 국왕이 친히 불공하는 재에 참석했다고 말하지 말라."

스님은 웃으면서 대답했다.

"폐하께서도 역시 다른 사람에게 진신(眞身) 석가(釋迦)를 공양했다고 말하지 마십시오."

말을 마치자 몸을 솟구쳐 하늘로 올라가 남쪽을 향하여 갔다. 왕이 놀랍고 부끄러워 동쪽 언덕에 올라가서 그가 간 곳을 향해 멀리 절하고 사람을 시켜 찾게 하니 남산(南山) 삼성곡(參星谷), 혹은 대적천원이라고 하는 돌 위에 이르러 지팡이와 바리때를 놓고 숨어 버렸다.

시자가 와서 복명(復命)하자 왕은 드디어 석가사(釋迦寺)를 비파암 밑에 세우고, 또 그 자취가 없어진 곳에 불무사(佛無寺)를 세워 지팡이와 바리때를 두 곳에 나누어 두었다. 두 절은 지금까지도 남아 있으나 지팡이와 바리때는 없어졌다.

찬(讚)해 말한다.

향을 사르고 부처님을 가려 새 그림을 보았고,

음식 만들어 중을 대접하고 옛 친구 불렀네.

이제부터 비파암 위의 달은,

때때로 구름에 가려 못에 더디게 비치리.

보리 달마

보리 달마대사는 남인도 향지국의 셋째 왕자로 태어나 성을 '세테이리(利帝利)'라고 했다. 달마대사는 인도가 아닌 페르시아 출신이라고도 하며 '세테이리'라고 하는 것은 성이 아니라 인도 사성계급 중의 하나인 크샤트리아를 의미한다. 어느 날 반야다라 라고 하는 고승이 널리 가르침을 베푼다는 말을 듣고 국왕은 그를 왕궁으로 초청하였다. 국왕은 반야다라의 가르침을 받고는 왕에게 광채가 나는 보석을 공양하고 신도가 되기로 하였다.

한편 왕에게는 세 명의 아들이 있었는데 장남은 월정다라라고 불렀으며 염불삼매의 행을 닦았다. 둘째는 공덕다라라고 하는데 백성들에게 봉사하는 것을 기쁨으로 여겼다. 셋째는 보리다라라고 불렀는데 부처님의 가르침을 해석하는 데 뛰어났다. 얼마 후 국왕이 승하하자 보리다라는 반야다라를 따라 출가하여 불법을 배우게 되었는데 이에 이름을 보리달마라고 하였다. 달마가 스승 밑에서 수행하기를 40여 년이 지났다. 반야다라는 임종에 이르러 달마에게 유언을 남기며 입적하였다.

"내가 죽은 후 67년이 지나면 동쪽 중국이라는 나라에 가서 전법하도록 하여라. 남쪽에 머무르지 말고 네가 오기를 기다리는 사람들이 있는 북쪽으로 가도록 해라."

달마대사는 훗날 스승의 명을 받아 중국이라는 나라로 향하게 된다. 고달픈 항해를 마치고 중국의 광주에 도착한 것이 양무제 보통(普通) 원년(520) 9월 21일이었다.

광주자사 소앙이 바로 이 사실을 무제에게 알리자 무제는 대단한 흥미를 가지고 달마를 궁궐로 초청하였다. 그리하여 달마는 11월 1일 도읍인 건강에 도착하여 무제와 회견하게 되었다. 양무제는 역대 중국 왕들 중에서도 열렬한 불교신자로 이름난 인물이다. 양무제가 물었다. "나는 지금까지 많은 절을 짓고 경문을 직접 옮기기도 했으며 또한 많은 승려와 비구니를 육성했소. 그러니 앞으로 얼마나 많은 보답을 받겠소. 가르쳐 주시오."

기존의 사고방식대로라면 최대의 자비를 베푼 황제에게는 최대한의 보답이 있는 것이 당연하였다. 따라서 황제의 선행과 공덕이 넓고도 크므로 부처님으로부터 최고의 보답이 있을 것이라고 이러한 대답을 황제는 기대하고 있었다. 하지만 달마의 대답은 전혀 달랐다.

"그런 것은 공덕이 될 수 없습니다."

"무엇이라고?"

황제는 흠칫 놀랐다. 하지만 달마는 물러서지 않았다.

"무공덕이라고 말했습니다."

"어째서 그렇다는 말이오. 이 정도의 일이 아무 것도 아니라면 그건 말이 안 되오" 달마가 말했다.

"그런 일을 할 수 있는 사람이 하는 것은 당연한 일입니다. 하지 않으면 그저 쓰레기일 뿐입니다."

황제는 이 대답을 듣고는 화가 치밀어 가만히 있을 수 없었다.

"그렇다면 진정한 공덕이란 무엇을 말하는가?"

달마가 말했다.

"마음과 지혜가 완전히 하나가 되어 아무런 걱정이 없는 것입니다."

황제는 더욱 화가 났다.

"그러면 불법에서 말하는 깨달음의 첫 번째를 한마디로 말하면 무엇인가?"

달마가 말했다.

"그것은 아무 것도 아닌 것입니다."

황제가 말했다.

"무엇이라고. 아무 것도 아닌 것이라고 그렇다면 내 앞에 있는 너는 도대체 누구인가?"

달마는 최후의 한마디를 던졌다.

"그런 것은 나도 모릅니다."

그 후 달마는 소림사에 자리를 잡고 법을 전할 제자가 나타날 때까지 고요히 좌선에 잠겼다. 그리고 아무 말 없이 주야로 얼굴을 벽에 대고 고요히 앉아 있을 뿐이었다.

이런 달마대사를 두고 당시 사람들은 '벽관바라문'이라고 불렀다. 벽을 바라보는 바라문이라는 뜻이다. 그 후 달마대사는 중국에 선을 전한 최초의 인물인 초조가 되어 혜가대사, 승찬대사에게 법을 전하게 되었다.

공자의 절량지상

공자는 천하성군의 칭호를 받았으나 일주일 동안 밥을 굶은 일이 있었다. 어느 날 공자가 제자들을 데리고 길을 가는데 도중에서 두 여자가 뽕을 따고 있는 것을 보았다. 동쪽 나뭇가지에서 뽕을 따는 여자는 얼굴이 곱고 어여쁘나 서쪽 나뭇가지에서 뽕을 따는 여자는 얼굴이 보잘 것이 없었다. 그래서 공자가 그 여자들을 보고 희롱하였다.

"동지박 서지박."

서쪽나무 가지에서 뽕을 따던 여인이 한번 흘끔 쳐다보고 소리쳤다.

"건순노치(乾脣露齒)하니 칠일절량지상(七日絶糧之相)이라. 이백어면(耳白於面)하니 천하명문지상(天下名文之相)이로다."

공자는 이 소리를 듣고 말을 붙여보지도 못하고 길을 가다가 도적의 누명을 입고 관가에 붙잡혀 갔다. 제자들이 말했다.

"이 분은 노나라 성인인 공자이십니다."

관아의 수장이 말했다.

"무엇으로 증명할 수 있는가. 도적의 얼굴과 똑같이 생겼다."

"여기 제자들이 있지 않습니까."

관아의 수장이 다시 말했다.

"도적의 무리에게도 하수인은 있는 법이다."

사태는 걷잡을 수 없이 심각해졌다.

"만일 공자라고 한다면 보통 사람들과는 지혜가 다를 것이니 이 것을 가지고 가서 시험해 봐라."

관아의 수장은 구멍이 아홉 개 뚫린 구슬을 주었다.

"만일 반복되지 않게 실을 꿰어 낸다면 그는 보통 사람과 다를 것 이다."

공자는 그것을 받고 사흘을 고생했으나 실을 꿸 수가 없어 제자 를 불러 말했다.

"며칠 전 길가에서 뽕을 따던 여인이 있던 곳을 가보라."

"여태까지 있겠습니까?"

"그가 범인이 아니라면 무슨 흔적이 있으리라."

제자가 가보니 과연 신 한 짝이 거꾸로 매달려 있었다.

"계혜촌(繫鞋村)을 찾아가 보라."

"어떻게 그것을 알 수 있습니까?"

"뽕나무에 신을 걸어 놓았으니 계혜이고, 거꾸로 걸어놓았으니 반드시 그 길 아래쪽에 마을이 있을 것이다."

과연 계혜촌이 뽕나무 길 건너편에 있었다. 그 여인은 늙은 노모를 모시고 누에를 기르며 선(禪)을 닦고 있었다. 사정을 하고 공자를 구해달라고 하였지만 그 여자는 몇 번이나 사양하였다.

"여자가 어찌 성인의 지혜를 넘어설 수 있겠습니까?"

제자는 사정하고 또 사정하였다, 그러자 여자는 '밀의사(蜜蟻絲)'란 글자 석 자를 적어주면서 이렇게 말하였다.

"이 글이 아니어도 내일이면 벗어날 것입니다."

제자가 그것을 갖다 주며 공자에게 사실대로 말하니 탄복하면서 꿀과 실과 불개미 한 마리를 잡아오라 하였다. 공자는 개미 뒷다리에 명주실을 묶어 놓고 구슬을 꿀 속에 담갔다가 내 놓았다. 개미는 꿀을 파먹느라 하룻저녁 사이에 실을 다 꿰어 놓았다. 그 날이 바로 공자가 잡혀 들어간 지 7일이 되던 날이었는데 진짜 도둑을 잡았던 것이다. 공자는 그로 인해서 더욱 명성이 더욱 높아졌지만 결국 그 여자의 예언(乾苟露齒七日絕糧之相 건구노치칠일절량지상)이 꼭 맞은 것을 보고 모두 감탄했다. 공자가 뒤에 그 곳을 찾아가니 집도 없고 사람도 없었는데 전하는 말에 의하면 그는 청량산 문수보살의 화현이었다고 한다.

부인의 공덕으로
되살아난 거사

한나라 익주자사(益州刺史) 곽서안(廓徐安)은 노자교를 믿고 불법을 믿지 않았다. 건우(乾佑) 3년(서기950년) 윤 5월 중순에 우연히 병을 얻어 백방으로 치료하였으나 병은 더 깊어졌다. 그러나 서안의 부인은 불법을 굳게 믿고 있었다.

　당시 부인은 환희천(歡喜天)에서 기도를 하며 지장보살님 존상을 조성할 원을 세웠다. 서안은 그 원이 만약 이루어지면 자신도 불법을 믿겠다고 했지만 부인의 원이 이루어지기도 전에 그만 죽어 버렸다. 부인은 자신의 서원을 이루지도 못하고 또한 남편을 불법으로 이끌기도 전에 병도 못 고치고 죽었으니 애통하기가 이를 데 없었다. 부인은 하늘을 쳐다보고 통곡하며 간절하게 기도를 올렸다. 그런데 이틀이 지나자 서안이 다시 살아났다. 죽어 있었던 서안은 아무 말 없이 몸을 일으키더니 칼을 가져오게 하고는 자기 혀를 끊으려고 하였다. 권속들은 죽은 사람이 다시 살아나 자신의 혀를 자르려고 하니 놀라 황급히 칼을 뺏고 진정시켰다. 부인이 그를 진정시키자 말문을 열었다.

"당신은 나의 큰 스승이오. 나를 지옥에서 구해 주었고 명을 이어주었을 뿐만 아니라 큰 도가 있는 것을 알려주었소."

서안의 부인은 어안이벙벙하였다. 죽었던 사람이 살아나서 칼로 혀를 짜르려 하더니 이번에는 알 수 없는 말을 하는 것이다. 그의 처가 말하였다.

"당신이 죽어서 듣고 보고 한 일을 말씀하여 보십시오."

서안은 눈물을 흘리면서 말하였다.

"내가 죽을 때는 염라대왕의 사자라고 하는 사람들이 7~8명이 몰려와서 나를 잡아갔소. 한데 그들은 모두가 사록신(司祿神)이라고 했다. 그들은 모두 푸른 말을 탔는데 빠르기가 바람과 같았다. 나를 데리고 동북방을 향하여 얼마동안 가니 큰 성문이 있었는데 안으로 들어가니 성안에는 큰 대궐이 있었다. 그 앞에 이르자 사록신들이 말에서 내려서 나를 데리고 그 안으로 들어갔는데 그 곳이 바로 염라대왕이 있는 곳이었다. 염라대왕으로 보이는 어른 앞에 나를 끌어다 놓으니 왕은 갑자기 성을 내며 사록신들에게 이렇게 말하였다. 너희들은 어째서 아직 착한 소원을 마치지 못한 사람을 잡아왔느냐. 왕은 성을 내며 곁에 있던 쇠지팡이를 가지고 사록신들을 후려쳤다. 그런 다음 나에게 말씀하였다. '공이 부인의 덕에 뜻을 합하여 지장대사의 존상을 조성할 원을 발하니 기특하오. 그렇게 되면 많은 중생들이 죄업을 면하게 되겠소. 나도 현재는 염라대왕의 몸을 받고 있으나 실지로 본 원인즉 법에 있다. 어떤 중생이라도 지장보살에게 귀의하면 원하는 바가 다 성취될 것이니 공은 급히 인간으로 돌아가서 원을 다 마치시오. 그래서 많은 사람이 본을 받게 하시오.' 그러면서 나를 인간세상으로 돌려보내 주었고, 내가 이제 정신이 들어 생각하니 평소에 성인의 가르침을 믿지 않고 또한 이 입으로 훼방까지 하였으니 그 큰 죄를 어떻게 다 참회하리오. 그래서 혀를 끊고자 한 것이다."

이 말을 들은 서안의 처는 그제서야 의심이 풀려 남편에게 말하였다.

"당신이 잘 깨달으셨소. 그러나 혀를 끊는 것으로 참회가 되는 것이 아닙니다. 땅에 넘어진 자는 땅을 짚어야 일어난다는 말이 있지 않습니까. 당신은 이제부터 지장보살님을 의지해서 공덕을 닦고, 불법을 훼방하던 그 입으로 당신이 겪은 이야기를 많은 사람에게 전해주며 삼보를 찬탄하는 것이 참회가 될까 합니다."

이 말을 들은 서안은 "당신 말대로 하리라."하고 곧 지장보살 존상을 조성하여 그 앞에서 허물을 뉘우치고 염불하여 재일마다 공양하고 기도하는 것을 잊지 않았으며 남녀노소나 귀천을 가리지 않고 만나는 사람마다 지장보살님을 잘 받들어 모시라고 권하였다.

상투 속의 지장보살

당나라 때 별가(別駕) 벼슬을 하고 있던 건갈(健渴)은 평소 신심이 돈독하고 행동도 매우 청정하였다. 그와 같이 속가 살림을 사는 거사는 어떤 불보살님의 명호를 새기고 수행하며 사는 것이 좋을까 생각하다 몇몇 스님을 찾아 물어도 신통한 답을 얻지 못하였다. 그러던 중 한 스님께서 그에게 말하였다.

"내 생각 같아서는 지장보살님을 섬기는 것이 좋을 듯싶소. 지장보살은 말세에 고통을 당하고 있는 중생을 제도할 것을 부처님에게서 부촉 받으셨으니까 말이요."

건갈은 신묘하리만큼 그 말씀에 공감이 갔다. 세간 벼슬을 하면서 부모님을 섬기고 가족을 거느리면서 살 수밖에 없는 사람들은 지장보살을 모시는 것이 좋다는 생각을 하게 되었다.

"부처님께 부촉 받은 지장보살님을 섬기면서 산다면 내가 어려운 일에 처해 있을 때 반드시 나를 구해주실 것이다."

건갈은 강한 신심으로 날마다 열심히 지장보살 염불을 하며 수
행에 힘썼다. 뿐만 아니라 그는 지장보살님을 항상 모시고 다녀야
겠다는 생각이 들어 전단향나무를 구해 지장보살 존상을 조성하여
상투머리에 정중히 감추어 두고 모셨다. 그는 걷거나 머물 때나,
눕거나 앉거나 사람들과 이야기할 때나 항상 지장보살을 모신 것
을 잊지 않았다. 가히 머릿속의 지장보살을 잊지 않고자 노력하였
던 것이다. 그러던 중 장종(莊宗) 천성년(天成年 서기 923년)에 병란이
일어났다. 그러던 어느 날 건갈은 난이 일어나 난군에 포위되어 곧
죽을 지경에 이르렀다. 우왕좌왕하는 중에 난군에게 많은 사람들
이 참변당했지만 건갈은 지장보살만을 일심으로 생각하고 있었다.
난군의 한 대장인 듯한 자가 건갈을 발견하고는 갑자기 주춤 하더
니 크게 놀라 말에 채찍질을 가하고 달아났다. 며칠 후 난도 평정
되고 위기도 벗어났다. 그는 이상한 생각이 들었다. 내가 난군에게
포위가 되었을 때 난군의 대장과 병사들이 자신을 보자 왜 별안간
말머리를 돌리고 달아났을까. 건갈은 아무리 생각해도 이해를 하
지 못했다. 그 일을 주위사람에게 알리자 기이하다는 소문이 사방
에 퍼져갔다. 그 후 장흥년(서기 930년)에 건갈은 새로운 관명을 받고
부임하는 중이었다. 어느 후미진 냇가에 다다르자 이상한 느낌이
들었다. 그날 건갈은 일심으로 지장보살을 생각하면서 다리를 건
너 산 밑에 이르렀다. 그런데 어떤 사람이 바쁜 걸음으로 그를 부

르며 따라오고 있었다. 돌아보니 아뿔사 그는 그에게 깊은 원한을 가진 사람이었다.

건갈은 '이제 올 것이 왔구나' 생각하고 있었는데 그 사나이의 태도가 갑자기 달라졌다. 민망하리만치 정중한 태도였다. 그리고 그에게 말하였다.

"내가 이번에 당신이 이 길로 부임하는 것을 알고서 미리 다리 밑에 숨어 있었습니다. 그런데 멀리서 올 때는 당신 혼자서 말 타고 오는 것을 똑똑히 보았는데 다리 가까이 와서 보니 갑자기 스님 한 분이 지나가실 뿐 당신도 말도 보이지가 않았습니다. 이상한 일이라 생각하고 한참 지켜보았지만 역시 당신은 보이지 않고 스님 한 분만이 다리를 건너갔습니다. 그러다가 한참 있다 보니 당신이 여전히 말을 타고 가는 것이 아니겠소. 내가 가만히 생각하니 하찮은 일 가지고 당신과 원한을 맺고 원수를 갚으려 하였으니 이것은 잘못되었다고 생각하오. 당신은 분명히 부처님이 도우시는 사람 같소. 이제 내가 과거 일을 다 풀어버리니 당신도 마음을 놓으시오."

건갈은 한편으론 놀라고 한편으론 반가웠다. 단지 지장보살을 생각하면서 살아온 것뿐인데 자기 몸이 원수의 눈에는 스님의 모습으로 보였다는 사실과 원한 품은 사람이 마음을 돌렸다는 것이 기이하고 다행스러웠다. 건갈도 다정한 태도로 말하였다.

"고맙소이다. 앞으로 잘 지냅시다."

두 사람은 깨끗이 화해하고 헤어졌다. 건갈은 염불을 하면서 임지로 향하였다. 산을 넘어 들에 이르렀는데 해는 이미 서산에 지고 밤이 와서 어두워지기 시작하였다. 더구나 비마저 소리 없이 내려 으스스 하였다. 밤중이 되자 비바람마저 세차게 불어와 객사를 밝혔던 불도 모두 꺼졌다.

건갈은 잠을 이루지 못하다가 일어나 앉아 있으니 칠흑 같은 밤인데도 건갈에게는 눈앞이 환히 보였다. 그리고 "어서 가거라, 어서 가거라." 하는 소리가 가느다랗게 들렸다. 그러면서도 분명하게 귓전에 들려왔다. 건갈은 곧 일어서서 떠날 차비를 하였다. 폭풍우 속에서도 그의 앞은 환히 밝아 보였다. 그는 밤을 새워 그곳을 지나왔는데 날이 밝고 보니 건갈이 머물고자 하였던 일대는 홍수로 물바다가 되어 있었다. 건갈은 새삼 부처님의 은혜에 눈시울이 뜨거워지는 것을 참을 수가 없었다. 그는 합장하고 목이 메어 "나무 지장보살."을 연신 불렀다. 밤에 그의 앞길을 밝혀준 광명은 그가 모시고 있는 지장보살에게서 발한 것이었으며 '어서 가거라.' 하고 일러주던 목소리 또한 그 거룩한 빛의 음성이었던 것임을 그는 깨달았던 것이다. 건갈이 죽은 것은 청태(淸泰) 2년(서기935년), 그의 나이 78세 때였다. 그는 임종을 맞을 때에도 단정히 앉아 합장을 하면서 염불을 하고 있었다고 한다. 그날 그의 상투 속에서는 유난히 밝은 광명이 퍼져 나와 온 몸을 덮고 있었는데 그 사이에 그는 고요히 잠들었다.

지옥 속의 스님과
개선사의 지장보살

당나라 때 종산(鍾山) 개선사(開善寺)에는 지장보살이 모셔져 있었다. 높이는 삼척인데 둘레에서는 항상 큰 광명이 빛났으며 배광(背光)이 4척 5촌이나 뻗혀 있었다. 절에 모신 지가 여러 해 되었으나 누가 조성하였는지 알지 못했다. 그 뒤에 양주(揚州) 도독 등종(鄧宗)이 나이 61세가 되던 해 가벼운 병으로 누웠다가 갑자기 죽고 말았다. 그의 가족들은 불시에 당한 일이라 두려워하면서도 몸을 만져 보았다. 그런데 가슴이 따뜻해 염하지 않고 그냥 시신을 놓아두었다. 그랬더니 하루가 지난 다음 날, 밤중 마치 잠에서 깨어나듯 도독이 다시 살아났다. 그리고선 말없이 슬피 통곡하면서 자손들에게 말하였다.

"나를 개선사에 데려다 달라."

도독은 이 말만 할 뿐 다른 말은 하지 않았다. 개선사는 거기서 멀지 않은 곳에 있었다. 많은 사람들이 부축하여 가마에 태워 개선사로 나아가 등종이 스님께 여쭈었다.

"이 절에 높이가 3척쯤 되고 광명이 4척이 넘는 지장보살님이 계십니까? 제가 예배 공양코자 합니다."

이 말을 들은 스님은 이상히 여기면서도 도독을 지장보살이 모셔져 있는 법당으로 인도하고 그 까닭을 물었다. 도독은 말없이 지장보살 앞에 나아가 한 번 쳐다보고는 엎드려서 한없이 눈물만 흘리다가 예경하더니 이윽고 주위 사람들에게 말하였다.

"내가 죽을 때 4품 벼슬로 보이는 관인이 와서 나를 끌고 갔는데 마침내 당도한 곳이 염라대왕 앞이었습니다. '대왕이 나를 보더니 말을 하기를 너는 아직 죽을 때가 멀었으니 다시 인간세계로 돌아가거라. 그리고 앞으로 부처님을 받드는 것을 너의 업으로 삼으라. 이곳 지옥이라는 데는 세상 사람들이 많이 오는 곳인데 세상 사람들은 전혀 알지 못하고 있으니 네가 지옥을 한 번 구경하고 지옥이라는 곳이 과연 얼마나 무서운 곳이라는 것을 세상 사람들에게 알려 주어라' 염라대왕은 녹의(綠衣)를 입은 관인을 불러 몇 마디 분부하였습니다. 내가 관인을 따라 동북방 쪽으로 3~6리 가량 가니 거기에는 쇠로 만들어진 큰 성이 있었는데 쇠문이 꽉 닫혀 있고 성 안에 들어서니 맹렬한 불길이 솟아오르고 쇠가 녹은 물이 강처럼 흐르고 있었습니다. 그 가운데를 자세히 살펴보니 수를 헤아릴 수 없는 사람들이 고초를 받고 있었습니다. 한쪽에서는 맹렬한 불길을 헤치며 고초 받는 사람들을 위로하며 교화하고 계시는 스님이 보였습니다. 이상하게도 그 스님이 가시는 곳은 금방 불꽃이 멎는 것이었습니다. 앞으로 계속 나아가면서 지옥구경을 하였는데 한 성에 이르니 그 가운데는 또 다른 무서운 지옥이 있었는데 그곳은 18지옥이라는 큰 지옥이었습니다. 그곳에서 사람이 고통 받는 모양은 도저히 형용할 수 없었습니다. 여기서도 스님이 보였는데 불길을 멎게 하고 죄인을 교화하는 것은 앞의 지옥과 마찬가지였습니다. 내가 차마 볼 수 없는 지옥의 여러 가지 광경들을 모두 구경하고 돌아올 때에는 그 스님도 지옥에서 나오시며 나에게 말을 하였습니다. '네가 나를 알겠느냐' 저는 사실대로 '잘 알 수 없습니다.' 하였더니 스님이 말씀하셨습니다. '나는 개선사에 있는 지장보살이다. 옛날 지장(智藏) 법사의 제자인 지만(智滿) 법사가 지옥·아귀·축생 등 삼악도에서 고통 받는 중생들을 구해내기 위해 나의 형상을 만들어 모셨으므로 내가 지만스님의 청을 받아들여 매일 한 번씩 18대 지옥과 그밖의 무수한 작은 지옥에까지 다니면서 고통 받는 중생들을 교화하고 있는 것이다. 자세히 살펴보니 지옥 속에서도 혹 선근이 남아 있어 착한 마음이 강한 자는 내 말 한 번에 발심하여 지옥고를 벗어나게 한다. 그 다음에 착한 힘이 약한 자는 고통을 벗어날 인연만심을 가지게 하고 또 선근이 없고 사견만 깊은 자에게도 고통을 벗어날 인연을 심게 하고 그중에도 사견만 많은 자는 고통을 벗어나기가 어렵다. 또 그중 선근이 미약한 자는 오히

려 교화하기 쉬우나 한 번 지옥에 들어가기만 하면 좀체 구제하기
는 매우 힘들다. 그런데도 세간에서 악한 업력만 기른 사람은 자기
허물을 깨달을 줄 모르고 오직 고통 받는 일과 빠져 나올 것만 기
다리니 이 어찌 슬프지 않겠느냐. 세상에 살면서 선근이 있는 사람
은 자기의 허물을 뉘우치는 마음을 낼 것이니 너는 부처님의 법력
을 받아 세상 사람들이 지옥고를 받지 않도록 일러주고 힘쓰도록
하라. 그리고 인간세상에 나가 여러 사람들에게 이 뜻을 전하거라'
하셨습니다. 나는 이 말씀을 듣고 고개를 들어 쳐다보니 스님의 몸
은 어느덧 작아져 키는 3척 정도로 보이고 이마에서는 환하게 광명
이 났으며 눈이 유난히 빛났습니다. 내가 공손히 예배를 드리고 돌
아서려하니 스님께서는 이런 글귀를 일러 주셨습니다.

약재인간가수도(若在人間可修道)

천제유심상가발(闡提有心尙可發)

약입악도업이숙(若入惡道業己熟)

심무분별불가구(心無分別不可救)

여쇠노인역행로(如衰老人亦行路)

약입기족부역진(若入其足扶易進)

상와부동역불급(常臥不動力不及)

중생업정역부연(衆生業定亦復然)

인간계에 있어도 도를 닦을 수 있나니

모든 선근 끊인 자도 발심하면 다 되네.
악도에 떨어져서 죄업이 익어지면
깨달음을 못내니 구원하기 어려워라.
노쇠한 사람들이 길을 가고자 할 때
팔다리를 부축하면 나아갈 수 있어도
누워 움직이지 못하면 어찌할 수 없는 것 같이
중생들이 지어 결정된 업도 그와 같으니라.

　스님께서는 이 게송을 말씀하시고 어디론지 자취를 감추셨습니다. 나는 그때부터 스님이 일러주신 말씀을 잊을까봐 그것만을 생각하느라고 아무에게도 말도 못하고 지금까지 와서 이제 여기 지장보살의 존상을 우러러 뵈오니 지옥에서 보던 바와 똑같고 또한 그때에 말씀하신 것이 생생이 되살아납니다."

범의 도움으로 살아난
법애스님

법애(法愛)스님은 장사(長沙) 사람이다. 법화경을 독송하였는데 인연이 있어 교도(交道)에 갔다. 마침 그 지방 사람들이 반란을 일으켰다. 스님은 몸을 피해 숨어 있다가, 갑자기 다섯 명의 도둑에게 붙잡혔다.

'우리가 밥을 다 먹고 나서 저 도인을 죽여 없애 버리자.'

꼼짝없이 죽었구나 생각하고 있던 스님이 무심코 북쪽을 보니 목상(木像) 하나가 있었다. 스님은 그 목상을 가지고 얼른 밖으로 나와 북쪽을 향해 달렸다. 도둑들은 밥을 다 먹고 일어나, 스님이 멀리 달아나고 있는 것을 보고 급히 뒤쫓아 왔다. 스님은 가시덤불을 발견하고 숨으려고 그 속으로 들어갔다. 덤불 속에는 호랑이 두 마리가 나란히 누워 있다가, 스님이 오는 것을 보자 일제히 머리를 들어 스님을 바라보았다. 스님은 소스라치게 놀라 엉겁결에 말했다.

"두 분 단월이여, 민도는 도둑들에게 쫓겨 단월께로 왔습니다. 구원해 주시기 바랍니다."

두 호랑이가 곧 밖으로 나와 도둑들에게 달려들었다.

"어흥" 도둑들은 혼비백산 달아나 흩어졌다. 스님은 다시 북쪽으로 향해 달리니 호랑이가 뒤따라와 스님을 보호해 주었다. 얼마나 달렸는지 강가에 이르렀다. 어떤 사람이 음식을 가지고 있다가 스님에게 주었다. 스님은 몹시 배가 고프던 참이었다. 사양하지 않고 달게 먹었다. 스님이 곧 물을 건너 건너편 언덕을 올라가니, 호랑이는 더 따라오지 않고 돌아서 버렸다. 언덕에서 밤을 지내는데, 두 사람을 만났다. 그들은 맛있는 음식을 많이 차려주었다. 새벽녘에 두 사람은 작별하면서 신신당부하였다.

"그저 북쪽으로만 가십시오. 그러면 환난을 면하실 겁니다."

스님은 그들의 말대로 북쪽을 향해 걷기 시작했다. 삼십 여리쯤 갔을 때, 뜻밖에 옛 친구를 만나 서로 얼싸안고 기뻐했다. 비로소 환난을 완전히 면한 것이었다. 스님은 뒤에 여러 도인과 속인들에게 겪은 일을 이야기하였는데 나중에 어디서 입적하였는지 아는 이가 없었다.

4장

꺼지지 않는 지혜의 등불

석가모니 부처님의 사문유관

석가모니 부처님은 석가족의 황태자로 만민의 축복 속에 천인(天人)의 축복을 받으면서 호화로운 생활을 영위하였다. 생후 7일 만에 어머니인 마야부인(摩耶夫人)을 여의고 마음의 고독은 떠나지 못하였으나, 이모 마하파자파티부인의 애육(愛育)으로 나이 19세에는 모든 문예를 통달하고 절세미인 야수다라와 결혼하였다. 봄꽃과 같은 자태로 가을 달과 같이 단장한 야수다라는 마음까지 어질고 착하여 태자의 총애를 한 몸에 받았다. 부왕은 이들 두 부부를 위하여 밝은 빛이 통하는 전원 위에 아름다운 궁전을 짓고 현세의 부귀를 마음껏 누리게 하였다.

위엄 충천한 성곽은 마치 높은 탑이 하늘 위에 솟은 것 같고 가을 구름이 창공을 나는 것 같았으며 반월석교로 때 아닌 무지개를 짓고 봄 안개처럼 나부끼는 꽃향기는 계절의 변화를 기다리지 않고도 마음껏 호흡할 수 있었다. 수십 리 길에 달하는 넓은 궁정 위에는 차고 더운 물이 때를 가리지 않고 쏟아져 나왔고 기묘하고도 영묘한 새들이 수천의 궁녀와 함께 아름다운 음악을 연주하였다. 왕자는 이 속에서 인생의 수심을 잊고 현세의 복락을 마음껏 누리고 있었다. 그러나 태자는 입과 몸, 놀이와 빛으로 온갖 미의 향락을 맛보면서도 마음만은 편치 못한 데가 있었다.

"과연 인생은 이런 것인가? 달은 찼다가 기울고 세월은 시간을 따라 변천한다. 청춘의 즐거움도 생각하면 한갓 풀잎의 이슬이요, 저녁 하늘의 연기와 같다. 어디서 왔다가 어디로 가는 것인가. 이 승에는 한없는 인간이 있고, 한없는 계급이 있다. 그러나 그 마지막 가는 곳이 어디인가."

깊은 밤, 은은한 달빛이 흐르는 꽃 같은 궁중에서 태자는 홀로 말없이 후원을 거닐면서 이런 생각을 자주 하였다.

"필경, 오관은 유혹이다. 그것은 끝없고도 강한 자극을 싫어하지 않고, 마음은 일시의 호방에 취해도 필경 끝까지 가지 않고 한층 더 좋은 것을 구해 권태를 느끼게 된다. 오직 환락은 인생무상의 섬광이다. 환락을 경험하고 거기에 깊은 집착을 느낀 자가 아니라면 이 무상의 일념에 위협되는 일은 없을 것이다."

소유한 자에게 반듯이 빼앗기는 쓰라림이 있는 것같이, 향락의 무상함을 깨닫게 해준 분이 바로 자신을 낳은 어머니였음을 알았을 땐 왕자는 스스로 놀랐다. 그런데도 불구하고 아버지 부왕은 더욱 더 미녀들을 모아 왕자에게 향락을 제공해주었다. 그러나 그것들은 깊은 생각에 잠겨 있는 왕자에게 전깃불을 끄게 하려고 먹구름을 모으는 어리석음에 지나지 않았다. 구름은 모이면 모일수록, 어둡고 어두움이 짙으면 짙을수록 반대로 그 빛은 더욱 빛나고 영롱해지기 때문이다. 요컨대, 태자는 쇠가 자석에 끌려드는 것 같이 어떤 진실한 길에 대해 서서히 눈이 떠지고 말았다.

인간의 가슴에 빛이 한 번 번쩍이자 모든 허위의 옷은 벗겨져 한천(寒天)에 떠 있는 나목같이 전율하지 않으면 아니되었던 것이다. 그러던 어느 날 왕자는 하인을 불러 몰래 바깥세상을 보고 싶다 말하였다. 출가의 계기가 된 사문유관이 비로소 시작되었던 것이다. 그 말이 알려지자. 부왕은 군신에게 명하여 칠보영락으로 아름다운 수레로 더 장식했고 성문을 정돈하고 또 거리를 깨끗이 청소하여 모든 부정이 나타나지 못하게 한 뒤 태자를 거동하게 하였다. 왕자의 세상 밖으로의 출유(出遊)는 동문으로부터 시작되었다. 왕자를 맞이한 사람들은 모두 홍안의 소년소녀였다. 그들은 밝은 하늘의 별빛처럼 빛났고 그 찬란함은 봄날의 꽃잎처럼 아름다웠다.

태자의 거마(車馬)가 이르는 곳마다 향기로운 꽃잎이 길거리를 덮고 백성들이 거리마다 나와 환호성을 울렸다. 이렇듯 아름다운 행진이 무르익어 갈 무렵 홀연히 한 노인이 나타났다. 머리는 희고 눈은 어둡고, 등은 굽고, 몸은 떨었다. 겨우 지팡이에 몸을 의지해 추적추적 걷고 있었다.

왕자가 종자들에게 물었다.

"저 사람은 누구냐?"

"늙은 사람입니다."

"늙는다는 것은 저 사람에게만 있는 것인가?" "어찌 그럴 수가 있겠습니까? 저 사람도 옛날에는 홍안의 청춘이었습니다."

태자는 이 말을 듣고 소스라치게 놀라 머리를 숙이고 깊은 사념에 잠기었다. 그리고 종자들에게 일렀다.

"생각 끝에 노쇠의 적이 따라온다. 그 무엇이 즐거우랴. 이대로 돌아가자."

부왕은 태자를 위한 외유회가 도리어 태자를 슬프게 했다는 소식을 듣고 다시 명령하여 남문을 출유하게 하였다. 이번에는 병자를 만났다. 몸은 시들고 배는 커서 숨을 허덕허덕하면서도 사람의 동정만을 구하는 정경을 보고 왕자는 실로 침통했다.

"저 사람은 누구냐?"

"병자올시다. 지수화풍(地水火風) 사대가 허물어져 제 구실을 못하기 때문에 병이 난 것입니다."

"다만 저 사람만 그런가. 다른 사람도 그러한가?"

"빈부귀천 남녀노소의 차별이 없습니다. 세상에 어찌 만년 천자가 있겠습니까?"

"세상 사람들은 모두 어리석구나. 병환이 오는 그 기간을 미리 알지 못하는구나. 오늘의 아름다움이 내일에 아픈 자가 되지 않는다고 누가 장담할 것인가. 세상 영화를 추구하고 꽃 속의 유희로 헛세월을 보내다니 어찌 이다지도 내 마음은 아플까."

왕자는 거마를 몰아 다시 본궁으로 돌아왔다. 부왕은 이 말을 듣고 종자와 노상감독을 불러 호되게 나무라고 다시 진보를 거두고 미희를 모아 백방으로 태자의 마음을 달래기에 급급하였다. 그러나 홍안을 보면 백발을 생각하고 미태(媚態)를 보면 곧 병자를 연상하여 소리와 색이 귀와 눈에 전혀 들어오지 아니했다. 동남 두 문에 실패한 대왕은 다시 서문을 정비하고 출유하도록 명했다. 물론 거리는 엄정(嚴淨)히 꾸며지고 종자들은 단호히 시위했다. 그런데 이 어찌된 일인가? 뜻밖에 멀리서 상여 소리가 들려오지 않는가. 왕자가 종자에게 물었다.

"상여는 꽃으로 치장하여 화려한데 뒤따르는 사람들이 다 슬픔을 안고 바쁘게 걸어가니 무슨 가마인가?"

"예. 저것은 가마가 아니라 죽은 사람을 싣고 가는 상여입니다."

종자는 떨리는 목소리로 당황한 듯 대답했다.

"죽은 사람. 아, 진계(塵界)의 사람들이여, 왜 이다지도 생각이 미치지 못하는가. 어디에 가야 사람의 죽음이 없을 것인가. 죽음을 면치 못하는 생을 가지고도 왜 이다지도 죽음에 대해 주의를 기울이지 않는단 말인가. 아, 위태롭다. 인생의 무상이 전광석화(電光石火)와도 같구나. 어서 돌아가자. 가련한 종자들아."

종자들은 부왕의 질책이 무서워 태자의 명령을 어기고 가마를 몰아 목적지인 원림의 별장에 이르렀다. 그때 대신인 우다이가 말했다.

"사람은 득의의 성시를 놓쳐서는 안 됩니다. 이때에 향락하지 못하면 어느 때를 기다리겠습니까. 재색을 함께 갖춘 태자가 성색의 아름다움을 맛보지 못한다면 인생 일대에 한스러운 일이 아니겠습니까. 소리와 색의 아름다움은 자연에서 우러나온다고 하거늘 태자는 어찌하여 그 근심스러운 생을 버리지 않으시고 여러 사람과 같이 즐거워하지 않습니까. 구구한 형체의 욕, 그것이 어찌 대인의 성도에 장애가 되겠습니까?"

왕자는 도리어 빙그레 웃으며 우다이에게 충고하였다.

"그대의 생각은 가상하다. 내 정성껏 그대에게 고하노라. 세상 일체의 쾌락은 필경 무상한 모양뿐이다. 만일 늙고 병들고 죽는 고통이 이 홍안 청춘으로부터 영원히 이탈되어 있다면 나도 여러분과 같이 즐겨 놀리라. 이 세계는 필경 괴로움의 무덤일 뿐. 하나도 탐착할 곳이 없구나. 늙고 병들고 죽는 고통, 나는 이것을 생각하고 밤잠을 이루지 못한다. 무슨 틈이 있어 오욕에 집착해서 이 무상의 쾌락을 즐기겠는가."

왕자가 하는 말들은 통절을 다해 대신의 가슴을 찔렀다. 우다이도 교언(巧言)을 하다가 대답할 바를 모르고 물러갔다. 이튿날 왕자는 다시 부왕의 주선으로 북문에 출유했다. 길가에서 흙 갈색 옷을 입고, 머리를 깎고 석장을 손에 든 위의당당한 수행자를 보았다.

"저 사람은 누구냐?"

"출가사문입니다."

왕자는 거마에서 내려 그의 앞으로 다가갔다.

"출가의 행은 어떤 이익이 있습니까?"

"늙고 병들고 죽는 고통을 벗어나 영원한 해탈의 자유를 얻으며, 세간의 염애(染愛)를 버리고 정법에 의해 도를 닦고 자비로써 일체의 생명을 구제합니다."

왕자는 사문의 말을 듣고 공경히 예배를 했다.

"인간의 어떤 것이 이 사문의 행보다 뛰어난 것이 있으랴."

그날은 기분 좋게 원림에 들어가 유쾌히 놀았다.

이것이 유명한 석가모니 부처님의 사문유관이다. 석가가 꼭 이와 같이 동서남북을 순서적으로 출유(出遊)하여 늙고 병들고 죽는 모습들을 보았는지는 알 수 없으나 이것은 참으로 인간본연의 운명에 잘 비유된 것이고 그 운명의 표반으로부터 영원히 벗어나고자 하는 한 구도자의 심적 고민이 잘 드러나 있다.

석가모니 부처님은 인간의 가장 보편적이고 회피할 수 없는 운명과 정면으로 도전한 사람이다. 소크라테스가 인간의 내적 성실과 진실성의 문제와 마주섬으로써 그와 다른 모든 사람들과의 대화의 길을 트고, 예수가 인간의 죄악성의 문제와 철저히 마주함으로써 하느님과 인간과의 관계를 절충하듯이 석가모니 부처님은 생사의 문제에 철저히 도전하여 일체의 대립과 모순, 갈등을 용해하는 열반의 길을 열어 놓았던 것이다. 그러므로 그가 보여준 사문유관은 인간고의 극치임과 동시에 또 다른 해탈의 출발점이기도 하다.

부처님은 성도 후 인간 고통의 문제를 이렇게 관조하였다. '슬픔과 고통에 가득 찬 노사는 무엇을 인연으로 생기는가. 그것은 생이다. 생은 유가 있으므로 생기고 유는 취(取)를 인연으로 하여 생긴다. 취는 애를 반연하고 애는 수를 반연하며 수는 촉(觸), 촉은 육입(六入), 육입은 명색(名色), 명색은 식(識), 식은 행(行)을 반연하여 각각 생기고 또 행은 무명(無明)을 반연하여 생긴다. 그러므로 무명이 있으면 행이 있고 행이 있으면 식이 있어 명색, 육입, 촉, 수, 애, 취, 유, 생, 노사, 우비고뇌가 있나니, 슬픔과 고통의 노사를 멸하려면 생(生)을 멸해야 하고, 생을 멸하려면 유, 취, 애, 수, 촉을 반대로 육입, 명색, 식, 행, 무명을 멸하여 슬픔과 고통을 없애야 하기 때문이다.

그리고 석가모니 부처님은 그 무서운 근본 무명으로부터 영원히 벗어나는 길을 '바른 견해'에 두고 있다. '바른 견해(正見)'는 바른 생각(正思)을 낳고, 바른 말(正語), 바른 행(正業)을 낳아 바른 생명을 유지해 가고(正命), 바른 의지(正念)를 자아내어 바른 마음을 잡기(正定) 때문이다. 모든 사람들이 너무나도 당연한 사실로만 간주하여 어느 누구 하나 의심하려 하지 않는 아니, 설사 의심을 한다 해도 일종의 사변으로 체념해버리는 그러한 문제(生死)에 직면하여 석가모니 부처님은 이와 같이 자기 존재의 내면을 자각하고 일체 존재의 고근(苦根)을 뿌리채 뽑아 놓았던 것이다.

부처님의 평등사상

인간은 평등하다. 신 앞의 평등이 아니라 성품이 평등하여 차별이 없다. 그런데도 옛날 인도에서는 바라문, 찰제리(왕족), 폐사(평민), 수드라를 나누어 바라문은 찰제리 이하를, 찰제리는 폐사 이하를, 폐사는 수드라를 각각 짐승부리듯 하여 수드라인 노예는 마침내 인간 취급을 받지 못하고 일만 하다 죽어 갔다.

이같은 사상은 우리나라에도 없지 않았으니, 이조의 사농공상과 7천 계급이 그것이다. 그러나 부처님은 일체 이러한 계급적 차별을 인정하지 않았다.

『우팔리경』에는 이런 설화가 있다.

"석가보니 부처님께 다섯 사람이 중노릇을 왔다. 중 되는 의식은 3귀 5계를 받는 것이다. 삼귀는 불·법·승, 삼보에 귀의하는 것이고, 오계는 살생, 도둑질, 사음, 망언, 음주를 범하지 않겠다고 서

약하는 것이다."

그들이 삼귀의례를 행하고자 불·법·승을 향했을 때 그의 윗자리에는 옛날 그들의 머리를 깎아 주던 천민(수드라)인 우팔리가 앉아 있었다.

"부처님, 저 사람은 우팔리가 아닙니까?"

"그렇다. 너희들은 저 네 개의 하수(갠지스강, 야무나강, 사부우강, 마히니강)를 보지 못했느냐. 저들이 아직 바다에 이르기 전에는 그 형상과 모습이 각각 다르지만 한번 바다에 이르면 모두 다 한 모습, 한 맛, 한 이름의 바다가 된다. 왕족 중에도 살생하는 자가 있고, 도둑질 하는 자가 있으며, 음란한 자, 거짓말 하는 자, 두 혀를 가진 자, 말버릇 나쁜 자, 인색한 자, 질투하는 자, 사견이 있는 자가 있다. 그러나 지금 더할 나위 없이 바르고 참된 도에는 종성을 문제 삼지 않고 교만한 마음을 믿지 않는다. 만일 속법을 존중하여 교만한 마음을 품으면 내법 가운데서는 위없는 깨달음을 증득할 수 없기 때문이다."

실로 청천벽력과 같은 선언이었다. 수드라가 바라문의 몸에 풀잎만 닿게 하여도 죽음을 면치 못하는 사회에서 이런 말씀을 할 수 있다는 사실만으로도 참으로 놀라지 않을 수 없는 일이었다.

석가모니 부처님은 5천년 인도 역사를 완전히 뒤엎어 놓은 혁명가이다. 사람 위에 사람 없고, 사람 아래 사람 없다. 평등한 마음 가운데는 피차가 없고 큰 거울 둥근 면상엔 친소가 끊어진다.

오직 인격의 형성은 지혜와 우치의 차별에 따라 각과 불각(不覺)이
구별될 뿐, 인간 그 자체에는 조금도 차이가 없는 것이다.

그래서 열반경에서는 '一切衆生 皆有佛性 (일체중생 개유불성)'이
라 하시고 화엄경에서는 '心佛及衆生 是三無差(심불급중생 시삼무
차)'라 하시며 또 '一切衆生 皆共成佛(일체중생 개공성불)'을 기약하
신 것이다.

석가모니의 우협설화

석가모니 부처님은 과거 오백생의 수행을 성취하고 호명보살의 이름을 받아 도솔천, 내원궁에 계시다가 자기의 일대사명을 수행할 시기가 온 것을 느끼고 고천(枯天) 제석천(帝釋天) 등과 의논한 뒤 가비라성 석가족의 정반왕의 궁중에 탄생할 것을 결심하였다. 홀연히 여섯 개의 이빨을 가진 흰 코끼리를 타고 도솔천으로부터 내려와 후원에 고이 잠든 마야부인의 태내에 탄생하자 이와 같은 꿈을 꾸고 난 부인은 온몸이 저절로 영천(靈泉)에 씻은 것 같이 마음이 한없이 유쾌하였다. 태내 오위의 생육이 순조롭게 진행되자 여러 가지 서상이 끊임없이 일어나 고 가비라국의 모든 재액(災厄)들은 사라졌다.

하늘 음악이 서로 화명하고 혹은 당개번채(幢蓋幡綵)가 궁중에 나부끼고 농민은 풍년을 얻고 어리석은 사람은 기교를 얻으며 병든 백성은 명의와 영약을 얻어 스스로 낫게 되었다. 날과 달이 가까워짐에 따라 마야부인은 친정으로 선각 장자의 청을 따라 대왕의 허락을 받고 친정인 구이성이 가까운 룸비니공원의 이궁(離宮)에 안주하게 되었다. 때는 봄, 화창한 날씨라 뭇 새들이 노래하고 만 가지 꽃이 어우러져 룸비니 공원은 마치 천상의 낙원을 연상케 하였다.

4월 8일, 아침 햇살이 금빛처럼 쏟아져 내리는데 부인은 잠깐 산책길에 나왔다가 연못에 발을 담그고 구슬처럼 밝은 물을 바라보았다. 꽃과 물이 서로 비추고 아름다운 새들은 삼삼오오 짝을 지어 무엇인가 속삭이고 있었다. 백련, 홍련이 물속으로부터 막 솟아나와 밝은 향기를 온누리에 가득 채우는데 부인은 홀연히 산기(産氣)가 있음을 느끼고 밖으로 나와 북으로 이십 보를 걸어 아름다운 꽃송이가 달린 무우수 나뭇가지를 잡았다. 순간 태자는 아무런 고통도 없이 어머니의 오른쪽 옆구리를 트고 탄생하였다. 태자께서 탄생하실 때 무우수 아래서는 커다란 수레바퀴와 같은 일곱 줄기의 연꽃이 솟아올랐다.

태자는 곧 그 위에 불끈 일어서서 사방으로 일곱걸음을 걷고 나서 한 손은 하늘을 가리키고 한 손은 땅을 가리키며 하늘과 땅위에선 내가 가장 홀로 높다. 나는 이제 다시 생을 받지 않으리라고 외쳤다.

그 순간 대지는 육중하게 진동하고 대광명은 온누리에 가득 찼다. 해와 달은 한결 같으나 그날따라 밝은 빛을 받았고, 맑은 샘은

파지 않아도 저절로 땅에서 솟아올랐다. 때 아닌 나뭇가지에 아름다운 꽃이 피고 영묘한 새들이 떼를 지어 날아들었다.

맹수와 흉금들은 적연히 소리를 감추고 구름도 흐름을 멈추었으며 흐린 물은 곧 깨끗해져 팔공덕수를 이루었다. 하늘에는 한 점 구름도 없고 하늘북은 자연히 울어 삼천대천세계에 퍼졌다.

이것은 잉태부터 출산까지 부처님 역사를 기록한 우협설화이다. "여섯 개의 이빨을 가진 흰 코끼리를 타고 하늘로부터 내려오는 꿈을 꾸고 잉태하였다." 이것은 누구나 가질 수 있는 태몽의 일종이다. 그러나 "무우수 나뭇가지를 잡는 순간 오른쪽 옆구리로 태어났다."

이 탄생 설화는 얼른 수긍이 가지 않는다. 물론 오늘날에도 모체의 건강이 정상적이 되지 못할 땐 개장수술(開腸手術)도 하고 옆구리를 터서 어린애를 꺼낼 수도 있다. 그러나 정상적인 사람이 그런 출산을 한다는 것은 전혀 이해가 가지 않는다. 그러나 이것은 전혀 근거 없는 말이 아니다.

재래 인도에는 네 가지 계급이 있었다. 바라문(승려학자, 제사계급), 찰제리(왕족, 관리) 바이샤(농상인), 수드라(노예) 이들 넷은 다 같이 브라만신의 법신(法身)으로부터 전변된 것이라 한다. 즉 바라문은 브라만신의 머리나 입으로 태어나고 찰제리는 옆구리로 태어났으며, 바이샤는 배로, 수드라는 발뒷꿈치로 태어났다고 한다. 그러므로 부처님은 왕족 찰제리이니 '브라만신'의 옆구리로 태어났다고 할 수도 있다. 이것은 소위 은유법이요 대유법이다. 불교를 독신하는 어떤 신자들은 오히려 이러한 문제에 대해서 밝히기를 꺼려한다. 그러나 그것은 오해이다. 불교의 위대성은 인간으로서의 불타가 인간 최대의 진선미를 행하여 만인공성의 불도를 창조한 데 있지, 결코 초인적인 신격불타에 있지 않기 때문이다.

화살의 비유

『전유경(箭喩經)』에 나오는 부처님의 말씀이다.

부처님 제자들 가운데 이런 생각을 가진 사람이 있었다.

"이 세상은 항상 됨이 있는가, 항상 됨이 없는가?"

"이 세상은 끝이 있는가, 없는가?"

"진리는 하나인가, 둘인가?"

"몸과 마음은 어찌 다른 것인가, 같은 것인가?"

그는 이런 잡념들 때문에 공부가 되지 않았다.

"만일 오늘도 부처님께서 이 일을 가르쳐주지 않으면 나는 출가를 포기하고 집으로 돌아가리라."

그는 마침내 사위국 기수급 고독원에 계신 부처님을 찾았다.

"세존님, 이 세상은 끝이 있습니까 없습니까. 그리고 진리는 하나입니까, 하나가 아닙니까?"

"제자여, 너는 여래께서 세상은 무상하고, 몸과 마음은 둘이 아니며 진리는 다르지 않다 하시는 말들을 듣고 출가하였는가?"

"그렇지 않습니다."

"그럼, 이 세상은 끝이 있고 저 세상은 끝이 없으며, 이 세상은 괴롭고 저 세상은 즐겁다는 말을 듣고 출가하였는가?"

"그렇지 않습니다."

"그렇다면 왜 그대는 그러한 일을 가지고 여래를 괴롭히려 하는가. 있고 없고, 둘과 하나, 같고 다르다는 모든 사상들은 오직 그대의 생각을 벗어나지 않는다. 그런데 어찌 출가 환속을 그런 것에 연결시키려 하는가."

제자는 말이 없었다. 부처님은 다시 말했다.

"제자여, 너는 활촉을 아느냐?"

"예, 그것은 참으로 무서운 독이 있습니다."

"만일 어떤 사람이 몸에 그 독한 화살을 맞아 심히 고통을 받고 있을 때 사람들은 그것을 보고 뽑아줄 생각을 하지 않고, 이 화살은 누가 쏘았을까. 그 사람은 어떻게 생겼을까. 무슨 직업을 가지고, 나이는 얼마고, 얼굴빛은 어떻고 종족은 무엇이며 이름은 무엇일까. 촉은 뽕나무로 만들었을까, 물푸레로 만들었을까. 그 줄은 고래 심줄일까, 상아 심줄일까. 그렇지 않으면 면화나 삼으로 만든 것일까 생각하고 있다면 화살 맞은 사람은 어떻게 되겠는가?"

"곧 죽고 맙니다."

"그렇다. 제자여, 그 사람은 곧 죽고 만다. 마찬가지로 너의 생각도 꼭 그렇다. 이 세상의 모든 것이 인연소생인 것을 알고도 그 인연은 오직 내 한마음을 떠나지 않고 있다는 사실을 알고 있다면 곧, 그 연기를 마음속으로부터 관하여 볼지언정 어찌하여 너는 딴 생각만 하고 있느냐. 만일 네가 그런 생각을 버리지 못한다면 너는 그 생각 속에서 목숨을 마치고 말 것이다."

제자는 그제야 자신의 고민이 헛된 것임을 깨닫고 열심히 정진에 들어갔다. 그렇다. 인생은 실로 이러한 생각 속에서 망해가고 있는 것이다. 세상에 하는 일이 끝이 없거늘 오늘은 이것만 하는 식으로 하다가 오늘 이것 사이에서 인생은 죽고 만다.

그러므로 원효대사가 말하였다.

"일은 다함이 없으니 세상일을 버리지 못하고, 제 1이 끝이 없으니 끊을 마음을 내지 못하며, 이 생각이 다함이 없으니 탐착하기를 마지 않고, 제 2가 다함이 없으니 애착을 끊지 못한다. 오늘 일이 끝마쳐지지 않으므로 날로 악을 많이 짓고 내일 일이 끝이 없으니 날로 선 짓기를 작게 한다. 금년이 다함이 없으니 한없이 번민하고 내년이 다함없으니 보리에 나아가지 못한다. 때때로 옮기고 옮겨도 빨리 낮과 밤이 지나고, 나날이 옮기고 옮겨 보름과 그믐이 지나며, 다달이 옮기고 옮겨 잠깐 동안에 죽음의 문에 이른다."

부서진 수레는 행치 못하고 사람은 늙으면 닦지 못한다. 누워 게으름만 피우고 앉아 어지러운 생각만 일으킨다. 일생이 얼마나 되기에 닦지 아니하고 방일할 것인가, 해가 뜨고 해가 지는 것은 늙은이들의 명을 재촉하는 것이고 달이 커졌다 적어졌다 하는 것은 세월을 재촉하는 것이다. 괴롭고 즐거운 것은 저녁연기와 같고 명예를 얻고 이익을 구하는 것은 아침 이슬과 같다. 그러므로 옛 사람들이 은근히 착한 도를 닦기 권유하였던 것이니 속히 불과(佛果)를 이루어 중생을 건져야 될 것이다.

부처님 본생경 이야기

옛날 어떤 깊은 산골에 한 마리의 왕 사슴이 많은 권속들을 거느리고 살았다. 하루는 어떤 사냥꾼이 나무에 줄을 달아 덫을 만들고 구덩이를 파 사슴들을 잡아 먹으려 하는 것을 보고 사슴왕은 놀러 나간 사슴들이 덫에 걸릴까 두려워 불러들이다가 그만 자신이 잘못하여 덫에 치어 죽게 되었다. 모든 권속들은 그것을 보고 놀라 뛰어 도망갔으나 오직 새끼 밴 어미사슴 한 마리가 그의 옆을 떠나지 않고 구하기 위해 온갖 꾀를 다 써 보았으나 힘을 쓰면 힘을 쓸수록 올가미는 더욱 조여 들어가 어쩔 수 없이 둘이는 서로 붙들고 울었다. "대왕님 어떻게 하면 좋습니까?" "성명(性命)은 재천(在天)이라 했으니 이제 나는 다된 것 같소, 당신이나 어서 집으로 돌아가 여러 권속들을 거느리고 잘 사시오." 어미 사슴은 가지 않고 끝까지 그 옆을 지키고 있다가 사냥꾼에게 잡혔다. 해가 석양에 가까워졌을 때 사냥꾼이 손에 칼과 창을 들고 달려왔다. 어미사슴은 무릎을 꿇고 그의 앞으로 나아가 엎드려 빌었다.

"착하신 사냥꾼이여, 지금 여기 풀 자리를 깔고 먼저 내 가죽을 벗긴 뒤에 저 사슴왕을 잡아가시오."

사냥꾼은 너무나 뜻밖의 일이라 어리둥절 어찌할 바를 모르고 있다가 물었다.

"그대는 누구이기에 이렇게 세상을 버리려 하는가?"

"저 분은 나의 낭군입니다. 세세에 버림 없는 벗이 되어 어떤 고난에서도 서로 고행을 대신해 받기로 맹세한 낭군입니다."

사냥꾼은 놀라고 또 부끄러움을 금치 못했다.

"나면서부터 지금까지 아직 이러한 일은 듣고 보지 못했다. 사람도 오히려 그렇지 못하거든 짐승이 어찌 그러할까. 네 몸도 차마 죽이지 못하겠거든 하물며 네 낭군의 몸이야."

사냥꾼은 두 사슴을 풀어주었다. 사슴들은 서로 다친 상처를 어루만져 주며 다정하게 둘이서 걸어갔다.

이 설화는 부처님이 출가 후 심한 고행으로 험한 산에 앉아 자고 다 떨어진 옷을 입었고, 하루에 한 번 한 알의 곡식으로 연명해간다는 말을 듣고 야수다라도 따라 발에 신을 신지 않고 얼굴에 연지 홍분을 바르지 않으며, 거치른 음식, 검소한 옷으로 부처님이 집에 돌아오실 때까지 고행했다는 말을 듣고, 그는 금생뿐이 아니라 지난 오랜 세월로부터 나와 고락을 같이 해온 여인이라고 하면서 위와 같은 설화를 설하셨다.

"그때의 왕 사슴은 나이고 새끼 밴 사슴은 야수다라다."

실로 여자는 남편의 후원자다. 언제 어디서나 꼭 같은 마음으로 꼭 같이 고락성쇠를 나누므로 부부는 일신이요, 일심동체라 한다. 몸은 여기 있으면서도 마음은 저기 있고, 마음은 같이 하면서도 몸을 같이 하지 않는 사랑, 이것은 참된 사랑이 아니다. 사랑은 하나요. 둘이 아니기 때문이다.

노인의 지혜로
나라의 위기를 면하다

『잡보장경』에는 다음과 같은 부처님의 말씀이 있다. 노인은 공경하면 큰 이익이 있느니라. 일찍이 듣지 못한 것을 알게 되고 좋은 이름이 널리 퍼지며 지혜로운 사람으로부터 존경을 받는다. 부처님은 다음과 같은 비유를 통해 이야기를 하셨다.

옛날 인도에 늙은이를 버리는 나라가 있었다. 왕은 생각했다.

"늙은이 같은 것들은 아주 보기 싫은 물건이다. 잔소리만 퍼붓고, 그러면서도 자기는 아무것도 하지 못한다. 첫째 그 모양의 꼴이 볼 수 없다. 얼굴에는 주름살투성이고 허리는 꾸부러졌고 이가 없어 음식을 먹을 때는 오물거린다. 그러니 나라 안의 모든 늙은이들을 다 없애버려야만 헛된 소리를 듣지 않으리라."

이렇게 생각한 왕은 곧 대신들을 불러 명령했다.

"나라가 깨끗하고 아름답고 씩씩하게 되기 위해서는 노인들을 모두 없애 버려야겠다.”

사신들은 모두 눈이 휘둥그레져서 서로 쳐다보았다.

“대왕님 아이가 어른 되고 어른이 늙은이 됩니다. 나이 먹어 늙는 것도 서러운데 나를 낳아준 부모님들을 어떻게 버립니까?”

“듣기 싫다. 비틀거리는 늙은이들은 한 사람도 남기지 말고 모두 없애버려라.”

‘사람들은 서로 우리 할아버지 살려주세요. 우리 할머니 용서해 주세요.’ 하고 모두 울면서 애원하였으나 소용이 없었다. 한 대신의 집에도 할아버지 한 분이 계셔 버려야 했으나 인정상 도덕상 도저히 그럴 수 없었던 대신은 아무도 몰래 땅굴을 파고 그 속에 모셔 저녁에 급병으로 돌아가셨다며 장사까지 지냈다.

그 후 며칠이 지나서 왕이 꿈을 꾸었는데 한 신인이 나타나 말했다.

“내가 너에게 한 가지 물어볼 말이 있는데, 만일 이를 대답하지 못하면 7일 이내에 나라를 없애 버리리라.”

왕은 벌벌 떨면서 물었다.

“무슨 일인지 말씀이나 해보십시오.”

신인은 뱀 두 마리를 내놓으면 말했다.

“어느 것이 수놈이고 어느 것이 암놈이냐?”

두 뱀은 서로 겹치기도 하고 꼬리를 틀기고 하고 또 혀를 널름거리기도 하였다. 그러나 아무리 보아도 대왕으로서는 맞출 수가 없었다. 이튿날 대신들을 모아 놓고 의논하였으나 아는 사람이 없었다. 오직 그 대신이 말했다.

"제가 집에 가서 한번 깊이 생각해보겠습니다."

대신은 집에 돌아와 곧 굴에 숨겨 두었던 할아버지께 물었다.

"어떤 것이 암컷이고 어떤 것이 수컷입니까?"

"두 마리 뱀을 따로 따로 부드러운 솜 위에 놓고 비유해 보라. 기운이 펄펄한 놈은 수놈이고 조용한 것은 암놈이다."

대신은 급히 대궐에 들어가서 그대로 여쭈었더니 과연 틀림없었다. 저녁이 되어 다시 왕은 꿈 가운데서 신인을 만나 그렇게 말했듯이 정답이라고 말했다.

"참, 잘 맞추었다." 신인은 새로운 문제를 내었다.

"여기 큰 코끼리가 한 마리가 있는데 코끼리가 커서 저울에 달 수 없다. 무게를 달려면 어떻게 하면 좋은가?"

왕은 역시 대답을 하지 못했다. 왕은 이튿날 또 어전회의를 열었다. 이번에도 그 대신이 할아버지께 물었다.

"얘야, 뭐가 그렇게 어려우냐. 커다란 배에다가 코끼리를 태우고서 물에다 띄워 배가 무거워 가라앉는 곳을 표했다가 다음에는 돌을 실어 그 표에 이르게 하라. 그리고 다시 돌을 꺼내 하나씩 달아보면 되지 않겠니?"

할아버지는 빙그레 웃으셨다. 이 이야기를 하자 왕은 매우 기뻐했다. 그런데 신인은 이번에는 더 어려운 문제를 주었다.

"왕이여, 여기 지금 내다 놓은 두 마리의 말은 보기는 똑같으나 하나는 어미이고 하나는 자식이다. 어느 것이 어미이고 어느 것이 자식이냐?"

왕은 또 대신들을 불렀다. 대신들은 모두 눈만 깜박거리고 있는데 역시 그 대신이 말하고 집에 가서 할아버지께 여쭈었다.

"그것도 그렇게 어려운 것이 아니다. 두 마리 말 앞에 풀을 주어 보라. 어미 말은 새끼 말에게 먼저 먹일 것이다."

"아, 참 그렇군요, 사람이나 짐승이나 뭐가 다르겠습니까."

손자 대신은 신이 나서 곧 대궐로 뛰어가 이 사실을 아뢰니 과연 틀림없는 정답이었다. 신인의 시험에서 헤어난 대왕은 그 대신에게 큰상을 내리면서 물었다.

"그대는 어찌하여 그렇게 영리한가. 누가 문제의 답을 풀었는가?"

대신은 상을 사양하고 이렇게 말하였다.

"왕이시여. 만일, 제가 지은 죄를 용서하여 주신다면 말씀드리겠습니다."

왕이 말했다.

"무엇이든지 그대의 죄는 문책없이 용서하리라."

대신은 할아버지를 땅속에 숨긴 사실과 땅속에 숨어 계신 할아버지가 그 지혜를 짜낸 것을 말씀드렸다. 왕은 그 순간 크게 뉘우치고 그 할아버지에게 큰 상을 내리고 아울러 전국의 노인들에게 사면령을 내렸다. 노인은 지혜의 상징이다. 많은 일을 경험하여 말도 많지만 지혜도 많다. 추잡한 겉모습을 싫어하기보다, 아름다운 지혜를 그 속에서 우리는 배워야 한다. 노인을 공경하고 노인을 보호할 줄 아는 사회는 복된 사회가 된다. 어린아이들이 가정의 꽃이라면 노인은 지혜의 등불이기 때문이다.

무심코 뱉은 말의 무게

부처님께서 사밧티 기원정사에 계실 때였다. 사리불 존자는 밤 낮으로 세 차례씩 천안(天眼)으로 세상을 살피면서 제도할 만한 일 이 있으면 곧 그 자리에 가서 제도를 했다. 어느 날 장사꾼들이 장 사하러 다른 나라로 떠나면서 한 마리의 개를 데리고 갔다. 도중에 장사꾼들은 피곤해서 잠을 잤다. 이때 배고픈 개가 장사꾼들의 고 기를 훔쳐 먹었다. 한숨자고 일어난 그들은 고기가 없어진 걸 보고 잔뜩 화가 나서 개를 두들겨 패 주었다. 개는 다리가 부러졌고 그 들은 빈 들판에 개를 버린 채 길을 떠났다. 이때 사리불 존자는 그 개가 굶주리고 괴로워하며 땅에 쓰러져 신음하며 거의 죽게 된 것 을 살펴 알았다. 그는 성에 들어가 탁발로 얻은 밥을 가지고 나와 개에게 밥을 주었다. 개는 그 밥을 먹고 생기가 나서 기뻐하며 감 사한 마음이 들었다. 사리불 존자는 개를 위해 좋은 법문을 자세히 들려주었다. 개는 이내 목숨이 다했고 슈라바스티의 한 바라문 집에 다시 태어났다. 사리불은 홀로 다니면서 걸식을 했다. 바라문은 그를 보고 물었다.

"존자께서는 홀로 다니시는데 시중드는 사미가 없으십니까?"

"내게는 사미가 없습니다. 당신에게는 아들이 있다는데 내게 줄 수 없겠습니까?"

"내게 균제라는 아들이 하나 있긴 하지만 아직 나이가 어려서 심부름을 시키지 못할 것입니다. 앞으로 좀더 자라면 존자께 출가시키도록 하지요."

사리불은 그 말을 듣고 마음에 새겨 두었다. 아이가 일곱 살이 되었을 때 사리불은 다시 그 아들을 청했다. 바라문은 곧 아들을 사리불에게 맡겨 출가시켰다. 사리불은 아이를 제타숲으로 데리고 가서 법문을 차례차례 일러 주었다. 아이는 그 순간 마음이 열리고 뜻이 풀려 아라한이 되었다. 이때 사미 균제는 처음으로 도를 얻은 후 자신의 혜안으로 지나간 세상일을 돌이켜 보았다. '나는 본래 어떤 업을 지어 현재의 몸을 받았으며, 거룩한 스승을 만나 아라한이 될 수 있었을까?' 그는 자신의 전생을 살펴보다가 한 마리 개인데 자신의 스승 사리불 존자의 은혜로 인해 몸을 받아 도를 얻게 되었다는 사실을 알았다. 그는 환희를 느끼며 마음속으로 다짐했다. 나는 스승의 고마운 은혜를 입고 짐승의 괴로움에서 벗어날 수 있었다. '이제는 이 목숨이 다할 때까지 스승을 잘 모시고 언제까지나 사미로 있으면서 큰 계를 받지 않으리라.' 이때 아난다가 부처님께 말씀드렸다.

"세존이시여, 균제 사미는 전생에 어떤 나쁜 업을 지었기에 개 몸을 받았으며 또 어떤 착한 일을 했기에 해탈의 경지에 이르렀는지 알 수 없습니다."

부처님은 말씀하셨다.

"그 옛날 카샤파 부처님 시절에 여러 비구들이 한 곳에 모여 살았었다. 어떤 비구는 음성이 맑고 낭랑해 부처님의 공덕을 찬양하는 노래를 잘 불렀으므로 사람들이 모두 즐겨 들었다. 그러나 한 비구는 나이가 많아 음성이 둔탁해서 범패는 잘 부르지 못했지만 항상 노래를 부르며 혼자서 즐겼다. 이 늙은 비구는 아라한이 되어 수행자의 공덕을 온전히 갖추고 있었다. 어느 날 음성이 고운 젊은 비구가 노 비구의 둔탁한 범패 소리를 듣고 조롱했다. "스님의 음성은 마치 개 짖는 소리 같습니다." 노 비구는 그를 불러 물었다. "그대는 나를 알고 있는가?" "저는 스님을 잘 압니다. 카샤파 부처님의 제자지요." 노 비구는 의연히 말했다. "나는 이미 아라한이 되었고 사문의 위엄과 법도를 온전히 갖추었느니라." 젊은 비구는 이 말은 듣자 두려운 생각이 들면서 온몸이 굳어지려고 했다. 그는 자기 잘못을 뉘우치고 참회했다. 노 비구는 그 참회를 받아 주었다. 젊은 비구는 덕 있는 노 비구를 깔보고 조롱한 과보로 개의 몸을 받았고 집을 나와 청정하게 계율을 잘 지키었기 때문에 해탈을 얻게 되었느니라."

라훌라의 못된
버릇을 고친 부처님

라훌라가 아직 도를 얻기 전이었다. 그는 성미가 거칠고 사나운 데다 말에는 진실성이 적었다.

부처님이 나훌라에게 말씀하셨다.

"너는 저 현제(賢提)라는 절에 가서 안거해라. 안거 중에는 입을 무겁게 가져 부디 말을 조심하고 생각을 한곳에 모아 경전과 계율을 열심히 배워라."

라훌라는 부처님의 분부대로 그 절에 가서 구십 일 동안 안거하면서 자신의 허물을 뉘우치고 정진하려 했지만, 제대로 되지 않았다.

부처님은 몸소 라훌라가 안거하는 곳으로 가 보셨다. 라훌라는 부처님을 반기면서 절을 올린 뒤 노끈으로 짠 의자를 내놓았다. 부처님은 의자에 걸터앉아 라훌라에게 말씀하셨다.

"대야에 물을 떠다 내 발을 좀 씻어 주겠니?"

라훌라는 재빨리 물을 떠다 부처님의 발을 씻어 드렸다. 그러자 부처님이 말씀하셨다.

"라훌라야, 발 씻은 이 물을 보라. 넌 이 물을 마실 수 있겠느냐?"

"발을 씻어 더러워진 물을 어떻게 마실 수 있겠어요. 갖다 버려야지요."

"그렇다. 더러워진 물을 다시 쓸 수가 없다. 잘 듣거라. 너도 그와 같다. 너는 비록 내 제자이며, 카필라의 왕손이고, 세속의 영화를 버리고 출가해 사문이 되었지만, 정진을 게을리하고 입을 지키지 않으며 탐욕과 분노와 어리석음의 세 가지 독한 번뇌가 네 마음에 가득 차 더러워진 물처럼 되었느니라."

부처님은 이어 말씀하셨다.

"대야의 물을 내다 버려라."

라훌라는 대야의 물을 버렸다.

부처님은 다시 말씀하셨다.

"대야가 비었지만 거기에 음식을 담을 수 있겠느냐?"

"담을 수 없어요. 발을 씻어서 더러워졌기 때문이지요."

"그렇다. 너는 집을 나와 사문이 되었으면서도 입에는 진실한 말이 적고 생각은 거칠며 정진을 게을리한다. 그래서 여러 스님들에게서 비난을 받고 있기 때문에 발 씻은 대야에 음식을 담을 수 없는 것과 같다."

부처님은 갑자기 대야를 발로 걷어찼다. 대야는 떼굴떼굴 굴러가다가 한쪽에 멎었다.

"라훌라야. 넌 혹시 저 대야가 깨질까 걱정하지 않았느냐?"

"발 씻은 그릇이고, 또 값이 헐한 물건이라서 별로 걱정하지 않았어요."

부처님은 다시 말씀하셨다.

"너도 그와 같다. 몸으로는 함부로 행동하고 입으로는 거친 말과 나쁜 욕지거리로 남을 헐뜯는 일이 많으므로 사람들은 너를 아끼거나 좋아하지 않는다. 만일 그 버릇을 고치지 않고 정신이 몸을 떠난다면 삼악도(三惡道)에 태어나는 일을 되풀이하면서 끝없는 고통을 받을 것이다."

라훌라는 이처럼 준엄한 말씀을 듣고 부끄럽게 두렵게 생각했다. 그리고 이때부터 스스로 꾸짖으면서 부지런히 정진해 욕된 일을 참고 대지처럼 순해졌다. 이것은 『법구비유경』에 나온 부처님의 말씀이다.

두 국왕을 제도하고
출가시킨 인연

부처님께서 제타숲 기수급고독원에 계실 때 어떤 두 국왕이 전쟁을 일삼아 많은 백성들을 살해하고 밤낮으로 음모를 계속했다. 때마침 프라세나짓 국왕은 두 왕이 생사에 유전되어 구제하기 어려울 것을 보고 부처님 처소에 나아가 여쭈었다.

"부처님이시여, 여래께선 더없는 법왕이시니 항상 저 고액(苦厄)에 허덕이는 중생들을 관찰하여 구호하시고 서로 투쟁하는 자를 화해하게 하시옵소서."

부처님께서 허락하신 뒤, 옷을 입고 바루를 들고 여러 비구들에게 둘러싸여 바라나시의 녹야원에 도착하셨다. 그때 바로 두 왕이 제각기 군사를 집합시켜 전투를 시작할 무렵이었다. 그중의 한 국왕이 어쩔 줄 모르고 당황하다가 물러나와 부처님께 예배하자 부처님께서는 그 왕을 위해 다음의 무상게(無常偈)를 말씀해 주셨다.

"높다는 것도 언젠가는 떨어지고 있다는 것도 마침내는 없어지고 태어난 자 언젠가는 죽어가고 모이는 것도 마침내는 흩어지네."

그때 한 국왕은 부처님의 게송을 듣고 나서 곧 마음이 열려 수다원을 얻어서 부처님 앞에 출가하기를 청하므로 허락하였다. 두 번째 국왕은 부처님이 그 국왕을 제도하여 출가시켰다는 말을 듣고 마음에 두려움 없어지고 태연해져 부처님께 나아가 엎드려 예배하였다. 그리고는 한쪽으로 물러나 앉아 설법을 듣고 환희심을 내어서 자기 나라에 오시기를 청하자 부처님께서 허락하였다. 이에 부처님이 그 나라에 이르자 국왕은 스님들에게 공양을 한 뒤에 부처님 앞에서 곧 서원을 세웠다.

"원컨대 이 공양의 선근과 공덕으로 말미암아 미래세에 가서 눈 어두운 자에겐 눈을 얻게 하고, 귀의할 데 없는 자에겐 귀의할 곳을 얻게 하고, 해탈하지 못한 자에겐 해탈하게 하고, 안온하지 못한 자에겐 안온하게 하고, 열반을 얻지 못한 자에겐 열반의 경지에 들어가게 하옵소서."

부처님은 말씀하셨다.

"국왕은 이 공덕으로서 나쁜 갈래에 떨어지지 않고 천상과 인간 세상에서 항상 쾌락을 받으며, 앞으로 삼아승지겁을 지난 뒤에 성불하여 무승(無勝)이란 명호로 한량없는 중생들을 제도하게 되리라."

오백 나한 본연설

사밧티성에서 베살리로 향하는 길에서 한 스님이 500명의 도적 떼를 만나 가졌던 모든 것을 빼앗기고 풀에 발을 묶여 꼼짝하지 못하게 되었다. 때마침 대왕이 관리들과 함께 순방을 나왔다가 이들 500명의 도적떼들을 모두 사로잡아 머리에 적갈색의 꽃 댕기를 달아 표시하고 북을 치고 방울을 흔들며 네거리로 끌고 나와 이들을 죽이려 하였다. 도적들은 큰 소리로 통곡하면서 살려달라고 애원하였다. 그러나 왕은 형리를 불러 곧 처형할 것을 명령하였다. 그 때 마침 부처님께서 그 소리를 들었다.

"어디서 이와 같이 많은 울음소리가 들려오느냐?"

"부처님, 500명의 도적들이 왕의 명령으로 사형집행에 앞서 통곡하고 있습니다."

"거참 가련한 일이로구나."

부처님은 이렇게 말씀하시고 곧 아난다를 불러 편지를 써주었다.

"한 나라의 대왕은 모든 백성의 어버이입니다. 백성 대하기를 아들을 사랑하듯 해야 할 것인데 대왕께서는 어찌 그 많은 사람을 한꺼번에 죽이려 하십니까. 허락하신다면 구원을 맡겠습니다."

"아난다야, 이것을 가지고 대왕께 드려라. 그리고 속히 분부를 받아오너라."

대왕은 부처님의 편지를 읽고 이렇게 말하였다.

"아난다여, 그것은 잘 나도 알고 있습니다. 그러나 도적들은 너무도 많은 백성들을 괴롭히고 있습니다. 만일 부처님께서 우리 백성들의 생명과 재산을 저 도적들로부터 길이 보호해 주실 수 있다면 저는 살생을 하지 않겠습니다. 한 사람을 죽인 죄보도 오히려 지옥을 면치 못한다 하거늘 하물며 500명을 죽인 죄보를 받겠습니까."

아난다가 곧 돌아와 여쭈었더니 부처님께서 말씀하셨다.

"다행한 일이다. 너그러우신 대왕이로다."

다시 궁중으로 가는 길에 아난다는 형장에 들러 이 모든 죄인들은 부처님이 이미 구제한 것이니 한 사람도 죽여서는 안 된다고 말했다. 또한 대왕에게 가서 부처님의 생각을 전했다.

"오늘부터 다시는 그들이 도적이 되지 않게 부처님께서 책임지신다 하옵니다."

대왕이 쾌히 승낙하며 말하였다.

"거룩하신 스승이시여. 다스리지 아니해도 스스로 사람들이 문란

하지 않고, 말하지 아니하되 스스로 믿고, 가르치지 아니하되 스스로 행하니, 부처님의 깨달음은 실로 누구도 따를 자 없도다."

부처님이 이 소식을 듣고 500명의 도둑들을 구원하기 위해 거리로 나오셨다. 멀리서 도적들이 부처님의 거룩하신 모습을 보고 고마운 마음과 부끄러운 마음을 갖고 우러러보니, 그들의 결박은 저절로 풀려지고 머리 위의 적갈색 표식도 사라졌다. 도적들은 이마를 부처님 발에 비비며 예배하고 물러나 모퉁이에 앉아 있었다.

옛날 어느 나라에 수행이 돈독한 스님 한 분이 있었다. 항시 마음에 계를 지키기를 게을리하지 않고 선행과 지혜를 닦아 심성이 맑았다. 하루는 밖에 나갔다가 돌아오는 길에 배가 고파 자신도 모르는 사이에 남의 보리밭에 들어가 여물지 않은 보리목 세 개를 뜯어 입에 넣었다. 잠시 바위에 앉아 생각하니 쌀 하나에도 죄가 일곱 근이라 하였는데 보리 목을 셋이나 뜯어 먹었으니 그 죄는 마땅히 받아놓은 과보였다. 생각다 못해 죽어 삼생을 그 집에 들어가 일하는 것보다는 살아서 삼 년 일하는 것이 낫겠다 싶어 스님은 스스로 승복을 벗어 바위 아래 숨기고 소가죽을 뒤집어쓴 뒤 주인집 밭으로 들어갔다. 뜻밖에 찾아든 소를 보고 놀란 주인은 사방에 방을 붙여 소 임자를 찾았으나 종내 나타나지 않아 결국 자기 집 마구간에 매어 살게 하였다. 여름이나 겨울이나 눈이 오나 비가 오나 게으름을 모르는 소는 주인이 시키는 대로 밭도 갈고 나무도 싣고 장에도 가고 들에도 나갔다. 너무나도 고맙게 생각한 주인은 비록 축생이긴 하지만 깊은 정이 들어 친자식인듯 사랑스럽게 대하였다. 그 집에 들어온 지 어언 3년이 가까운 날이었다. 하루는 소가 여물을 먹지 않고 끙끙 앓고 있었다. 당황한 주인은 밤잠을 지새며 그 곁을 지키고 있었는데 소가 싼 똥 속에서 이상한 것을 발견하였다. 뒤져보니 그 속에서 몇 자의 글이 쓰인 종이 조각이 나왔다.

"보리목 셋이 3년의 과보를 초래하여 이제 이별을 고하노니 주인 마님 싫다 마소. 내일 저녁 12시에 오백적대(五百敵隊)가 몰려오면 내 마땅히 구원하리니 많은 음식을 장만하소."

주인은 비로소 그 소의 행적을 알고 부인과 집안사람들에게 명하여 많은 음식을 장만하였다. 역시나 이튿날 밤 열두 시에 이상한 바람소리가 들려오더니 500명이나 되는 도적떼들이 몰려들었다. 주인이 미리 준비한 음식으로 그들을 대접하자 이상히 여긴 수령이 물었다.

"어찌된 일입니까?"

"놀라지 마시고 잡수고 싶은 것이나 원없이 잡수시오."

주인마님은 전날 밤에 있었던 사실을 소상히 일러줬다.

'보리목 세 개로 3년 과보를 받았다.' 이렇듯 속으로 되뇌이던 도적의 수령은 곧 그 소를 뵙기를 간청했다. 그러나 그들이 마구간에 이르렀을 때 소는 벌써 간 곳이 없었다.

"내 이 껍데기를 바다 물에 던져 놓으면 우뭇가사리가 되어 여름에 더위 먹은 중생들의 열을 식히는 좋은 약이 되리라."

편지가 적인 종이와 껍데기만 남아 있을 뿐 이었다.

"이 일을 어찌하면 좋은가. 보리목 셋으로도 3년 소의 과보를 받았다는데 우리는 온갖 도둑질을 하였으니 어떤 과보를 받을 것인가."

도둑의 두목은 깊이 뉘우치며 흐느껴 울었다. 그때 한 도둑이 그것을 보고 말했다.

"이렇게 섰기만 하면 뭘 하겠습니까. 지금이라도 늦지 않았으니 우리의 가진 모든 금은보화를 불쌍한 사람들을 위해 보시하고 산으로 들어가 이 목숨이 다할 때까지 참회불사를 하면 되지 않겠습니까?"

"그렇다. 네 말이 옳다. 입으로 저지른 모든 죄과는 입으로 진실을 토로해 갚고, 몸으로 저질렀던 모든 죄악은 몸으로 노력해 갚으며 뜻으로 지은 모든 죄악은 뜻으로 참회하여 다시는 그릇된 일을 하지 않도록 해가자."

그들은 곧 스님을 찾아 출가하여 수행에 들어갔던 것이다.

그때 스님은 말하였다.

"그 스님은 오늘의 나요. 500의 도적떼는 곧 그대들이다. 이제 너희들은 전날에 맹세했던 것 같이 몸과 입과 뜻으로 지은 모든 죄업을 몸과 입과 뜻으로 갚고 깨달아 불도를 이루기 바란다."

그리하여 그들은 머지않아 불도를 성취해 아라한과(阿羅漢果)를 이루니 그들이 곧 오백나한(五百羅漢)이다.

말리부인의 서원

부처님께서 기수급고독원에 계실 때 사위성에 거부인 장자가 있었는데 그의 이름은 야야달이었다. 그가 가진 전답과 곡식은 헤아릴 수 없이 많고 코끼리와 말은 물론, 금은보배 같은 재물이 창고에 가득하였다. 그는 또한 위엄마저 구족하여 왕에 버금갈 정도였다. 그는 많은 종들을 거느리고 있었는데 황두(黃頭)라는 여종을 보내서 말리(末利)동산을 지키게 하였다. 황두는 항상 생각하였다. '어떻게 하여 여종의 몸을 벗어날꼬. 박복도 하여라. 많은 사람들이 자유의 몸이 되어 사는 이 세상에 나는 왜 이런 신세를 면하지 못하고 있는가.' 여종은 이렇게 생각하면서 그날 자기에게 돌아온 건반(乾飯)을 들고 동산으로 나갔다. 한참 가다가 도중에서 한 사문(沙門)을 만났다. 여종은 또 속으로 이런 생각을 하였다. '내가 이 밥을 보시하면 혹 그 공덕으로 종의 탈을 면할 줄 누가 알겠는가.' 그는 곧 사문 앞으로 나아가 정중히 보시하고 발원하였다.

"사문이시여. 이 인연 공덕으로 자유의 몸이 되게 하옵소서."

그런데 공양을 받은 사문은 다름이 아니라 바로 부처님이었다. 부처님은 그 여종의 소망을 듣고 매우 불쌍한 마음을 갖게 되었다.

"그대에게 밝은 빛이 있으리라."

부처님께서 이렇게 축원하여 주시고 밥을 받아 공양하였다. 그런데 그때 프라세나짓왕이 사냥을 나왔다가 지쳐 여종의 앞으로 다가왔다. 황두여인은 친히 맞으며 인사하고 연잎으로 물을 떠다가 얼굴을 씻게 하고, 먹을 물을 떠서 목을 축이게 한 다음 누워서 편히 쉬게 하고 팔 다리를 주물러 주었다. 처음 본 여인이지만 매우 총명하고 상냥하고 또 친절한지라 왕이 물었다.

"너는 뉘 집 딸이냐?"

"저는 야야달댁의 여종입니다."

"어찌하여 여기까지 나왔는가?"

"매일 이 곳에 나와 동산을 지키고 있습니다."

황두는 야들야들한 솜씨로 왕의 팔과 다리를 마디마디 주무르며 피로가 풀리게 했다. 왕은 그의 신하들이 오는 것을 보고 그중의 한 신하에게 말했다.

"너는 즉시 가서 야야달 바라문을 불러오너라."

야야달 바라문이 도착하자 왕이 말했다.

"이 여자가 네 집 종이냐?"

"예, 그러하옵니다."

"참으로 총명하다. 내가 데리고 가서 아내로 삼으려 하는데 네 생각이 어떠냐?"

"왕께서 데리고 가신다는 데야 무엇이 아까울 게 있습니까. 그 처녀는 지조가 바르고 행실이 고와 뭇사람들의 존경과 귀의를 받아 온 사람입니다."

"그렇다면 값을 말하라."

"값으로 말하면 수천 냥을 받아야겠으나 제 어찌 왕에게 값을 받겠습니까?"

"아니다. 내가 이제 데려다가 아내를 삼으려 하는데 어찌 값을 치르지 않겠느냐."

백천 냥의 돈을 치른 뒤에 사신을 궁으로 보내어 여러 가지 영락과 의복, 장식품을 가져오게 하여 여자의 몸을 씻기고 장엄하게 꾸민 뒤에 수레에 싣고 궁중으로 들어가니 일개의 종이 일약 왕후가 되었다. 그는 인연된 동산의 이름을 따서 그 부인의 이름을 말리(末利)로 부르기로 하였다. 말리부인은 총명하여 왕실에 들어온 뒤로부터 말과 글을 익히고, 또 그림, 도장, 노래, 춤, 음악 등 온갖 재주를 습득하여 오백 궁녀 가운데 최상급이 되니 왕뿐만이 아니라 가족과 왕후장상에 이르기까지도 모든 사람에게 훌륭한 스승이 되었다. 처음 들어왔을 때는 여러 사람의 시기 질투를 받았으나 얼마 후엔 간 곳이 없고 모두 관세음보살이 나타난 듯 그녀를 사랑하고 공경하였다. 얼마쯤 있다가 흥분된 마음이 가라앉고 궁중의 축제 분위기가 차분하여 졌을 때 말리부인은 홀로 누워 생각하였다. '내가 무슨 복에 이런 왕궁 생활을 하게 되었는고?' 생각이 깊은 곳에 미치자 비로소 깨달은 마음이 나서 일어나 앉으며 홀로 말했다. '아, 그 사문, 그 사문에게 건반 한 그릇을 보시한 공덕이로다.' 말리부인은 종자들을 불렀다.

"얘들아, 혹 그대들은 이러이러한 사문이 궁 안에 오는 것을 보았는가?"

"예, 왕의 초청을 받고 가끔씩 오셔서 좋은 법문을 해 주십니다."

"알겠다."

말리 부인은 때를 기다려 프라세나짓왕이 돌아오자 말하였다.

"왕께서는 불법(佛法)을 좋아하십니까?"

"좋아하다 뿐입니까. 부처님은 참으로 존경하는 나의 스승입니다."

"제가 이제 생각해 보니 나에겐 씨알만한 복덕도 없사온데 오늘 이렇게 왕의 부인이 되어 사랑을 받는 것은 오직 그 분의 은덕인가 합니다."

말리부인은 건반공양의 내력을 말씀드렸다. 왕은 한참 듣고 있다가 말하였다.

"그렇소. 그런 거룩한 이에게 공양을 올리면 반드시 큰 공덕이 있기 마련입니다."

"왕이시여. 왕과 저의 복덕을 위해서 부처님께 공양 한번 올리고 싶습니다."

"그거야 당신 마음대로 하구려. 이젠 이 궁중이 모두 당신의 것이 아니오."

왕이 껄껄 웃었다.

말리부인은 오직 삼계무주(三界無住)의 도사, 석가모니 부처님을 뵙는다는 생각으로 밤잠도 잊고 손수 음식을 만들며 공양 준비를 하였다. 다음날 오백 수레에다가 가득히 공양을 싣고 부처님을 찾아갔다. 말리부인은 절 앞 멀리 떨어진 곳에서부터 수레에서 내려 걸어가며 단정하고, 위엄있고, 고요하신 부처님의 모습이 마치 큰 코끼리와 같은 것을 상상하며 흥분되어 있었다. 과연 부처님은 삼계의 도사요, 사생의 자부였다. 욕심이 많고 색상에 현혹되고 무위의 낙(樂)을 즐기는 욕계, 색계, 무색계의 중생들로부터 천한 노예, 귀한 바라문 출신까지 사성 계급이 모두 한 날 한 시에 앉아 법을 듣는 모습은 마치 천상세계를 연상하게 하였다.

"거룩한 부처님께 귀의합니다. 거룩한 가르침에 귀의합니다. 거룩한 스님들께 귀의합니다."

말리부인은 황금빛이 찬란한 부처님을 바라보고 예배를 하고 난 뒤 한쪽에 꿇어앉아 청법하면서 물었다.

"부처님, 어떤 인연으로 여인의 몸을 받고도 얼굴이 추하여 보는 이가 기뻐하지 않고 재물이 부족하고 위력이 없으며, 어떤 인연으로 얼굴이 단정하고 보는 이가 기뻐하고 재물이 풍족하여 큰 위력이 있나이까?"

부처님이 말씀하셨다.

"어떤 여인은 성내는 마음이 많아서 남을 걱정시키기를 좋아하고 또한 인색하여 보시도 잘하지 않는다. 또한 남이 많은 이익을 얻는 것을 보면 곧 시기 질투하는 마음을 낸다. 이런 여자는 얼굴이 추하고 보는 이가 기뻐하지 않으며 재물이 부족하고 위력이 없느니라."

말리부인은 부처님의 이 같은 말씀을 듣고 크게 뉘우쳤다.

"대덕이여, 저는 참으로 전생에 화를 잘 내었나 봅니다. 지금의 얼굴이 매우 추하고 남의 하녀 노릇으로 자유가 없던 생각을 하면 그렇습니다. 그러나 부처님께 건반을 공양하듯 전생에도 항상 보시하기를 좋아하고 시기 질투하는 마음이 없었으므로 가장 미천한 가운데서 가장 존귀한 여인이 되어 위세를 갖게 된 것 같습니다. 다음부터는 절대로 성을 내지 않겠습니다. 그리고 목숨이 다할 때까지 삼보를 옹호하여 크게 섬기고 공양하는 거룩한 우바이(優婆夷)가 되도록 노력하겠습니다."

부처님은 곧 그 자리에서 말리부인에게 삼귀 오계를 주시고 깨끗한 우바이가 되게 하셨다.

살을 빼는 방법

사밧티의 한 왕은 탐욕이 가득하여 눈은 물건에 현혹되고, 귀는 소리에 현혹되었으며 코는 향기에 집착하고 혀는 다섯 가지 맛에 집착하였으며 몸은 촉감으로 향락하였다.

그는 끼니때마다 진수성찬을 대하면서도 만족할 줄을 모르고 가 짓수와 분량은 갈수록 늘었지만 왕은 항상 허기증으로 허겁지겁 서둘러 먹었다. 몸에는 자꾸 살이 붙어 앉았다 하면 무거워 일어날 줄을 몰랐다. 왕의 몸은 체중이 불어감에 따라 그가 타고 다니는 수레도 큰 것으로 바꾸게 되었다.

그는 어느 날 부처님을 찾아가 자신의 체중에 대한 고민을 털어 놓았다.

"세존이시여, 오랫동안 찾아뵙지 못하여 죄송합니다. 저는 무슨 죄업 때문인지 몸이 자꾸만 불어나 동작이 몹시 불편합니다. 무엇

때문에 그런지 그 까닭을 알 수가 없습니다."

부처님은 말씀하셨다.

"다섯 가지 일로 사람들은 살이 찝니다. 첫째는 마구 먹기 때문이요. 둘째는 잠자기를 좋아하기 때문이요. 셋째는 잘난 체하고 거들먹거리기 때문이요. 넷째는 걱정근심이 없기 때문이요. 다섯째는 일하지 않고 놀기만 하기 때문입니다. 이 다섯 가지가 사람을 살찌게 하는 것이니 만약 살을 빼고 싶거든 먼저 먹는 음식을 줄이고, 잠을 덜 자고 오만한 생각을 없애며 백성들의 일에 대하여 근심걱정을 하고 놀지 말고 일을 하시오. 그렇게 하면 다시 여위어질 것이요."

부처님은 게송을 읊으셨다.

"사람은 자제할 줄 알아야 한다. 음식을 대할 때 적게 먹을 줄 알면 그로 인해 살찌는 일 없고 소화가 잘 되니 목숨을 오래 보전하리라."

왕은 부처님의 말씀을 듣고 기뻐하면서 요리사를 불러 말하였다.

"이 게송을 잘 외워 두었다가 내게 음식을 내올 때는 먼저 이 게송을 들려다오."

그후부터 요리사는 음식을 내올 때마다 목청을 돋우어 이 게송을 읊었다. 왕은 이 게송을 듣고는 고개를 끄덕거리면서 하루 한 숟갈씩 줄이다가 차츰 적게 먹었다. 그리하여 살이 빠지고 가벼워져 그전의 몸처럼 되었다. 왕은 기뻐하면서 몸소 걸어서 부처님께 나아가 예배를 드렸다. 부처님은 왕에게 물으셨다.

"수레와 물과 시종은 어디 두고 혼자 걸어왔습니까?"

왕은 말했다.

"부처님의 훈계를 듣고 그 가르침대로 하니 몸이 그 전처럼 매우 가벼워졌습니다. 이 일이 기뻐서 수레와 시종을 물리치고 제 발로 걸어왔습니다."

부처님은 말씀하셨다.

"세상 사람들은 몸뚱아리에 대한 탐욕만 기르면서 복된 일은 생각지 않소. 사람이 죽으면 정신은 떠나고 빈 껍데기인 몸뚱이만 무덤에 버려지는 것이요. 그럼으로 지혜 있는 사람은 정신을 기르고 어리석은 사람은 육신을 기릅니다. 만일 그런 줄 알았거든 성현의 교훈대로 나라를 잘 다스리십시오."

신미수암화상

신미화상은 태종 삼 년에 영동 영산 김씨 가문에서 부 김훈과 모 영흥 이씨 사이에서 태어나셨다. 십세 미만에 유서를 다 통달하고 출가하여 팔만대장경을 다 보았으며, 범서로 된 원전까지 모두 정독할 정도로 삼대어에 능하였다.

집현전에 세종대왕의 초빙을 받아 훈민정음을 창제하여 세종대왕의 총애를 받았으며, 그 공로로 시호를 선교종도총섭 밀전정법 비지쌍운 우국이세 원융무애 혜각존자라 지어 문종에게 위임하였고 문종이 즉위 후 행정 1호로 시호를 세상에 알렸다. 신미혜각존자는 성종 11년에 77세로 입적하시고 부도는 성종 11년 단기 3813년 8월에 건립하였다.

기단 위에 탑신을 놓고 옥개석을 덮었으며 정상에 상륜을 장식하였다. 기단부는 팔각형의 상. 중. 하대로 형성되어 있는데 조각과 장식은 없고 상대 중앙에 탑신만이 놓여 있다.

탑신은 둥근 공 모양으로 되어 있으며 조각은 없으나 원을 그린 곡선이 매우 부드럽고 안정감이 있다. 옥개석은 팔각형으로, 상단부는 낙수면이 급경사를 이루고 있지만 하단부는 완만한 것이 특징이다. 상륜부는 옥개석 정상에 보주만을 조각하였다.

지방문화제 12호로 지정된 것을 단기 4337년(서기 2000년) 4월 5일에 실물(보물)로 지정하였다. 조선시대 한글 창제의 주역인 신미대사의 부도이며 1480년(성종 11)에 세워졌다. 소재지는 충청북도 보은군 속리면 사내리이다. 1975년 8월 20일 충청북도 유형문화재 제12호로 지정되었다가 2004년 10월 7일 보물 1416호로 지정되었다. 기단의 중대석 옆면에 3행에 이르는 해서체 명문이 세로로 음각되어 있다. 화강암으로 조성되어 있으며 높이 3.02m이르며 팔각원당형이다.

학조등곡 화상탑

연산군 때의 고승인 학조대사 등곡(燈谷 ; 1432~1514)의 부도로서
1514년(중종 9)에 조성되었는데, 등곡의 스승인 신미대사(信眉大師)
의 부도 뒤편에 있다. 학조화상은 1464년(세조 10) 속리산 복천암에
서 왕을 모시고 스승 신미와 함께 대법회를 열었고, 1467년(세조 13)
금강산 유점사를 중창하고 봉선사에 주석한 후 김천 직지사에 머
물면서 1488년(성종 19) 인수대비의 명으로 해인사를 중수하고 진관
사, 대자사, 낙산사를 중수하였다. 1500년(연산군 6)에는 왕비 신씨
의 명으로 해인사 고려대장경 3부를 인행하여 발문을 짓는 등 조선
전기에 활동한 고승이다. 1514년(중종 9) 그의 부도가 속리산 복천암
과 함께 김천 직지사에 세워졌다. 2004년 충청북도 유형문화재 제
13호에서 보물 제1418호로 승격되었다.

이 탑의 높이는 2.96m로, 기단의 상대(上臺) · 중대(中臺) · 하대(下

臺)의 평면이 모두 8각인 8각 원당형부도(圓堂形浮屠)로서, 기단부 위에 탑신(塔身)을 놓고 그 위에 옥개석(屋蓋石)을 덮었으며 정상에 상륜(相輪)을 장식하였다.

하대는 지대석(地臺石)의 구실까지 하고 있어 높은 편이나 윗면에는 아무런 조식(彫飾)도 없다. 팔각의 중대석도 별다른 장식이 없고, 상대석은 측면 아래의 모서리를 죽여 활처럼 굽은 모양을 이루었고 이에 연속하여 1단의 받침을 조각하였는데 이것은 사면이어서 하대 괴임돌의 상면과 대칭을 이루었다.

탑신은 구형(球形)으로 아무 조각도 없으나 곱게 다듬어서 면과 곡선이 부드럽고 정연하다. 옥개석은 하면 중앙부의 탑신부에 놓이는 부분에 원형의 몰딩(moulding)이 있고, 상면은 상단부에서 약간 급경사를 보이나 중간부터는 완만해졌다. 낙수면(落水面)은 모서리마다 합각(合角)의 머리가 굵게 표현되었으며, 각 전각(轉角)마다 귀꽃이 하나씩 조각되어 있다.

상륜부는 낮은 호형의 원좌(圓座) 위에 굵직한 원대(圓臺)를 마련하고 그 위에 1단의 낮은 호형의 원좌를 마련한 뒤 그 위에 보주를 양각하였다. 이 탑의 팔각 중대석 두 면에 걸쳐 '正德九年 甲戌五月 日立(정덕구년 갑술오월 일립)' 그리고 '學祖燈谷 和尙塔(학조등곡 화상탑)' 이란 5행의 명문이 있어 부도의 주인공과 조선 중종9년(1514)에 건립되었음을 알게 한다.

학조등곡화상탑은 건립연대와 주인공의 존명이 밝혀진 귀중한 자료이다. 조선시대 부도는 탑비가 부족하여 절대 연대를 알 수 있는 자료가 드문데 이 부도는 고려 부도를 계승한 조선 초기 부도양식을 알게 함과 동시에 다른 부도의 기준작이 된다는 점에서 중요한 가치가 있다.